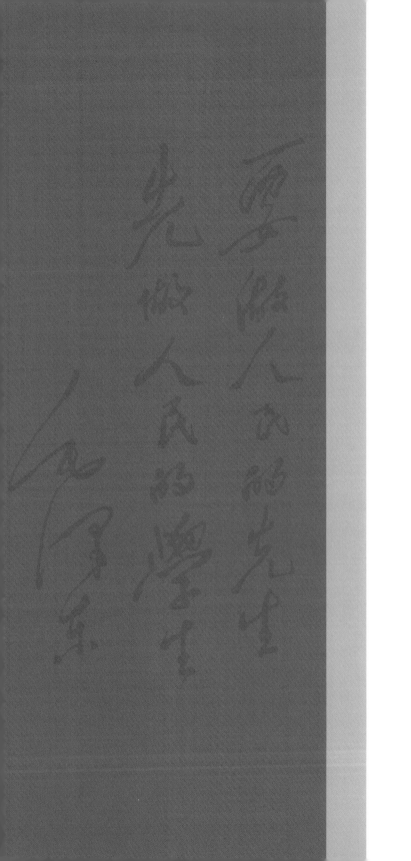

湖南第一师范学院红色学术文库·思政系列　　　　主　编　罗成翼

总　编　罗成翼
副总编　胡　穗　曹　兴

陈攀文
王兴国
著

觉醒与燎原
湖南第一师范
与五四新文化运动

社会科学文献出版社
SOCIAL SCIENCES ACADEMIC PRESS (CHINA)

总　序

麓山脚下，湘江岸边，湖南一师，钟灵毓秀。

千年学府，百年师范，红色摇篮，作育英才！

在中国近现代教育史上，湖南第一师范文脉盛昌，人才辈出，涌现了许多赫赫有名的历史人物，创立了一系列影响中国历史进程的思想学说，为民族和国家培养了很多学贯中西、经天纬地的栋梁之才。其教育发展的历史与长沙、湖南乃至中国社会的历史进程紧密结合，休戚与共，可以说，湖南一师是中国近现代师范教育的先驱与典范。

湖南第一师范的前身为南宋时期创建的城南书院，书院虽历经朝代更替，但一直秉承"成就人材，传道济民"的教育宗旨，格心致本，化育英才。书院创立者张栻，师承湖湘学派开创者胡宏，发展理学，初步奠定湖湘学派规模，成为一代学宗，与其时的朱熹、吕祖谦合称"东南三贤"。南宋至晚清的城南书院，名师辈出，学者云集，以研习儒家经籍为主，间或议论时政，对湖南学术思想的发展有重要的影响，成为"昔贤过化之地，兰芷升庭，杞梓入室，则又湘中子弟争来讲学之区"。至清朝，道光皇帝给予嘉奖，亲书"丽泽风长"四字匾额榜于讲堂。此后，城南书院声名大振，成为湖南规模和影响最大的两所书院之一。

鸦片战争以后，国家多难，民族危机日益加重。城南书院为了济世救民，经世致用，着力培养实学人才。曾国藩、左宗棠、胡林翼、郭嵩焘、王闿运、张百熙等，或讲学于此，或求学于此。正如清代学者李彦章题城南书院："考古证今，致用要关天下事；先忧后乐，存心须在秀才时。"此联反映了城南书院由过去理学研习之所转变成关注民生、心忧天下的教育重地。

1903 年，湖南师范馆迁入城南书院，合并更名为湖南全省师范学堂。五四新文化运动前后，受新思想、新文化、新道德的影响，涌现出毛泽东、蔡和森、何叔衡、任弼时、李维汉、杨昌济、徐特立、孔昭绶、易培基等一批叱咤风云、卓乎人英的新民主主义革命者、无产阶级革命家、教育家。从此，中国民主革命和共产主义运动的红色种子在湖南第一师范生根发芽，"红色摇篮"成为其代名词。一代伟人、共和国创立者毛泽东，年轻时在湖南第一师范求学和工作。当时学校在校长孔昭绶主政下，"采最新民本主义规定教育方针"，以"人格教育、军国民教育、实用教育为实现救国强种唯一之宗旨"，强调人格和学识的全面培养，吸引了一大批有志青年前来求学。也是在这里，毛泽东和蔡和森、何叔衡、罗学瓒等人结为朋友，纵论国事、探求真理，逐渐积累了渊博的知识，具备了开阔的眼界和强健的体魄，立下了"改造中国与世界"的宏伟志向。

中华人民共和国成立后，古老而年轻的湖南第一师范焕发新的生机，在教育文化的形式和内涵上，美美与共，革故鼎新，开了中国红色教育的先河，成为师范教育一道亮丽的风景线。

清末启蒙思想家龚自珍说："欲知大道，必先为史。"百年一师史是一部厚重的革命史、教育史，更是一部光荣的奋斗史。回顾湖南第一师范百余年教育的光辉历史，其办学理念之"新"，主要有三点。一是开放办学。湖南一师早期教育在本土与西方、传统与现代、保守与先进的碰撞和交锋中走向开放融合，放眼世界、对接社会、开放办学，这是其人才辈出的"外部土壤"。二是民主治校。湖南一师早期所推崇和践行的自觉、自动、自治，是其人才辈出的"内在机理"。三是"大家"执教。湖南一师早期汇聚了一批胸怀"国之大者"的"大先生"群体，是其人才辈出的"源头活水"。

百廿喜回眸，学府更巍峨；盛世逢华诞，桃李沐春风！

适逢第一师范建校 120 周年，承蒙学界关心和学者耕耘，"湖南第一师范学院红色学术文库"丛书孕育而生，幸即付梓。此丛书围绕"红色一师"建设重大任务，致力于湖南第一师范早期教育研究，擦亮"红色一师"名片。该丛书重在系统收集、整理、保存一师学人的红色学术成果，全面展示一师红色研究特色，传承和弘扬一师的红色学术思想与学术精神。

该丛书主要由湖南第一师范学院的教授、博士主持编撰，分思想政治、教育学等多个系列，分批出版，力求做到特色鲜明、资料翔实、分析严谨、深入浅出。丛书在编写上力求突出以下特点，一是研究内容的广泛性。丛书深入探究百年一师的办学思想、办学理念、课程体系、教学方法和师德师风等，努力寻找其办学过程中的"精神密码"。二是研究视角的多维性。丛书从政治学、教育学、历史学等角度，对湖南一师的早期教育、校长办学思想、教师群体、学生群体展开细致研究，绘制出一幅早期湖南一师兴办教育、积极改革、为国育才，学生崇道好学、敢为人先的生机勃勃、积极向上的历史画卷。三是研究方法的多元性。丛书利用档案、文集、日记、年谱、报刊、校史等第一手文献资料，将研究结论建立在翔实的史料基础之上，力图更多地用客观事实说话，用实际材料说话。因此，丛书凸显了湖南第一师范的教育特色、红色本色，值得一读。

"路漫漫其修远兮，吾将上下而求索。"

20世纪初原清华大学校长梅贻琦说："所谓大学者，非谓有大楼之谓也，有大师之谓也。"湖南一师在百余年的师范教育进程中不仅涌现了许多大师级"大先生"，而且成长了一大批引领时代的学生，其影响及于整个近现代中国社会进程。1950年，毛泽东在与校友叙旧时深情地回忆说："我没有正式进过大学，也没有到外国留过学，我的知识，我的学问，是在一师打下了基础。一师是个好学校。"湖南一师厚重的文化传统、光荣的革命传统和优良的教育传统，是中国共产党办学治校的宝贵财富，是落实立德树人根本任务的"传家宝"。

回望历史是为了更好地把握未来。新时代的师范院校，承担着培养大国良师的时代重任。静思细品湖南一师百余年的教育文化内涵，在新时代，我们更应该牢牢把握人才培养这一精神密码的实质内容，铭记立德树人的根本任务，以高目标引领人才培养方向；坚守为时代育人的担当使命，以高视野打开人才培养格局；践行以质量求发展的办学思想，以高标准保障人才培养质量，让湖南一师红色教育之光常亮。唯其如此，湖南一师的明天才会更加美好。这正是我们编著此丛书的目的。

罗成翼

2023年10月1日

目 录

绪　论

一　选题缘起

五四新文化运动是发生在中国近现代历史上具有划时代意义的历史事件，无论是对现代中国的政治思想，还是社会文化，都产生了深远的影响。这场伟大的运动既开启了新民主主义革命的新征程，也成了中华民族伟大复兴的新起点。

湖南第一师范是湖湘文化的发祥地，是毛泽东的母校，是中国共产主义运动和新民主主义革命的策源地之一，是毛泽东思想的萌芽地和马克思主义中国化的发源地之一。2023 年恰逢湖南第一师范建校 120 周年，毛泽东诞生 130 周年，毛泽东到湖南第一师范求学 110 周年。在湖南第一师范喜迎"三庆"之际，本书以"湖南第一师范与五四新文化运动"为名，一方面探讨五四新文化运动对湖南第一师范的深刻影响，另一方面研究湖南第一师范师生对五四时期的湖南乃至全国的影响，具有重要且独特的理论意义、实践意义和社会意义。

系统研究湖南第一师范与五四新文化运动的互动关系，能够更加深入理解中国先进知识分子对五四运动的主体推动作用，能更加深入研究五四运动对中国近现代政治、文化和社会发展的推动作用。

实事求是地分析和评价湖南第一师范在五四新文化运动中所发挥的历史作用，从而为当代学校在校本红色资源发掘、人才培养、教学改革等方面提供参考借鉴。

二 本书研究思路与主要内容

（一）研究思路

系统地论述了杨昌济的新文化观；系统地论述了新文化运动对湖南第一师范学生民主化管理和科学化教学改革的影响；全面分析了新民学会与湖南第一师范的关系；深入分析了湖南第一师范师生在五四时期湖南一系列政治与文化事件中发挥的重要作用；深入分析了湖南第一师范师生在中国共产党的早期建设的重要作用。

（二）主要内容

湖南省第一师范学校的前身是由南宋著名理学家张栻创立的城南书院。张栻是湖湘学派的重要创立者之一，正是湖湘学派奠立了湖湘文化的基本底蕴。五四新文化运动是对中国传统文化（包括湖湘文化）进行的系统反思，并在此基础上进行科学整理和转化，从而创造一种新文化。本书以《湖南省第一师范学校与五四新文化运动》为名，就是要探讨湖南省第一师范学校与五四新文化运动的关系，一方面要探讨五四新文化运动对湖南第一师范学校的深刻影响，另一方面也要探讨湖南第一师范学校师生对五四时期的湖南乃至全国的影响，从而对湖南第一师范学校在五四新文化运动中发挥的历史作用和做出的历史性贡献，做出实事求是的叙述和评价。为此，本书共七章，每章的要点如下。

第一章"从湖湘文化到五四新文化"，回顾了城南书院的创立、沿革和改制的历史过程，分析了湖湘文化的基本特征；指出由湖南第一师范教员创办的《公言》杂志燃起了湖南新文化的烽烟，特别是杨昌济的《劝学篇》全面地论述了他纲领性的新文化观；探讨了易白沙对五四新文化运动的贡献，特别指出他刊登在《新青年》上的《孔子平议》发出了批评圣人的先声。

第二章"新文化运动与湖南第一师范学生的民主化管理"，论述了五四新文化运动对湖南第一师范的最大影响之一，是促进了学生管理的民主化。这不仅表现在学校领导"时时以国耻唤醒学生之自觉心"，而且采取了一些重要的自治措施，如成立学友会和学生志愿军；介绍了毛泽东主持学友会和工人夜学的情况，还有他率领学生志愿军智缴部分北洋军阀败兵的枪，显示出"一身是胆"的气魄。

第三章"新文化运动与湖南第一师范教学的科学化改革"，论述了新文化运动对湖南第一师范教学改革的影响，突出地表现为十分自觉地贯彻德智体全面发展的教育方针，这不仅表现在教职员对这一方针的深刻认识，而且表现在他们在教学实践中对这一方针的认真贯彻，教学方法则十分重视理论联系实际；还具体分析了毛泽东是如何在一师人物互选中脱颖而出的。

第四章"新民学会与湖南第一师范"，指出在五四新文化运动中孕育出的新民学会，是湖南第一师范对近代中国的最大贡献。具体分析了新民学会成员是如何"与闻杨怀中先生的绪论"；指出学会21个"基本会员"有20个是一师学生，78个会员有47个是湖南第一师范师生；新民学会在蒙达尼会议和长沙新年会议中起主导作用的也都是湖南第一师范师生。

第五章"湖南第一师范与五四时期湖南的政治运动"，指出在五四运动中，有匡互生火烧赵家楼，有毛泽东彻底地不妥协地反帝反封建；在湖南驱张运动有毛泽东率领的北京驱张代表团与何叔衡率领的衡阳驱张代表团的积极斗争；在湖南自治运动中毛泽东的地方自治思想不断发展和完善，并导致了他的世界观转变的最终完成。

第六章 "湖南第一师范与五四时期湖南的文化运动"，论述了在赴法勤工俭学时，杨昌济是如何全力支持赞助的，毛泽东、蔡和森是如何积极发动组织的；文化书社的创办过程中，毛泽东等人是如何传播新文化和开创新体制；在罗素、杜威等名人讲学过程中，湖南第一师范师生是如何组织配合，毛泽东对罗素在长沙讲演是如何批评的；创办湖南自修大学为什么要利用船山学社，湖南第一师范师生在自修大学校刊《新时代》发表了什么有分量的文章。

第七章 "湖南第一师范与中国共产党早期组织的建设"，在论述湖南第一师范师生与中共湖南早期组织的建设时，着重讨论了毛泽东与何叔衡接受马克思主义的过程，和他们在创建中共湖南早期组织上的贡献；在论述湖南第一师范师生与中共上海早期组织的建设时，主要是分析李中（声澥）的 "一个工人的宣言" 和他在创立上海机器工会的贡献；在论述湖南第一师范师生与中共海外组织的建设，分析了蔡和森对推进工学世界社成员思想转变方面的贡献和李维汉是如何推进中共旅欧党团组织的建立与发展的。

第一章

从湖湘文化到五四新文化

第一节　从城南书院到湖南第一师范

湖湘学派是南宋时期在湖南形成的一个地域性理学学派，其主要创立者不是湖南人，而是福建人胡安国及其子弟和四川人张栻。湖南第一师范的前身是张栻创立的长沙城南书院。南宋绍兴三十一年（1161），张栻于碧泉书院学成回到潭州，爱妙高峰"高耸云表，江流环带"的清幽美景，效仿先贤于此地创办城南书院以治学会友，史书《方舆胜览》记载："城南书院在临湘门街，乃南轩先生讲学之地。题扁笔势豪劲，张紫微平生得意书也。"① 城南书院"自宋季迄前明，俛废俛兴，久为缁流所侵占"②。元明两代四百年间，城南书院仅有两次短暂的兴复。清军入关建立清王朝后，包括城南书院在内的许多书院都在这一时期获得复兴，书院再次进入繁荣发展的春天。

光绪二十九年（1903）九月，湖南巡抚赵尔巽奏请《湖南省会

---

① 祝穆：《方舆胜览》，卷二十三。
② （清）余正焕、左辅、张亨嘉等：《城南书院志·校经书院志略》，邓洪波、梁洋、马友斌等校点，岳麓书社，2012，第38页。

书院分别改为学堂、校士馆折》将"城南书院即改为师范馆"①，结束了几千年的书院教育传统，正式开始了湖南的师范教育。湖南巡抚俞廉三于1903年聘岳麓书院、城南书院山长王先谦为第一任馆长，这是湖南师范教育的发端，也"标志着第一师范的诞生"②。1903年以来，湖南第一师范迭经变革，然师范教育宗旨大体未改。湖南第一师范承继着千年学府的文化底蕴，又秉持着百年师范的优良传统，培养出了一批中共早期卓越领导人，他们成为湖南建党工作的中流砥柱。正如李维汉所言，"一师校史就是一部教育史，也是一部革命史"③。

城南书院创立于湖湘学派的形成过程中，湖湘学派的形成过程也就是湖湘文化的定型过程。城南书院向湖南第一师范转化，是从中国传统文化向现代文化转化的过程。具体来说，也就是从传统湖湘文化向五四新文化转化的过程。湖湘文化源远流长，但却是在南宋湖湘学派形成的过程中正式定型的。具体表现在湖湘文化的一些基本特征上，如爱国忧民、经世致用、兼收并蓄、知行统一等。

第二节 《公言》杂志燃起了湖南新文化的烽烟

《公言》杂志创刊于1914年，它是由宏文图书社发行的，而宏文图书社的成员都是湖南第一师范的教员。

---

① （清）余正焕、左辅、张亨嘉等：《城南书院志·校经书院志略》，邓洪波、梁洋、马友斌等校点，岳麓书社，2012，第148页。
② 《湖南第一师范校史》编写组编《湖南第一师范校史（1903—1949）》，上海教育出版社，1983，第4页。
③ 李维汉：《湖南第一师范校史·序言》，载《湖南第一师范校史》编写组编《湖南第一师范校史（1903—1949）》，上海教育出版社，1983，第1页。

一 湖南第一师范教员创办了宏文图书社

1914 年出版的《公言》杂志第 2 期所载的《长沙宏文图书社股份有限公司章程草案》第一条"本公司原名宏文社,由创办二人合资开设,已历三年。兹遵照现行公司条例,议定改为股份有限公司,定名曰宏文图书社股份有限公司",这说明,宏文社成立于 1911 年。据《湖南通史·近代卷》:"1914 年初,黎锦熙、杨昌济、徐特立、方维夏、曾运乾、陈天倪等在长沙创办宏文图书社,社内成立编译部,由黎锦熙负责。图书社的主要任务是编辑'共和国中小学各科教科书'和'翻译东西著述'。"[①] 根据考察,上述六人当时都曾经在湖南第一师范教过书,所以可以说是湖南第一师范教员创办了宏文图书社。

黎锦熙 (1890~1978),字劭西,生于湖南湘潭。黎锦熙于 1913 年下学期在湖南第一师范担任历史老师。1914 年,黎氏在将宏文社改为宏文图书社股份有限公司时,将位于长沙市浏阳门正街的李氏芋园租下来,作为宏文图书社的办公场所和职工宿舍。李氏芋园是清代两江总督李星沅的私家园林,其中不只是房间多,还有一个精巧的园林,有池塘、假山、柳树,树荫下的石凳便于闲坐。黎氏将此园租下之后,便请上述诸人都搬进来住。1915 年 9 月,黎氏受聘为教育部教科书特约编审员,从此离开长沙,宏文图书社也不知所终。

杨昌济 (1871~1920),又名怀中,字华生,出生于湖南省长沙县清泰都隐储山下的板仓冲,后求学于城南书院和岳麓书院。1903~1913 年,先后留学日本、英国,并到德国考察。据 1918 年

---

① 伍新福、刘泱泱、宋斐夫主编《湖南通史·近代卷》,湖南出版社,1994,第798 页。

刊印的《湖南省立第一师范学校志》记载，杨昌济于 1913 年度上学期至 1914 年度下学期、1915 年度上学期至 1917 年度下学期在湖南第一师范任教，所教课程为修身、教育。

徐特立（1877～1968），又名徐立华，原名懋恂，字师陶。湖南善化（今长沙县江背镇）人。据 1918 年刊印的《湖南省立第一师范学校志》记载，徐特立从 1913 年度下学期至 1917 年度上学期，一直在湖南第一师范教学，开设修身、教育课。

方维夏（1880～1936），湖南平江人。幼从父读书。1906 年 2 月，在母亲的支持下，他到长沙考入湖南中路师范学堂（1912 年改名湖南第一师范学校）简易科，同年 7 月毕业。1911 年应留日好友，时任湖南第一师范校长孔昭绶之邀，返回母校担任学监主任。据 1918 年刊印的《湖南省立第一师范学校志》记载，方维夏从 1911 年度下学期至 1917 年度下学期在一师任教，所教课程为博物、农业。

曾运乾（1884～1945），字星笠，晚年自号枣园，湖南益阳人。中国近现代著名的国学大师、杰出的语言文字学家、音韵学家。自幼聪颖，年十六考取益阳县学。1905 年以第一名选入湖南优级师范学堂，得受学于善化刘钜与湘阴郭焯莹等硕学名儒。曾从王湘绮、曾广钧诸先生治文字学，而于声音训诂尤有研究。据 1918 年刊印的《湖南省立第一师范学校志》记载，曾运乾于 1917 年度下学期任湖南第一师范国文、经学教员。

陈天倪（1879～1968），原名星垣，又名鼎忠，字天倪，湖南益阳人。年十一参加童子试，未考中，回乡就读于本族长辈陈星畴所设学馆约五年。1895～1900 年，就读于益阳箴言书院，在此读书六年，以王应麟、朱彝尊为归。1899 年，考取县学生员。1901～1903 年就读于岳麓书院，后入城南书院。1903～1905 年，就读于省优级师范学堂国文科。同班者有湘潭黎锦熙、益阳曾运乾、湘乡王季范。1909 年，考入湖南省立法政学校，甫毕业，而辛亥革命起。1911 年，辛亥革命成功，乃与曾运乾同任《长沙日报》主笔。1912～1914 年，与曾运乾、黎锦熙等任《湖南公报》兼《国民日报》编撰，后任《湖南公报》等主笔。1915～1916 年，执教于湖南第一师范。

上述诸人在宏文图书社工作期间所编由该社出版之著作，据不完全统计有：《教育学讲义》，黎锦熙，1913 年出版；《初等小学国文读本》二卷，黎锦熙、徐特立、余寿湘合编，尹毓荫、黎锦晖参订，1914 年出版；《初等小学国文教授法》，黎锦熙、缪兆珩、方维夏合编，1914 年出版；《初等小学国文读本》一册，黎锦熙、杨昌济、缪兆珩合编，1914 年出版；《中等学校国文读本详释》二册，黎锦熙、刘翰良、刘宗向合编，1914 年出版；《中等学校国文读本》四册，黎锦熙、刘宗向、刘翰良合编，1914 年出版；《国文读本详释》三卷，刘翰良、刘宗向编辑，黄锡卣、黎锦熙参订，1915 年出版；[①]《初等小学国文读本》三卷，黎锦熙、黄锡卣、方维夏、徐特立合编，杨昌济、黎锦熙校订，1915 年出版；《论语类钞》，杨昌济编，1914 年出版；《儿童训练法》，方维夏编，1914 年出版；《中等学校博物教科书植物篇》，方维夏编，1914 年出版。[②]

二　杨昌济提出了纲领性的新文化观

《湖南通史·近代卷》指出："湖南人士反对封建主义文化思想的活动，在《新青年》创刊前即已在进行。"1914 年 10 月，宏文图社书"创办《公言》杂志，声言将'选译东西洋报章杂志'，包括'欧美日本最近之种种思潮'，以求实现'刷新社会'这一'救

---

① 黎泽渝编《黎锦熙著述目录》，书目文献出版社，1996，第 1 页。
② 《公言》第 1 卷第 3 期。

亡至计'"①。《公言》杂志由宏文图书社 1914 年 10 月出版，每月出一册，共出三期。《公言杂志章程摘要》第二条称："本志以刷新社会，讨论学艺，发皇国粹为宗旨。"

《公言》杂志第 1 期第一篇文章为黎锦熙写的《公言小引》，在第 3 期《瑟儞斋论学》中，黎氏将其内容概括为"一曰倡学，二曰善群，三曰多述而寡作，四曰要终于至公"。黎氏在"如何而后能善群倡学耶？"中首先引黄宗羲的话说"学问之道以各人自用得着者为真。"接着指出："此非仅就宋明道学言之也。凡今之为学说政谭者，摇笔弄舌，纵论横议，无论旗帜若何鲜明，徒党若何众盛，苟叩之曰：此际公当从何处着手耶？……质言之，即善群倡学之事，当下即从何处着手？此问题不能解决，纵千言万语，终无实践之期，则谓之自欺欺人之谭可也。而群之不能善，学之不能倡，如故也。"这表明，该杂志力图提倡一种理论联系实际的学风。黎氏在谈到"此种社会当如何对付之"时说："余友杨怀中先生日记中，载英人之恒言，谓'社会必较善于个人'②。盖社会者个人之积，个人未必皆善，亦未必皆不善。有时小人道长，君子道消，则社会晦盲否塞之象成。……以今日风雨飘摇之时势，非善群断不能救国。群之所以不善者，小人道长，君子道消也。群之所以能卒善者，社会终较善于个人也。不善之个人多，故社会日即于昏暗。社会固未尝不善也，有君子起而熏陶同化之，则善良之个人多，风会所趋，社会之昏暗者终有光明之日。"③ 《公言》杂志还将杨昌济 1914 年的多条日记摘录作为杂志的补白。例如，在第 1 卷第 3 期

---

① 伍新福、刘泱泱、宋斐夫主编《湖南通史·近代卷》，湖南出版社，1994，第798 页。

② 杨昌济在 1914 年 5 月 23 日日记中记："余在沪北淀大学听道德哲学得一语云：社会必较善于个人。"

③ 《公言》第 1 卷第 3 期。

中就曾载杨氏日记中这样一段话："近闻人言，今日民国唯有一我，除我外别无他物。盖言今日唯有自私自利之可言，他事不必顾也。此诚代表社会心理之言，可哀可惧！"① 这些情况表明，《公言》杂志不仅十分推崇杨昌济，而且企图向社会宣传新的道德和文化。

如果说，黎锦熙的文章虽有宣传新文化的良好愿望，但其理论色彩不够的话，那么杨昌济的《劝学篇》则是旗帜鲜明地宣传新文化。《劝学篇》发表在《公言》杂志第 1 卷第 1 期，而且是正文的第一篇。这篇文章实际是《公言》杂志的创刊宣言，是新文化运动中一篇罕见的纲领性文章。它集中论述了杨昌济的新文化观，不仅预见了新文化运动的必然出现，而且系统、科学地指出了新文化运动应该遵循的一系列基本原则和方法。

第一，最早论述了五四新文化运动产生的必然性和必要性。在《劝学篇》中，杨昌济分析了我国向西方学习的几个逐步深入的历史阶段。他说："吾国输入西洋之文明，有其进步之次第焉。其始也以为吾宜师其铁船、巨炮，但取敌之而已，他非所宜用也；既乃学其制造，谓工业可以致富也；终乃师其政治、法律。吾则谓吾人不可不研究其精神之科学也。……个人必有主义，国家必有时代精神。哲学者，社会进化之原动力也。一时代有一时代之哲学思想，欲改造现在之时代为较为进步之时代，必先改造其哲学思想。"② 杨昌济的所说的"师其铁船、巨炮"和"学其制造"，属于从物质层面向西方学习，即洋务运动的阶段；而所谓"师其政治、法律"，则属于从制度层面向西方学习，即戊戌变法和辛亥革命阶段。杨氏认为，辛亥革命表面"虽甚为急激"，但是并未触及国民之根本思想。所以，他呼唤一个学习西方精神科学的思想启蒙运动，也就是

---

① 王兴国编注《杨昌济集》，湖南教育出版社，2008，第 490 页。
② 王兴国编注《杨昌济集》，湖南教育出版社，2008，第 74 页。

新文化运动。这不仅从历史发展的逻辑，而且从认识自身的逻辑，即认识是不断深化的一个过程，论证了新文化运动的必要性和必然性。这种论证，实际上也是在呼唤新文化运动的到来。

第二，最早揭示了五四新文化运动的主题，即改造国民性。在上述关于学习西方的三阶段的论述中，杨昌济认为"吾国近来之变革虽甚为急激，而为国民之根本思想者，其实尚未有何等之变化。正如海面波涛汹涌，而海中之水依然平静。欲唤起国民之自觉，不得不有待于哲学之昌明。"① 在致章士钊的一封信中，他更是具体地描述了当时国内的乱象："近日国内诸事，日益退步，士人多主张私塾，而以学校为可废；缠足之风，止而复行；禁烟之事，将成而败；司法之伪独立，亦成泡影；选民立法，更无论矣。二十年来仁人志士艰难辛苦所造成之舆论，浸将不复留于多数国民之脑海。譬之饮麻醉之药，浸淫昏迷，难于唤醒。此真中国莫大之忧也。"② 这段话更加凸显了改造国民性的必要性。

第三，高举起科学与民主这两面五四新文化运动的旗帜。杨氏在《劝学篇》中说："近世科学发达，欧美各国因致富强，日本师之，突然进步。欲跻中国于富强之列，非奖励科学不为功也。"③ 此文发表于1914年10月，同月15日杨氏又在其日记中写道："为生徒说《达化斋日记》'天地之大德曰生'一段，因言戊戌岁曾在南学会发一问，谭复生（嗣同）答云：'于圣贤微言大义晦盲否塞之秋，独能发如此奇伟精深之问，此岂秦汉以下之学者胸中所能有哉？兹事体大，余亦何敢论断。总之以民为主，如何可以救民，即以如何为是，则头头是道，众说皆通矣。'以民为主，乃余记此段

---

① 王兴国编注《杨昌济集》，湖南教育出版社，2008，第74页。
② 《甲寅》第1卷第8号，1915年8月10日出版。
③ 王兴国编注《杨昌济集》，湖南教育出版社，2008，第72～73页。

之主旨。"① 杨昌济在南学会所提的问题用现代的语言来概括就是："西方和中国的历史都表明，民主是个好东西（愚观《泰西新史揽要》②，专发明民主之益。即湘省士林中亦多有言民主为五大洲公共之理，至当不易，牢不可破者），但是仍有人对民主表示怀疑：如有的人说变君主为民主，将置我君于何地；有人说有的君主国的强盛，为许多民主之国、君民共主之国所不及；有人说实现民主要一个很长的过程；有人说倡言民主之义，只是为了保君权。请问如何解答这些问题？"杨昌济提出的这些问题，在当时是非常敏感的。所以，谭嗣同的回答也很策略。他没有直接回答杨昌济的问题，只抽象地说"以民为主"。但是这个故事却说明，民主思想在戊戌变法时期就已经在杨昌济思想上扎下了根。所以五四新文化运动中的民主与科学这两面旗帜，对他来说，久已飘扬在他的心中。

第四，鲜明地主张学习西方要从本国国情出发，以我为主，反对全盘西化。杨昌济在《余改良社会之意见》中又说："余对于社会之改革，固取渐进主义，非盲从欧化者。"③ 尽管杨昌济的"国家为一有机体"的说法是受了孔德和斯宾塞的"社会有机体论"的影响，但是通观杨氏的全文，可以知道他的目的并不是宣传这种社会有机体论，而只不过是借助"有机体"这一概念说明民族精神之重要。而这种民族精神实际上是一个民族的自我意识，它包括民族的自尊心、自信心和爱国心等内容。当一个民族丧失了自尊心，完全被另一个民族征服和同化之后，这个民族的民族精神也就不复存在，也就等于丧失了自我。可是，在五四新文化运动的一些领袖人物的言论中，不同程度有"全盘西化"的倾向。

---

① 王兴国编注《杨昌济集》，湖南教育出版社，2008，第 566 页。
② 《泰西新史揽要》，原名《十九世纪史》，出版于 1880 年，作者为英国历史学家马肯西。
③ 王兴国编注《杨昌济集》，湖南教育出版社，2008，第 78 页。

第五，既反对全盘西化，也反对文化保守主义。杨昌济认为中国旧文化与西方新文化相比，落后了整整一个时代。他在 1914 年 9 月 17 日的日记中说："中国文化深而腐败甚，反未由力自振拔，正如老世家之子弟气象衰微，反不如拔起孤寒者精神百倍也。呜呼，此可以观世变矣。"① 因此他建议那些深通中学之人，联袂西游。他在《劝学篇》中说："吾国非无好学深思之士，于本国之学问，素有研究，惜其无世界之知识，其所学尚不足应当世之急需。如此之人，若能驰域外之观，则其所得较新学小生必更有深且切者。此诚吾所祷祀以求者也。大凡游历外国，非通其语言之难，而通其学问之难，仅熟于西人之语言文字，非必可语于西人之学。同一居留外国也，学有素养者，其所视察必有独到之处，其所考究必非敷浅之事。观国之识，在于凤储。吾愿深通中学之人，联袂西游，以宏远识。"② 就是说，那些"深通中学之人"不要故步自封，搞文化保守主义，相反，要掌握"世界之知识"，"以宏远识"。早在 1902 年，杨度在《支那教育问题》中记录他与嘉纳治五郎讨论时，就曾提出"若有贤人哲士，取欧化与国粹保存两主义参酌而融贯之，以定教育之旨，是其上也"③ 的观点。杨昌济在当时就读过杨度的《支那教育问题》，并且十分推崇，所以他实际上也是主张将"欧化与国粹保存两主义参酌而融贯之"的。

第六，认为学问独立是一个国家、民族独立的重要条件。他在《劝学篇》中说："吾辈纵不能读西文所著之书，但能通晓东文，即不患无研钻之资料，所患者无求学之志耳。中国人士游学日本，通晓和文者甚多，谓宜利用其所长，间接求之东邻，以为发达文明之助。夫囿于东洋之思想，固不免有狭隘之讥，然并此而弃之，则学

---

① 王兴国编注《杨昌济集》，湖南教育出版社，2008，第 554 页。
② 王兴国编注《杨昌济集》，湖南教育出版社，2008，第 73 页。
③ 王兴国编注《杨昌济集》，湖南教育出版社，2008，第 57 页。

问将毫无进益，岂不重可惜哉！"① 这就是说，要以我为主，在充分学习外国的先进文化基础之上，建立自己国家和民族独立的学术思想体系。

第七，认为学习西方先进文化的途径是多样的，既可以出国留学，也可以在国内读译本。他在《劝学篇》中说："吴君稚晖之初往英国也，贻书国内友人，谓'苟无普通科学与外国语言之预备，则不必急急西游，苟求学之志坚，则虽在国内，凡西洋之学问，皆可曲折而求得之'。此诚扼要之言也。余尝闻人言：'在内地无师无友，不得其门而入。'心窃怪之。凡豪杰之士，皆无师无友，挺然独立而能自有所发明，诿于无师友，倘亦不能自立之𧗊欤！余尝见有人留学日本，因资斧不继不得已而归国者，自叹失求学之机会，余亦心非之。盖诚能有志，即在国内未尝不可为学也。余曾留学日本，又曾留学西洋，受益孔多，良堪自幸。然以余自知之明，余即不往西洋，专在日本，亦可以为学；且即令不往日本，专在本国，亦未尝不可为学。诿于无出洋留学之机会而自画者，只足见其无志而已矣。吾国出版界寂寥已极，微特比之欧美各国不免汗颜，即较之东邻亦大有逊色，然吾览商务印书馆之图书目录，见其中新译印行者非无可以观览之书。犹记余未出洋之时，读制造局与广学会之译本，亦复多有所得。今试问吾国之能读书者，果已悉所有译本而尽读之乎，抑犹未也？有译成之书而不能读，而徒叹国内之无书，诬亦甚矣！吾愿有志于学者，悉取现在所有之译本而披阅之。将来学问之途大开，译著之书踵出，则源源购读，新机且日引而日深，岂非人生之乐事乎！"② 这是说向西方学习的途径是多样的，不一定拘泥于留学一途。

---

① 王兴国编注《杨昌济集》，湖南教育出版社，2008，第75页。
② 王兴国编注《杨昌济集》，湖南教育出版社，2008，第75～76页。

第八，提出了对待中西方文化和不同学派的方法，即要尊重学术自由，平等竞争。"今欲研究国学，其中亦有多数之派别，不得不就之一言。"① 在《余改良社会之意见》中，杨氏又说："人不可不尊重自己之言论自由，又不可不尊重他人之言论自由。'万物并育而不相害，道并行而不相悖'，此天地之所以为大也。"② "真理以辩论而明，学术由竞争而进"，这是湘籍学者易白沙在五四时期提出的著名口号。杨昌济上述论断与易氏是完全相通的，而时间更早。

第九，主张"合东西两洋之文明一炉而冶之"，创造一种新文化。"且夫学问非必悉求之于他国也。吾国有固有之文明，经、史、子、集义蕴闳深，正如遍地宝藏，万年采掘而曾无尽时，前此之所以未能大放光明者，尚未谙取之之法耳。……王君静安（国维）尝论国学，谓战国之时，诸子并起，是为能动之发达；六朝隋唐之间，佛学大昌，是为受动之发达；宋儒受佛学之影响，反而求之六经，道学大明，是为受动而兼能动之发达。今吾国第二之佛教来矣，西学是也。乃环观国人，不特未尝能动，而且未尝受动，言之有余慨焉。吾之所望者，在吾国人能输入西洋之文明以自益，后输出吾国之文明以益天下，既广求世界之智识，复继承吾国先民自古遗传之学说，发挥而光大之。此诚莫大之事业，非合多数人之聪明才力累世为之，莫能竟其功也。"③ 这表明杨昌济已经有了一种创造新学派的历史自觉。

杨昌济的这篇文章由于发表在当时地处偏僻的湖南，未能在后来的全国新文化运动中发挥其应有的作用。但是它却指导杨昌济正确地培养学生，正确地对待第二年兴起的新文化运动。所以 1915

---

① 王兴国编注《杨昌济集》，湖南教育出版社，2008，第 76～77 页。
② 王兴国编注《杨昌济集》，湖南教育出版社，2008，第 79 页。
③ 王兴国编注《杨昌济集》，湖南教育出版社，2008，第 76 页。

年 9 月揭开了新文化运动序幕的《青年杂志》（第 2 卷起改名为
《新青年》）创刊出版之后，便立即受到杨昌济的热烈欢迎，他用
自己的工资购买若干《新青年》分赠给他心爱的学生们阅读。周世
钊曾经生动地描写过青年毛泽东是如何热爱《新青年》的："以改
造中国为目的的《新青年》杂志于一九一五年创刊，毛泽东同志即
刻成为最热爱它的读者之一。"[①] 当时毛泽东身边的一些同学，都
是《新青年》的热心读者。

　　湖南第一师范师生中不仅有一批人热心地读着《新青年》，而
且有两位教员和一位学生在《新青年》上发表过文章。一位教员是
杨昌济，他的论文《治生篇》发表于《新青年》1916 年 12 月出版
的第 2 卷第 4 号、1917 年 1 月出版的第 2 卷第 5 号；他的译文《结
婚论》发表于《新青年》1919 年第 5 卷第 3 号。另一位教员是易
白沙，他的论文《述墨》发表于《新青年》1915 年 10 月出版的第
1 卷第 2 号、1916 年 1 月出版的第 1 卷第 5 号、1916 年 9 月出版的
第 2 卷第 1 号，论文《我》发表于《新青年》1916 年 1 月出版的
第 1 卷第 5 号，论文《战云中之青年》发表于《新青年》1916 年 2
月出版的第 1 卷第 6 号，论文《孔子平议》发表于《新青年》1916
年 2 月出版的第 1 卷第 6 号、1916 年 9 月出版的第 2 卷第 1 号，论
文《诸子无鬼论》发表于《新青年》1918 年 7 月出版的第 5 卷第 1
号。一位学生是毛泽东，他的论文《体育之研究》以"二十八画
生"的笔名发表于《新青年》1917 年 4 月出版的第 3 卷第 2 号。
这种盛况，对于当时全国的中等专业学校来说，可以说是绝无
仅有。

---

① 中国革命博物馆、湖南省博物馆编《新民学会资料》，人民出版社，1980，第
392 页。

第三节　易白沙对新文化运动的贡献

易白沙，本名坤，号越村、月村。因为他家住在湖南省长沙市离白沙井不远的地方，平时又仰慕明代思想家陈献章（白沙）的为人，所以又号"白沙子"。他出生于1886年（清光绪十二年）。少年时代的易白沙，就熟读经史百家，显示了突出的才华。所以，当他随在永绥（今花垣县）当官的父亲一道在湘西生活时，便被当时的州同知、安徽人吴传绮所赏识，"延主永绥师范学校"①，这时他只有十六岁。1903年，吴传绮罢官回皖，写信邀易白沙主持怀宁中学。从此以后，易白沙曾长期活跃在安徽一带，先后担任过安徽师范学堂、旅皖湖南中学校长。

易白沙"早岁读郑思肖《心史》，及黎洲、船山、亭林、密之遗书，慨然种族之痛，亟思摈满"②。到了安徽以后，他又结识了许多民主革命派的要人，如孙中山、章太炎、陈独秀等，因而其思想更加激进。1911年，武昌起义成功后不久，安徽也宣布反正。为了维护革命秩序和社会治安，易白沙与安徽著名革命党人韩衍（白奢）等组织学生为青年军，韩任总监，易任一个大队的军监，镇压了为非作歹的巡防营统领，这一行动使青年军声威大震。

"二次革命"期间，易白沙往来奔走于湘、皖之间，力劝当事者响应孙中山号召，武装反袁。斗争失败后，易白沙被袁世凯通缉，在国内无法立身，便亡命日本，参与章士钊创办《甲寅》杂志的工作。在该杂志上，先后发表了《教育与卫西琴》《广尚同》《铁

---

① 陈先初编《易白沙集》，湖南人民出版社，2008，第313页。
② 陈先初编《易白沙集》，湖南人民出版社，2008，第313页。

血之文明》《平和》等论文。在这些文章中，易白沙痛斥了袁世凯独裁专制、尊孔复古的反动行径，同时也深刻地揭露了帝国主义侵略和压迫各弱小民族的罪行。1915 年《新青年》杂志创刊之后，易白沙又积极撰稿，先后在该刊发表了《述墨》《孔子平议》《诸子无鬼论》《我》《战云中之青年》等论文，为刚刚兴起的新文化运动鸣锣开道。

1916 年，袁世凯帝制覆灭，易白沙回国。鉴于袁世凯复辟帝制的教训，他编写了一本名噪一时的书——《帝王春秋》，用大量的历史资料，全面地揭露历代封建帝王政治上的反动、思想上的愚昧、生活上的荒淫。这本书在他生前没有刊行。

1917 年至 1918 年，易白沙曾在湖南省立第一师范学校当过一年半的历史和国文教员，又在天津南开大学、上海复旦大学任过短时期的教授。后来，他从上海回到湖南，息影于先人墓庐、僻居于岳麓山冲。这段时间，他的精神十分抑郁。

1921 年，易白沙目睹国家继续被北洋军阀统治，革命党人和爱国学生屡遭屠戮，心中十分愤懑，便于这年 4 月下旬只身北上，腰揣手枪，在北京军阀政府的门前徘徊了好几天，希望找到一个行刺北洋军阀头目的机会，但未能如愿。于是又南下广州找孙中山，要求让他组织军队进行北伐。当时许多老朋友劝他"宜文章报国，不必赴险"[①]。易白沙感到非常失望，便于端午节的晚上登上了从广州开往他一向尊崇的陈献章家乡陈村的轮船，在途中蹈海自杀。终年仅 35 岁。

易白沙不但是一位激进的革命民主主义斗士，而且是一位卓越的学者。他对中国的历史和传统学术有着透彻的了解，尤其是对先秦诸子有过深刻的研究。他在《新青年》上发表的文章的一个突出

---

① 陈先初编《易白沙集》，湖南人民出版社，2008，第 314 页。

特点，就是将中国传统的诸子学与当时的现实紧密结合起来，从多方面进行思想启蒙。

一 《孔子平议》发出了五四时期批评圣人的先声

易白沙在《青年杂志》（第 2 卷改名《新青年》）第 1 卷第 6 号和第 2 卷第 1 号上连续发表的《孔子平议》一文，是一篇比较系统地对孔子进行评价的论文。这篇文章吹响了五四新文化运动时期"打倒孔家店"的号角。

袁世凯篡夺了辛亥革命果实之后，便立即掀起一股尊孔复古的逆流，为其复辟帝制张本。经袁世凯谋划，霎时各种尊孔谬论传开，各尊孔组织相继出笼。易白沙所著《孔子平议》一文，正是为这尊孔逆流而写。他在分析大量史实的基础上得出结论：历朝尊孔活动是封建帝王为维护自己统治而进行的一场"滑稽剧"。他指出春秋末年孔子理论只不过是"九家之一"，孔墨当时并称"显学"而孔子仅仅是社会中的"部分的力量罢了"。秦始皇"摧残学术"，"儒宗亦在坑焚之列"。于是秦末农民起义爆发，鲁国不少儒生都奔向陈涉。汉高祖立即得天下，前期亦鄙儒，乃至"溺儒冠"；统一中国后由于政治上的需要，才"祠孔子以太牢，博其欢心，是为孔子身后第一次享受冷牛肉之大礼"。"汉武当国，扩充高祖之用心，改良始皇之法术，欲蔽塞天下之聪明才志，不如专崇一说，以灭他说，于是罢黜百家，独尊儒术，利用孔子为傀儡，垄断天下之思想，使失其自由。"易白沙以为"中国两千多年来尊孔的伟大奥秘"即是如此。这类尊孔"滑稽剧"表面是对孔子的崇拜，但其实是"傀儡孔子"。因此，"典礼愈隆，表扬愈烈，国家之风俗、人心、学问愈见退落"。

易白沙接着又指出，孔子能够独尊，当然是和历代封建统治者的需要紧密相关，但"推论孔子，以何因缘，被彼野心家所利用，甘作滑稽之傀儡，是不能不归咎孔子之自身矣"。他认为其"因缘"有四：

（1）"孔子尊君权，漫无限制，易演成独夫专制之弊。"而"君主独裁，若无范围限制其行动，势将如虎傅翼，择人而食"。所以，在先秦的一些主张尊君权的思想家那里，总要对它设置种种"限制"。例如墨子主张"天志"，认为"人君善恶，天为赏罚"，因此，帝王们"虽有强权，不敢肆虐"。而法家们则主张"国君行动以法为轨"。他们认为"君之贤否，无关治乱，法之有无，乃定安危"。可是孔子与上述两家相反，既不强调"天志"，也不推重"法治"，而一味强调"人治"，所以"不能监督天子之行动"，难免形成"独夫专制"的后果。

（2）"孔子讲学，不许问难，易演成思想专制之弊。"易白沙列举大量事实，证明孔子拒绝问难，如"孟懿子问孝，告曰'无违'，孟懿子不达，不敢复问，而请于樊迟。樊迟问仁智，告以'爱人''知人'，樊迟未达，不敢复问，而请于子夏。孔子告曾子'吾道一以贯之'，门人未达，不敢直接问孔子，而间接问曾子"等。王充曾说："七十子之徒……学于孔子，不能极问。"易白沙纠正说，不是七十子"不能极问"，而是孔子"不许极问"。他认为这种"有信仰而无怀疑，有教授而无质问"的做法，"不仅壅塞后学思想，即儒家自身学术，亦难阐发。"

（3）"孔子少绝对之主张，易为人所借口。"易白沙说，孔子是"圣之时者"，其讲学态度少绝对之主张。"言节用爱众，颇近墨家节用兼爱之说；虽不答鬼神之间，又尝言祭鬼祭神，颇近明鬼之说；虽与道家背驰，亦称不言之教，无为之治；不谈军旅，又言教民即戎；主张省刑，又言重罚；提倡忠君，又言不必死节；不答农圃，又善禹稷躬耕"等。"至于生平行事，尤无一定目的，杀身成仁，仅有空论，桓魋一旦见陵，则微服而过宋；穷于陈蔡，十日不食，子路烹豚，襫人衣以沽酒，则不问由来而饮食之"等等。所以，在孔子那里，"求如宗教家以身殉道，墨家赴汤蹈火，死不旋踵，商鞅、韩非杀身行学，皆不可得，美其名曰'中行'，其实滑头主义耳，骑墙主义耳"。

（4）"孔子但重作官，不重谋食，易入民贼牢笼"。易白沙认为："君子谋道不谋食，学也禄在其中，是为儒门安身立命第一格言。"孔子的这些主张，对他本人来说，"或志在救民，心存利物，决非薰心禄饵，竦肩权贵，席不暇暖，尚可为之原恕。惟流弊所趋，必演成哗世取宠，损廉弃耻之风俗"。

易白沙对孔子政治思想这些批评，虽然不无过当之处，但对当时那些长期被"正统"思想束缚的人们来说，的确起到了振聋发聩的作用。

在《孔子平议》中，易白沙特别驳斥了"今之董仲舒，欲以孔子一家学术，代表中国过去未来之文明"的谬见，大力呼吁发扬学术民主。他通过对文明发展史的考察，揭示了文明的产生是人们集体创造的结果："夫文化由人群公同焕发，睿思幽渺，灵耀精光，非一时一人之力所能备。""人文孟晋，决非一代一人，能奏功效。"因此，如果要"以孔子统一古之文明，则老庄杨墨、管晏申韩、长沮桀溺、许行吴虑，必群起否认，开会反对；以孔子网罗今之文明，则印度欧洲，一居南海，一居西海，风马牛不相及。"既然古代文明和现代文明都是集体创作的产物，那就要实事求是地承认各家的贡献，而不能把它归美于一家，更不能统一于一家。所以易白沙说："朕即国家之思想，不可施于政治，尤不可施于学术。"这些都充分反映了易白沙在学术上的民主思想。正是从这种民主思想出发，他一方面反对"闭户时代之董仲舒，用强权手段，罢黜百家，独尊儒术"；另一方面也反对"开关时代之董仲舒，用牢笼手段，附会百家，归宗孔氏"。他并且大声疾呼"盖真理以辩论而明，学术由竞争而进也"。^① 这种呼吁和陈独秀在当时提出的"百家平等"口号是完全一致的，它们都有力地促进了当时人们的思想解放。陈先初说："易白沙是阵营强大的'新青年'批孔大军的重要一员，他不仅积极参与了对孔子的批判，而且他还是运动开始后公开站出来点名批孔的第一人。"^②

二 《述墨》积极宣传现代民主思想

章太炎说，易白沙"初好治诸子，尤喜墨家，贵任侠"^③。易白沙治墨子的一个显著特点，是力图把墨子的"尚同""非攻""兼爱"等主张，与资产阶级的"自由""平等""博爱"口号融为一体，贯彻到自己的言论和行动中。对此，他公开承认说："周秦诸子之学，差可益于国人而无余毒者，殆莫如子墨子矣。"

早在 1914 年，易白沙针对袁世凯这个"天下之强有力者，负墨子而趋，假尚同之说，混人观听"的做法，在《甲寅》杂志第 1 卷第 3 期上发表了一篇题为《广尚同》的文章，以阐发墨子"尚同"思想的真谛。文章明确指出："锄诛异已，排斥清议，以统一之者，号召天下曰：吾尚同，吾尚同，吾守墨家之言。是诚墨子所谓异义，非所谓同也。"那么墨子"尚同"之精义，究竟何在呢？易白沙说，就在于"同于天，同于仁，同于民。此三同者，尚同之灵魂也"。他进而分析说："天子不可为同之标准，故必同于天；然天者郁苍苍而不言者也，故必同于仁；然仁之范围又至大且博、浩无涯漠者也，故必同于民。天以见仁，仁以讬民，然后尚同之真谛，如日月之昭天，虽有沉霾阴雾不能损其光明。"正是从这种"同于民"的观点出发，他反复强调必须以"民为主"，反对一切

---

① 陈先初编《易白沙集》，湖南人民出版社，2008，第 85～97 页。
② 陈先初编《易白沙集》，湖南人民出版社，2008，第 19 页。
③ 陈先初编《易白沙集》，湖南人民出版社，2008，第 311～312 页。

"独裁于君",并且明确指出:"革命以后之中国,为总统专制之中国,其政同于总统而止,亦不必同于天,皆不得谓之上(尚)同。"① 这样,易白沙便巧妙地把墨子的"尚同"主张与近代资产阶级的民主思想融合起来,使其成为反对专制独裁的重要思想武器。

在 1915 年发表的《述墨》一文中,易白沙除了对墨学之起源、墨子的历史进行了详细的考证之外,还特别针对当时的现实,强调发扬墨子非攻、节用、兼爱精神的重要性。他说:"今者四郊多垒,大夫不以为辱,士不以为忧,战既不能,守复无备,土地人民,惟人之宰割是听,非举全国之人尽读《墨经》,家有禽子之巧,人习高何之力,不足以言救国。"② 易白沙的这些论述,一方面反映他对当时社会上存在的种种矛盾和弊病有一定程度的了解;另一方面也表明,他是力图把学术研究与解决当前现实中存在的问题紧密地结合起来。他在同一篇文章中曾经指出:"墨子者躬行君子也,身所行事,即学说所主张。"他自己的确是企图在实践中躬行墨子的某些主张的。

易白沙既然十分推崇主张"尚同"于民的墨学,宣扬"以民为主"的民主思想,因此必然对被历代封建统治者推为"独尊"的孔学持批判态度。

三 《诸子无鬼论》积极宣传中国古代的科学思想

易白沙的《诸子无鬼论》发表于 1918 年,绝不是偶然的,而是有着鲜明的现实针对性。袁世凯为了推行他的独裁统治,进而复辟帝制,特别重视搞愚民政策,带头祀孔祭天。袁世凯垮台以后,

---

① 陈先初编《易白沙集》,湖南人民出版社,2008,第 15~16 页。
② 陈先初编《易白沙集》,湖南人民出版社,2008,第 55 页。

这股迷信风不仅没有熄灭,在有的地方愈演愈烈。例如,当时统治湖南的军阀张敬尧,就明令保护神道杂志,组织湖南"全省修建庙宇事务所",还亲自带领一帮人"行香神庙"。《新青年》杂志在揭橥"民主"口号的同时,提出"科学"的口号,就是针对袁世凯之流散布的这种封建迷信的。易白沙的《诸子无鬼论》就是为了配合这个斗争而发表的,是射向封建顽固势力的一支利箭。

通观易白沙的《诸子无鬼论》和他一生反宗教迷信的斗争,可以看出两个比较显著的特点:一是他十分重视从政治上揭露鬼神迷信长期存在的原因;二是他善于利用中国古代无神论思想为他的斗争服务。

易白沙从三个方面分析封建帝王为什么要提倡鬼神迷信。

其一,是为了神化自己,使人民敬畏。他说:"吾国鬼神,盛于帝王,古代文化,亦借鬼神以促其演进。"在封建社会,历来都是把帝王的诞生说得神乎其神,不是说他的母亲是履"大人迹",就是梦与龙交,或是食神鸟卵,诸如此类,不一而足,无非是要说明皇帝的身份与常人不同。易白沙一针见血地戳穿了这种骗局,毫不客气地把"天子"说成是"私生子之代名",这对于打破人们长期以来对帝王的迷信思想,是起了解放作用的。

其二,是为了借助神权,断案决狱。他说:"原人不知法律,天子最难辨者,莫如血斗之是非,不假神权,无从解决。""黄帝既借此似牛之物,裁判诉讼,后世天子,奉为宪法。……然则皋陶虽善治狱,不过为牛之傀儡,裁判实权,不操之自身也"。

其三,是为了借助神权,进行侵略。他说:"古之帝王,神道设教,运天下于掌,遂以不祀鬼神之国为野蛮,必灭其地而虏其君。《孟子》言汤之灭葛,由于葛伯放而不祀。武王灭纣,《泰誓》三篇,宣布罪状,一则曰弗事上帝神祇,遗厥先宗庙,弗祀牺牲粢盛;再则曰谓祭无益;三则曰郊庙不修,宗庙不享。春秋之时,楚人灭夔,由于夔子不祀祝融与鬻熊之神。晋景公灭潞国而虏其君,数其五大罪，以不祀鬼神为第一罪状。"

易白沙从上述三个方面分析了君权与神权的密切关系之后，得出一个结论："若就君主论国人之知能，谥以野蛮，实非过当。"

易白沙在批判鬼神迷信的时候，利用他渊博的历史知识，从中国古代思想家那里找到了许多反对鬼神迷信的同盟军。在《诸子无鬼论》中，易白沙高度评价了古代这些思想家的贡献。他说："鬼神有无，古今学者，每多聚讼。吾国周秦以来，亦起争执。佛家则谓大地山河，乃由心造，人且非真，鬼将焉附？唯小乘说法，颇有神鬼之谈。"①

易白沙特别重视历史上从学理上批判鬼神迷信的哲学家荀子和王充。他认为《荀子·解蔽篇》和《论衡·订鬼篇》，继承了韩非子和列子的鬼由心造的观点，即从认识论上说明鬼神产生的原因的唯物主义观点。《解蔽篇》指出："凡观物有疑，中心不定，则外物不清。吾虑不清，则未可定然否也。……凡人之有鬼也，必其感忽之间，疑玄之时正之，此人之所无有而有无之时也。"易白沙认为"荀子为儒家正宗，不仅排斥鬼神，凡古代相传之上帝及祯祥妖孽诸说，均以为无关人事"。他认为荀子的这种思想集中地反映在荀子的《天论篇》。易白沙认为有三个要点：一是主张"人力可以胜天"；二是认为"妖异不足惧"；三是认为"祭祀祈祷，非言享鬼，实以饰礼"。易白沙认为，王充无鬼论的特点，就是他不仅从认识论上论述了鬼由心造，而且"从物理上辩明无鬼，谓世俗言鬼神状态，皆不足信"。

易白沙除了十分推崇荀子和王充以外，还特别提到刘安的无鬼论思想。他说："荀子王充而外，能详解其原委者，更有淮南王刘

---

① 陈先初编《易白沙集》，湖南人民出版社，2008，第109～111页。

安。"① 他认为,他们三人的无神论思想是十分丰富和完善的,后代的一些无神论者的论点,基本上都没有超出他们的范围。

纵观易白沙的这些文章,有一个特点,即它们没有毛泽东曾经批评过的五四时期学人中曾经普遍存在的"好就是绝对的好,坏就是绝对的坏"的形式主义。易白沙的文章比较注意具体分析。他明确提出"以东方之古文明,与西土之新思想,行正式结婚礼"②,从而坚决拒绝了"全盘西化论"。他的《孔子平议》、《述墨》和《诸子无鬼论》,就是这种"结婚礼"的表现。

---

① 陈先初编《易白沙集》,湖南人民出版社,2008,第113~119页。
② 陈先初编《易白沙集》,湖南人民出版社,2008,第91页。

第二章

新文化运动与湖南第一师范
学生的民主化管理

　　五四新文化运动对湖南第一师范的最大影响之一，是促进了学生管理的民主化。这不仅表现在学校十分重视培养学生的自觉心，而且采取了一些自治措施，如成立学友会和志愿军等。

第一节　"时时以国耻唤醒学生之自觉心"

　　湖南第一师范的校长在新文化运动中，运用现代民主主义的思想指导学生工作，极力在唤醒学生的自觉心和主动性的前提下，实行学生自治。

一　最新民本主义教育

　　在1918年刊印的《湖南省立第一师范学校志》的"纪第二"第26页，刊有一张表，这张表从上到下分八层。第一层、第二层：校训、知耻。第三层：公诚勤俭。第四层：民本主义教育。第五层：道德实践、身体活动、社会生活。第六层：道德实践又包括模范人物、家庭及保证人之联络、校内外管理、训练（全体训话、各级各班各部训话、个人训话、名人训话等）、操行考查、惩戒、人物互选、修养日记；身体活动又包括兵式普通游戏课间操、课外志愿军、课外运动会、学友会关于体育各部、球团、卫生；社会生活包括两个方面，即关于智识、关于职业。第七层中，关于智识包括：世界教育思潮、地方教育状况、各科教授之注意、自动的研究、常识；关于职业又包括：课外劳动会、各种服务、技能各科、农业实习、工业实习、商业实习。第八层中，各种服务包括：书写、整洁、洗濯、印刷、炊事、消防、邮便；技能各科包括：手工、图画、音乐、学友会关于技能各部。

这张表表明，当时的湖南第一师范是以"知耻"作为学校的校训。这是因为，此时的民国总统袁世凯为了当皇帝，不惜与日本帝国主义签订灭亡中国的"二十一条"。1915 年 5 月 7 日，日本政府致北洋政府外交部最后通牒，限 48 小时完全应允"二十一条"。此事极大地激怒了中国人民，人们将 1915 年 5 月 7 日定为国耻日。湖南第一师范师生有纪念国耻日的传统。当此事件刚发生不久，一师师生集资刊印了《明耻篇》，毛泽东在此书封面上题写了"五月七日，民国奇耻；何以报仇，在我学子"的誓言。湖南第一师范以"知耻"作校训，表明它要培养的学生是具有强烈爱国主义精神的坚强斗士。而要培养"知耻"的学生，其方法就是用"民本主义教育"。民本思想肇始于夏商周，发展于春秋战国，定型于汉。西汉时期民本思想的代表人物是贾谊。在分析秦王朝覆亡的原因时，贾谊的观点比较透彻。贾谊指出："秦王怀贪鄙之心，行自奋之智，不信功臣，不亲士民，废王道而立私爱，焚文书而酷刑法，先诈力而后仁义，以暴虐为天下始。"① 在贾谊看来，秦王朝败亡的原因就在于对民众暴虐统治。因此，贾谊提出了"民无不为本"的观点。"国以为本，君以为本，吏以为本。故国以民为安危，君以民

---

① （汉）贾谊撰，阎振义、钟夏校注《新书校注》，中华书局，2000，第 14 页。

为威侮，吏以民为贵贱。"① 民本思想一直是儒家学派的重要组成部分。但是，所谓"民本"是相对于"君主"而言的，它与现代的民主思想，还是有着本质的区别。所以《湖南省立第一师范学校志》在"校章记"记录学校的教育方针时，指出"本校除照部定教育宗旨外，特采最新民本主义规定教育方针。"② 所谓"最新民本主义"，实际上就是将资产阶级的民主主义与传统文化中的民本思想相结合。所谓"部定教育宗旨"是依据蔡元培在 1912 年 2 月 8 日发表的《对于新教育之意见》，这个"意见"中说："何谓公民道德？曰法兰西之革命也，所标揭者曰自由、平等、亲爱。道德之要旨，尽于是矣。"这就将新教育方针的阶级实质宣露无余。湖南第一师范在教育部颁布的教育宗旨上，再加上"最新民本主义"，无非就是要将西方思想与中国传统的民本思想完美地结合起来。湖南第一师范倡导"以人格教育、军国民教育、实用教育为现救国强种唯一之教旨"③。在中国，最早提出人格教育的人是蔡元培。蔡元培在提倡人格教育时，便极力宣传个性解放，他说："教育者，与其守成法，毋宁尚自然；与其求划一，毋宁展个性。"④ 杨昌济说："人生究竟之目的，在于实现自我于社会的生活之下，以完成人格。"⑤ 显然，杨氏是把自我实现当作"完成人格"的手段。

　　湖南第一师范倡导个性解放的人格主义教育，其教育成效在青年毛泽东身上尤为突出。主要表现在以下两个方面。一方面，他以是否有利个性解放为尺度，批评学校教育的弊端。在《湖南自修大

---

① （汉）贾谊撰，阎振义、钟夏校注《新书校注》，中华书局，2000，第 338～339 页。
② 《湖南省立第一师范学校志》，纪第二，1918，第 25 页。
③ 《湖南第一师范校史》编写组编《湖南第一师范校史（1903—1949）》，上海教育出版社，1983，第 74 页。
④ 《蔡元培选集》，中华书局，1959，第 59 页。
⑤ 王兴国编注《杨昌济集》，湖南教育出版社，2008，第 270 页。

学创立宣言》中，他指出学校的"坏处"有三条。一是师生间"交易而退，各得其所"，教师向往金钱，学生追求文凭，施教受教只不过是商业行为而已，师生间没有感情可言。二是学校机械化推行单一的教授法和管理法是戕贼人性的行为。三是课程太多。学生只是终日埋头于教室上课，与社会脱节，常神昏意怠，无法自动自发地开展研究。这三条坏处都是妨碍学生个性发展的。所以毛泽东说，学校"坏的总根，在使学生立于被动，消磨个性，灭掉性灵，庸懦的随俗浮沉，高才的相与裹足"[①]。另一方面，青年毛泽东为了矫正学校教育的弊端，极力提倡"自教育"。在《民众的大联合》一文中，他指出："我们是学生，我们好苦，教我们的先生们，待我们做寇仇，欺我们做奴隶，闭锁我们做囚犯。……我们不联合起来，讲究我们的'自教育'，还待何时？我们已经堕在苦海！我们要讲求自救，卢梭所发明的'自教育'，正用得着。"[②] 这里讲的"自教育"实际上包括自然教育与自由教育两个方面。所谓自然教育是指人的教育和事物的教育必须与儿童的天性的自然发展一致起来，反对强迫儿童呆读死记宗教信条。从前述青年毛泽东对学校弊端的批评，可以看出，他的那些观点显然是受了卢梭"自教育"思想的影响。

为了实现"自教育"的主张，青年毛泽东把他的目光转向了中国古代的书院制度。书院制度兴于唐，盛于宋。其产生之初，的确是对当时官学的死板和僵化的一种反动。它提倡自由讲学、自由讨论，对两宋的学术繁荣是起了促进作用的。但是进入明清之后，由于受科举制度的影响，书院与官学已没有什么区别了，因此当清末废除科举制度时，书院便为新式的学校所取代。然而事情的发展往

---

① 《湖南自修大学创立宣言》，《东方杂志》第 20 卷第 6 号。
② 中共中央文献研究室、中共湖南省委《毛泽东早期文稿》编辑组编《毛泽东早期文稿》，湖南人民出版社，2008，第 343 页。

往是不以人们的意志为转移的。新式的学校虽然是那些鼓吹个性解放的西方资产阶级学者所创设的，但它的那些教育方式和方法与封建时代的学校一样，也是束缚个性发展的。这就是青年毛泽东在五四前后，一方面极力宣传资产阶级的个性解放口号，另一方面又无情批判资本主义学校的原因。他认为书院的自由讲学、自由研究比学校机械划一的教学方式要好。在 1917 年 8 月 23 日给黎锦熙的信中，在谈到从湖南第一师范毕业之后的打算时，他明确提出："久思组织私塾，采古讲学与今学校二者之长，暂只以三年为期，课程则以略通国学大要为准。"[①] 1920 年秋，湖南自修大学的创设，正是毛泽东这一理想的实现。在《湖南自修大学组织大纲》中，毛泽东指出，就是要"采取古代书院与现代学校二者之长，取自动的方法，研究各种学术"。毛泽东在《湖南自修大学创立宣言》中解释什么是书院与学校之"长"时指出："故从'研究的形式'一点说，书院比学校实在优胜得多，但是现代学校有一项特长就是他'研究的内容'专用科学，或者把科学的方法去研究哲学和文学，这一点是书院所不及学校。自修大学之所以为一种新制，就是取古代书院的形式，纳入现代学校的内容，而为适合人性便利研究的一种特别组织。"[②] 这里讲的"适合人性"实质上是指有利于个性的发展。可见毛泽东当时关于学制改革的着眼点，主要还是在个性解放。

二 孔昭绶的"知耻"教育

具有近代民主教育思想的孔昭绶于 1913 年 4 月接替曾沛霖出任湖南第一师范校长。他将蔡元培的教育思想和教育改革措施在湖南第一师范全面推行。但到了第二年初，北洋军阀、拥戴袁世凯的

---

① 中共中央文献研究室、中共湖南省委《毛泽东早期文稿》编辑组编《毛泽东早期文稿》，湖南人民出版社，2008，第 76 页。

② 《湖南自修大学创立宣言》，《东方杂志》第 20 卷第 6 号。

汤芗铭督湘，捉拿反袁人士，孔昭绶被迫出走日本。后几易校长，到 1916 年 9 月，谭延闿第二次督湘，再度任命从日本归国的孔昭绶为校长，继续推行民主教育。所以，孔昭绶对湖南第一师范的建设有着巨大贡献，在湖南第一师范校史上影响深远。

1917 年 5 月 7 日，孔昭绶在国耻纪念日的大会上发表演说，题为《中日交涉始末》。演说开始，孔氏回顾了中日交涉时他在日本的经历："溯民国二年（1913），余因政变避居东京。未几，中日交涉起，我政府阴与磋商，内地同胞秘不得闻，日报则嬉笑怒骂尽情披露。凡寓居倭土者，无不洞悉底蕴，愤激莫遏。无如在祖国既不许人民置喙，在彼国则处于强权迫压之下，虽欲求一哭而不可得。忍辱含垢，愤不欲生。"这表明，孔氏这篇演说的宗旨，就是要人们"永永无忘国耻"。这个演说共分十个部分，现摘录如下：

（一）中华民国之位置。我国……在世界上之位置，以历史言应居第一，以领土言亦应第二，以人口言尤应第一。而……日本区区三岛，土地仅占我国三十分之一，人口仅有我国八分之一，更何以朝鲜失、台湾割、旅大租让？而此最惨酷最痛苦之亡国条件，亦且俯首帖耳、伈伈睨睨，唯命是听？此诚吾人当引为奇耻大辱而不可一日忘者也。

（二）中华民国之名称。……改革之初，日本报纸首倡异议，大肆其簧鼓挑拨之词，谓我夜郎自大，内中夏而外夷狄，自华其族而野蛮他人。于是各国徘徊观望，迟迟不承认者逾年。经各地方面疏通，且举满蒙五铁路权啖日，日虽正式承认，而其名要仍非中华民国也，乃支那共和国也。……每关吏或警兵调查国籍，吾以中华民国答之，则曰地球上固无此国也。试反唇稽之，则曰区区支那共和国耳。函面苟书有中华国等字，则邮差必故涂抹之也，呜呼！使此际果可以逞匹夫之私勇也，则吾且齿嚼欲碎，拳握欲裂，而发上指，欲求得一当也久矣。

（三）日本人之野心。……日本内阁……分二派，一南进派，主张由我西江流域（华南地区）着手；一北进派，主张由我南满、内蒙着手。至福建山东，尤为日人垂涎之焦点。……博物教授必云：……地大物博之支那，彼不能自治，吾必取而代之。又如音乐教授则极言我国为乐土，以印入国民脑经，而坚其侵我之决心。……又靖国神社凡捕房我国战利品，如刀枪干矛、勇褂、万民伞、黄马褂、花翎、红顶之类，无不罗列其中，以示我国之易与而促其侵略进取之心。……彼朝野上下方日夜淬厉于大亚细亚主义，大有灭我朝食之概，而我乃文恬武嬉，麻木不仁，歌舞于漏舟之中，娱乐于焚栋之下，自非丧心病狂甘作亡国奴，何以至此！

（四）条件之提出及承认。……当交涉之初起也，留日同胞群起而谋对待之策，然屈居权威之下，无处不肆其干涉，禁止同人集会且运动，驻日公使陆宗舆解散留学生会，或派恶探以监视其言动。吉林王世选因作书备言日人不足畏，宜拒绝其要求，日警强索其印刷物不予，至批其额。余亦曾草数万言痛陈日本财政困难，兵备虚憍，国民反对，无宣战能力与决心。冀以觉醒同胞，乃均被查没。于是公推代表分赴内地，冀联合全国，竭群策群力，一致为坚忍之抵抗。讵袁氏大欲薰心，预为箝制，为虎作侦探……吁！举国民气既消灭于内外权威武力之中，而空前绝后之大污点遂长留于中华民国第一篇历史上矣。亡国灭种之惨祸遂造因结果于二三数卖国奴矣。更可耻者，陆建章、龙济光等辈函电交驰，谀词络绎，腼贺外交胜利。曹氏且以外交有功而奖励位……

（五）苟我不承认日本将如何？……盖日自日俄战后，其经济迄未恢复，外债之负担每人平均三十元，不欲更作冒险之举。……日俄之役人民争欲为国死，故一战而胜。此次日民咸呈反对之态度……举国既不能一致，果何所恃以为政府之后盾乎？……日本元老院……对于人才兵力财力之观察，皆极端反对。……有一于此尚不足以言战，况日具此三因，吾国果能知己知彼，毅力坚持，不为所动，可使其条件消灭降至零点，而我中华之民气国威或且由此远播而示天下以不可侮。惜乎盗国之袁氏，卖国之贼臣，狼狈而演此剧，重增我国民莫大之耻辱也。

（六）苟我继续排斥日货，日本又将如何？……交涉既起，我国民及华侨厉行排斥日货，而湖南为最激烈。有与贸易者，罚其人毁其货。热忱所致，三月之间而日本海外贸易之损失达一千六百余万元。……使我国能继续排日，坚持到底，吾知不出一年，日本商界必受绝大之影响，而足以制日人之死命。商战已足，奚必再事兵战乎？惜乎政府摧残于上，人民委靡于下，五分钟后热度低降如故，冷落日商之门复变为喧阗繁华之市矣。……（由于列强的不平等条约规定）吾国税率值百抽五，食品且不收税……烟酒为奢侈品，各国绝对不容外货之侵入，而吾反嗜舶来品，且不能税以惩之，宜中国之尪瘵欲死也。夫平日不禁外货，犹不足以立国，况以日之雠仇，禁之而旋嗜之，谓非吾国民之大耻乎！

（七）中日政俗之比较。……我国国民脑筋简单，思不出户，国内之调查尚赖外人越俎为之，况国外之事乎？然平时既不注意，事急则又无所措手。彼秘密之谋岂肯宣露？吾恐祸迫眉睫而吾犹在梦呓中也，故将中日政俗略比较其一二。

（甲）政治。……日本取内阁制与我等也，然日本内阁之组织，其资望功绩学识必极一时之选，多系专门人才，足以发展其政见。民国建设已六年，惟唐（绍仪）内阁时代庶几近之，余则非前清官僚即北洋武夫，所谓亡国之大夫不可与图存者也。至日本地方行政，亦必慎选其人。特别机关如朝鲜、台湾、关东州，各设总督一人兼治军民，尤必文武兼资者为之。我国名为军民分治，然多以督军兼省长，或省长兼督军。否则，必督军专横省长，视同属吏。贤者不免争权，不肖者阿比以自容，虽有良法莫能推行。以治军者治民，政绩不良，时虞跋扈，此近日各叛督之独立之所由来也。

（乙）军政。……日本行征兵制，除师范、中学止服兵六月或一年外，余则凡为男子均有服兵义务。平日分常预备、预备、后备三种，常备服役三年，预备四年又四年，后备十年。每年检查体格，一等直接充兵，二等补充兵，三等国民兵。战时则可召集全国精兵至一百五十万。若我国行募兵制，人民亦贱视兵役。所谓"好铁不打钉，好人不当兵"是也。故除现有四十师外，不能得一卒。而此四十师中，又或因组织不完，或训练无方，或器械不足，其有战斗实力者不及十师。以十师与一百五十万兵较，其胜负宁待交绥哉？（次）言枪弹。……日本兵器统一，尽用三十八年式。若我则或用日枪，或用德枪，或用俄枪，或用本国所制之枪。而甲枪不能装乙弹，甲弹不能装乙枪，甚者则腐朽不堪用。至子弹分配于四十师中，每人能射击若干分钟，言之尤令人短气。至全国兵工厂须制造六个月方足供一师之用。……日虽第五，然兵舰尚有五六十万吨，……我国……不过三万吨。……军政如此，不亟加振刷，而徒侈言报仇雪耻，其何异于欲前而反却走也哉！

（丙）财政。……（一）租税也。日本五千万人，岁税至五万万，每人平均负担十元。我国四万万人，岁税二万万，每人平均五角。……（二）贸易也。日本出口税最轻，或且不税而反津贴奖励之。运至某国复有最惠国条约，税重者不过百分之二十，商民称便，贸易日形发达，岁入十一万万元。若我政府对于出口货不独无奖，且节节抽税，如茶、如丝未至外国，已不胜其苛扰。迨至其国，彼复重税以过之，轻者百分之六十，重者至百分之二百。成本既多，销路因以折阅，商务日落，海外贸易岁入仅数千万。……（三）金融也。……日币制统一，一百铜元等于一银元，等于一金磅，全国一致，无高低涨落之差。银行数百，惟国立日本银行始有发行纸币权，意在流通金融，便利商民而已。若我国纸币充塞，自国家机关下及小贩、乞丐，无不发行纸币，甚有以竹片代之者。不独非金银本位，并非铜本位，盖一纸本位而已。价格混乱，金融恐惶，日人遂乘隙出其国内被逐之洋元，由台湾、朝鲜以流入中国，换我票银，持向政府兑现。吾人不知且乐用之，迨持至彼国乃一文不值，专用以骗中国之金钱。……发行币制乃吾国家最高主权，断不容外权之侵入。今乃主权旁落，坐视劫盗入室，而莫能禁，此则由政府之不良而人民之无识，遂陵夷至此极也。

（丁）交通。……（首）言陆上交通。日本面积仅等于我四川，而铁路延长达七千余哩（英里），东京一市电车千二百辆，日可行程一百一十余万方哩，每距五分钟即有一车。……价格极廉，往复仅铜元九枚。我国电车惟上海有之，价格时间均无定制。铁路则全国只四千哩，其有完全主权者仅千哩，当日之七分之一。一旦有事，日兵于廿四小时可集中于一点，不出三日由朝鲜、安奉铁路直冲吾腹地。若我无论兵不足恃，即欲征兵于新疆、蒙、藏等处，已非数月莫能。兵贵神速，吾恐敌断不肯延期以待吾援兵之至矣。（次）言水上交通。……日政府不惜投巨资津贴汽船公司，以促其进步，计有百十三万吨，往来航行遍于欧美。我国虽设有招商局，然轮船十数，止行驶于内江及沿海。去岁始有华侨陆咏卿购船设局航行于中美之间，为太平洋有中国汽船之破天荒……

（戌）教育。……（子）学校教育。（一）学制：寻常小学六年，高等小学二年，中学、寻常师范五年，高等专门四年，大学三年……（二）教旨：即德育、智育、体育。……（丑）社会教育。东京有公园五，面积各数里，博物、图书陈列丰富，更设体操场，器械毕具，各界得任意操练。……吾国戏院伤风败俗，众恶之源。日本异是，优孟之品识既高，警察之取缔复严。帝国戏场建筑费且数十万，剧子多毕业于欧美，观感于社会者尤深且巨。

（己）国民性。（子）勤。……日本教育普及，国无惰民，其无职业者，男子仅千分之五十二，女子千分之五十。……举国勤劳，各专所业。以视我游氓载道，乞丐充衢，盗匪满山，为世大患者，不可同日语矣。京沪陋习，民俗偷惰，日中始兴，午夜不寝，旷职废时，习于邪侈，言之可为寒心。故合全国计之，无职而食者，男当千分六百，女尤千分之九百。生之者寡，用之者众，国焉得而不贫且弱乎！（丑）俭。……俭之所包最广，然可以衣、食、住三者概之。即（一）日衣。日人和服亦曰唐服。盖取法于我唐代也，棉织粗布制作，单简不假缝工。不衣锦，不披裘，礼服专尚朴质。俗不着裤袜，即有之亦极短。帽惟户外戴之。结婚衣如平时，无新鲜丽都之容。……（二）日食。结婚既无筵宴，即丧葬亦然。……我国民素性饕餮。……吾湘一日平均约三千金，骄奢淫泆，视为固然。日本则西洋料理、本国料理二三角即已果腹。……有事门外立谈数分钟，不命之入不入。间有延入者，冷茶半杯，点心一碟。留餐则添肴一二，决无奢侈挥霍之事。……（三）曰住。日本房屋除机关学校仿西洋建筑外，余均以板障成，面积数方丈。内则糊以厚纸……平铺以席，工作寝馈于其上。……日因席地之风，无桌椅床凳等……

（庚）风俗。一樱花节也。……举国若狂，为日人最大之佳节。是时，艺妓酒馆杂陈其间，有警察为之保护，男女老幼杂沓往游，酒余歌罢，男女交嬉，颇有《周礼》"奔者不禁"之意。二盆堂也。日本沐浴必于盆堂。堂设大池一，满盛热水。浴者群入其中，旋出而涤之。昔男女同浴，今则进化而各有其所矣。三则文身也。以针刺纹，涅以染汁，作种种奇观。此为不脱野蛮习气……

（九）现在之悲观。

（甲）对外。（子）日本政府现日本寺内阁大政方针……（一）为添设殖民省日近殖民，于我内地视同属国，现且拟设专部以理其事，与其谓为殖民省毋宁谓为理藩院。此又其野心之易见者也。（一）为扩张军备，日自增为二十一师后，近又日言扩张军备。试问是何居心？无非欲实行其大亚细亚主义而并吞我国也。……

（乙）对内。……（一）总统无能力也。黎（元洪）总统处袁氏积威之下，诵经祷佛，绝不与闻天下事。状态极为可敬。袁氏既覆，照约法继位，方期宽仁慈厚，足以拯民水火之中讵，未及一载，位同守府，一言一动已不能自由，况有统治天下之能力乎？（二）武人专横也。……帝制取消，余孽尚盘踞要津，拥兵据地，互为声援，视国法如弁髦，等国民于土芥。吾恐唐藩镇之祸、六朝五代之分裂，其祸将复演于今日耳。（三）民党自杀也。辛丙以还，一旧势力与新势力奋斗之秋也，民党既事事退让，而对于政见上之主张，或未足以餍人人之心理，又不能集合团体具一种强毅之奋斗精神。所以民党愈失败而若辈则横行一时也。

（十）将来之推测。……日人既怀抱野心，故对于我国每肆其离间挑拨，冀我党派纷歧，政争剧烈，然坐受渔人之利。而甘心卖国者，或且引狼拒虎迎盗入室，他日日人借以武力干涉我内政，直意中事耳。……

（十一）救亡方法。（一）知耻。有个人之耻，有国家之耻。德守不坚，学识不优，身体衰弱，无补于社会国家，个人之耻也。纲纪扫地，燕雀哄堂，主权外移，疆土日蹙，国之耻也。孔子曰：“知耻近乎勇。”天下惟勇者乃能贯彻其目的。……吾国人苟时时能以报仇雪耻为事，毅力决心，团结不懈，何难踢翻三岛奴。彼倭奴岂仅救亡云乎哉？仅刷五月七日之国耻云乎哉？（二）不怕死。岳武穆曰：“文官不要钱，武官不怕死，则天下太平矣。”若今日文官要钱不怕死，武官怕死又要钱，又何怪天下之不能治平耶？惟日人则日以武士道、太和魂相激劝，使人人有一不怕死之心，故能出颈血捐头颅以死国事。吾人正宜感国家之多难，誓九死以不移，虽刀锯鼎镬有所不辞，枪林弹雨有所不惧，而后能鼓其大勇，戡大难，雪大耻，以生存于竞争剧烈之中。尤宜及今闲暇准备实力，求为最后之根本解决。德育也，智育也，体育也，皆吾个人之实力也。必人人之实力充足，而后国家之实力充足。将历万劫而不挠，百折以不回，以铁血购公理，以武装障和平，而后有真公理，有真和平。夫万人必死横行天下，况吾有四万万之同胞乎。愿各努力前途，毋忘国耻！毋忘国耻！[1]

最后，孔昭绶说：“国家所以广设学校者何心？吾人置身学校

---

[1] 《湖南省立第一师范学校志》，书第四，1918，第16~28页。

也何事？则所谓根本解决责有攸归，固当抱定目的，以报仇雪耻作民气，以开源节流裕民财，以礼义廉耻厉民俗。人人自治，社会必良。社会改良，人才必盛。真才既出，国势必张。"[①]

孔氏这篇演讲，运用大量材料说明，中国为何总是处于被侵略、被压迫的境况，尽管有些材料可能不太准确，但总的来说，对于学生的震撼是强烈的。他强烈地激发了学生的知耻心，促使他们更加自觉地为国家、为社会学习，将自己培养成一个对国家、对社会有用之才。

第二节　组织学友会实行学生自治

湖南第一师范 1913 年创设"技能会"，1914 年改名为"自进会"，1915 年改名"学友会"。

一　学友会之组织

湖南第一师范的校章中，有关于学友会的组织规定。

一、名称：本会定名为湖南省立第一师范学校学友会。

二、宗旨：本会以砥砺道德，研究教育，增进学识，养成职业，锻炼身体，联络感情为宗旨。

三、性质：本会专为补助学校教育而设，不涉及有碍学校规程及教育以外之事。

四、会所：本会会所暂设本校内。

五、会员资格及义务：

（一）本会会员分以下之三种：普通会员，赞助会员，名誉会员；

---

① 《湖南省立第一师范学校志》，书第四，1918，第 18～29 页。

（二）凡本校毕业生、肄业生皆为普通会员；

（三）凡现任及曾任本校职教员皆为赞助会员；

（四）于本会有特别助益者为名誉会员，但须由会长推荐，经会员过半数之认可。

六、会务：本会设以下之十四部，凡会员各自择其所好认习一部或二部以上。

（一）教育研究部；

（二）演讲部；

（三）文学部（内分国学、英语、日文三组）；

（四）书法部；

（五）图画部；

（六）手工部；

（七）音乐部；

（八）武术部；

（九）剑术部；

（十）架梁部；

（十一）蹴球部；

（十二）庭球部；

（十三）野球部；

（十四）竞技部。

七、职员及选举：

（一）会长一人，校长任之；

（二）纠察长若干人，学监任之；

（三）每部部长一人，由各部部员选任之；

（四）每组组长一人、纠察一人、录事一人，由各组组员选任之；

（五）总务、庶务、会计、文牍各一人，由各部职员互选之；

（六）审计员四人，由会长于会员中派充之。

八、职员权限：

（一）会长总理本会一切事务；

（二）干事长监督各部一切事务；

（三）部长担任本部一切事务；

（四）干事助部长分任本部一切事务；

（五）纠察任调查本部到会人数及维持会场秩序；

（六）总务受会长之指挥负促进会务之责任；

（七）庶务司购置保管物品及一切应行设备事项；

（八）会计司登记经费出入及保管会金存折事项；

（九）文牍掌报告文件造具表册及开会速记事项；

（十）录事遇各部开演或进行各事纪录事实交文牍汇存；

（十一）审计员掌审查会计事务。

九、职员任期：

（一）会长、干事长之任期以在校之任期为任期；

（二）部长、干事、纠察、总务、庶务、会计、文牍、录事、审计员于每学年全体大会后改选一次，但得连任。

十、会议：分常年全体大会、通常职员会议、临时职员会议、临时各部会议。

十一、经费：

（一）本会以会费、入会金、捐助金及其利息为岁入，以一切支出为岁出；

（二）本会会金由会计会同总务庶务收集，以会长名义储存银行，其支出时经审计员审查后报告会长盖章，赴银行领取支用；

（三）本会预算出于改选后由各部职员开预算会议制定，审计员审查，经会长核定发布之（凡预算以外之特别支出，如公饯庆吊之类，须开临时职员会议议决，方照前条开支）；

（四）本会决算书于开常年全体大会前，由各部部长开决算会议汇造，审计员审查，经会长核阅公布之；

（五）本会经费不敷用时，得由会长酌拨公款补助之；

（六）普通会员肄业生入会时，纳入会金五角，每年纳常捐银二角。毕业生应纳所得捐百分之一，均于每学年始业时缴纳；

（七）赞助会员每年须捐会金二元以上；

（八）名誉会员之捐助由自由认定之。

十二、各部细则：

教育研究部。本部以研究教育、交换知识、联络情谊为宗旨。本部研究事项，以关于教育之学理、方法、制度及教育实习为限。每周由部长拟定问题数种，于先一星期内陈请会长核定宣布，各部员应即按照问题各抒所见。问题外凡于教育有关者，各部员得自由研究，非部员而能以鸿著见赐者，备极欢迎。凡关于本部一切著作如教育理论及教案批评录等，均交由部长按日检阅汇集成帙，每周之末交会长鉴定，择尤揭示以供浏览。其稿本由干事保管，以备发刊杂志之用。部员之毕业服务在外者，须于每学期末将其服务情形及所在地之教育状况报告本部，以供讨论。部员之服务在外者，或有疑难问题必须赴校研究时，应先期将意见函陈会长，经许可后得于寒暑假内自备费用来校研究。凡本部研究所得，由会长择尤印刷分给各会员，以资观感。部员有成绩卓著，或对本部有特别劳绩者，于一学期终由部长呈请会长褒扬之。

演讲部。本部以交换知识、练习言语为主职。本部演讲事项以关于教育与各种科学及平正之时事为限。演讲分通常、特别两种，通常演讲每星期暂定一次于星期六日晚行之；特别演讲随时宣布，但须经会长许可。每周设值周员一人，筹备开演各项事务，并司演员出席退席口令，以本部职员轮充之。演题由部长商同干事拟定数种，先一星期报会长核定，于先期开会时由部长通告之，其出席员姓名则于演期前二日由组长宣布。出席员须预编演稿，后交干事保存，以为刊发杂志之用。此外，有自愿投稿者备极欢迎。轮派员及自愿出席员演毕尚有余暇时，各部员可自由出席，但不得涉及题外之事。每周轮派报告新闻员一人，考察紧要新闻，于开会时报告以资研究。该员得向本校事务室借用各报考察。

文学部。本部以增进知识、发表思想、涵养文学之兴趣、研习文学之技能为宗旨。本部分国文、英语、日文三组，国文组又分古文（凡论辩、序跋、奏议、书启、增序、诏令、传状、碑志、杂记、箴铭、颂赞、诗赋、哀祭等属之）、小学（凡字形、训诂、音韵等属之）、杂录（凡小说及各种杂著皆属之）三种；英语组又分会话、演说、翻译、作文四种；日文组暂注重文法，以能译书为度。国文组、英语组、日文组暂时各聘教员一人，担任教授批评事项。英文会话分教员与部员会话、部员互相会话，每周暂定一次，于星期三日午后四时行之，研习时由教员批评指导。国文、英文、日文研习分自由、制限两种，自由研习各部员随时随意为之，制限研习由部长请教员出题（但国文不出小学题）。凡国学、英语二部部员至三周以上无成绩者，由部长呈请会长令其出部，英文组部员并须追偿所领书价（有故自请脱部者亦然）。

书法部。本部以练习书写、启发美感为宗旨。本部书法分普通、特别两种，凡楷书、行书、草书等属普通书法，凡隶书、说文、钟鼎属特别书法，以普通书法为主，特别书法自由练习之。本部置有特别法帖及习字纸以备领用。惟普通法帖及笔墨概归各部员自置。习字纸规定每周每人大楷大张、小楷一张、行草二张，于每周月曜日（星期一）在干事处领取。练习成绩每周汇集一次，由部长送请本校习字教员批评，择优传观，除最优者外均即发还。练习成绩之最优者，于一学期终由部长汇呈会长考核，予以相当之褒扬，并将此项成绩储藏为开展览会时之用。

图画部。本部以练习观察、注意想像诸力及增进美感为宗旨。本部演习以校中未授之各种图画为范围。演习分通常、特别两种，通常演习每星期暂定一次，于金曜日（星期五）午后三时行之；特别演习遇展览会及其他特别事项时随时宣布，但须得会长许可。画帖分普通、特别两种，普通画帖教授所用者属之，发给后不须缴还；特别画帖各种画谱属之，领取后须缴还。画纸由本部发给，此外各项物品须量情形酌宜规定，在规定外者概归各部员自备。各部员每周须缴成绩一张，能多缴更嘉。由部长选优传观，交由部长保存，侯一学期终，除优者存储学友会，余均发还。无故不赴会演习及演习而不缴成绩，至三周以上者，由部长陈明会长令其出部。

手工部。本部以发达心智、陶淑美感、练习技能为宗旨。本部演习事项，以关于手工之学理、实习为范围。本部暂聘教员一人担任教授事项。本部暂行练习纸个工、金工等，侯经费发达再行扩张，纸细工分甲乙两组，甲组厚纸、乙组织纸，金工随时酌定。工作材料概由学友会置备，练习时由干事给发各部员，如有污损不再补给。各部员须每周缴成绩一次，归干事收管，未缴者不给材料，特别成绩（即各人自由制作之成绩）尤所欢迎。

音乐部。本部以涵养德性、发达美感、练习音乐之技能为宗旨。本部暂分校乐、军乐、雅乐三组。各组循环演习，上星期校乐组，下星期军乐组或雅乐组。演习时校乐组、雅乐组由部长及干事领率行之，军乐组另聘教员教授。

武术部。本部以锻炼身体、发挥国技、养成坚忍勤劳之习惯、振奋尚武精神为宗旨。本部暂聘教员一人担任教授事项。开演时部员须一律着制服赴演习场，不得无故逗留、任意喧闹。

剑术部。本部锻炼身体、娴习技击为宗旨。本部演习分刺剑、单剑、双剑、单刀、双刀诸种。暂行演习单刀、双刀，余俟置备器具时演习。演习时部员均着操服，不得无故逗留。

架梁部。本部以锻炼身体、娴习技击、养成勇敢坚忍耐劳之习惯为宗旨。演习时部员须一律着制服齐集演习场，不得无故逗、留任意喧闹。

蹴球部。本部以锻炼身体、联络感情为宗旨。本部组织暂分第一球团及第二、第三、第四、第五、第六、第七、第八、第九、第十以上等球团。第一球团物品归学友会置备，其余各团财政独立，物品自备，各自使用不得侵越。凡与外校竞技，器物费用均由部长向学友会领取，往来函件亦由部长裁答保管。

庭球部。本部以锻炼身体、活泼手眼、养成勤劳习惯为宗旨。开演时设评判员一人，以部长或干事纠察充之。演习方法及规则另行规定，其大要以四人对演，每小胜负一换，连胜三次亦须另换。

野球部。本部以锻炼手眼、活泼身体、联络感情为宗旨。分为甲乙两组同时相对练习，甲组攻则乙组守，乙组攻则甲组守。

竞技部。本部以练习选手各技能、锻炼体躯为宗旨。本部分为水技、陆技。水技设游泳组，陆技未分组，练习竞走、跳高、跳远、持竿跳高、掷球、垂身、屈肘等项。本部器具归学友会置备，由部长领出，归组长或干事纠察保管。①

二　毛泽东主持学友会活动

1917年10月以前，湖南第一师范学友会的各部部长都是教员担任，学生只担任总务、庶务之类的干事职务。在此期间，毛泽东曾于1915年11月至1917年10月担任学友会文牍。1917年10月以后，各部部长都改为由学生担任。这样就更加注意发挥学生的自治作用。也就在这时，毛泽东被选为学友会总务和教育部部长。按照《湖南第一师范学友会章程》，总务受会长之指挥负促进会务之责任，也就是说负责全面管理学友会的日常工作。10月13日晚学友会开会移交，到会者62人。学监主任方维夏首先讲话，他说："前次各部部长由教员任之，因事务繁多，故进行时有妨碍。此次选举均用学生，一则练习办事，一则养成自动。须知，合群研求学科，为人生无上幸福。此后希望部务积极进行，得良好之成绩。"在曾以鲁代表贺果报告过去事实之后，毛泽东主持会议。他提出议案八条：

一、本届会金如何征集？

二、开演日期。

三、各部开演次数。

四、教员之聘定。

五、预算之编制。

六、成绩之保存及发表。

---

① 《湖南省立第一师范学校志》，纪第二，1918，第80～95页。

七、作学友会纪事录。

八、筹设学友会图书馆。

经过大家讨论，最后形成六条议案：

一、征集会金：决定每人缴纳常年捐二百文，尽下星期缴齐。

二、开演日期：决定自下星期二起各部次第开演。

三、编制预算：决定编制预算，其编制手续另定之。

四、发表成绩：决定刊发学友会杂志，但视经济之赢亏得另议之。

五、作学友会纪事录：决定作纪事录，各职员关于所管事务之计划及进行（如开演到会人数及材料），随时开条交由文牍登记。

六、设学友会图书馆：决定设立图书馆，所购书籍除各部应用外，以杂志为主。

值得注意的是，毛泽东提出的作学友会纪事录一事，在会议通过后，还发了一个布告专论此事：

前经职员会议决定，作学友会纪事录，所以志现在之情形，留后日之稽考。积之既久，由简臻繁，本会历史之所存，亦即本会成绩之所存也。本会成立已阅五年，回首前事，杳不可识。决隙堪惧，而区区人事又复以无纪载而淹沦。事之可痛，孰甚于斯？故此次纪事录前五年事迹，亦当择其可忆者略为追述，借识根源。弟本会范围廓大，分析至十四部之外，或关于精神或属于体育，演习之时状况不同，场所互列，欲求记载详尽，非多人分任不能。本会文牍仅有一人，自难顾及全局，加以身在局外，难悉各部内容，兹经议决，增设录事一职，每部于首次开演，由部员推定一人担任本部一切情事之记述，庶事务缘分任而益明，纪载因当局而益尽也。

这个布告文字优美，很有可能为毛泽东亲自执笔。

10月14日星期日午后7时开部长会议，到会26人，由毛泽东主持，他提出议案六条：

一、确定部员：决定在一次开演时详为报告，限一星期内决定入部或出部。

二、教员聘定：国学组聘请傅先生君剑，日语组聘请杨先生遇夫（树达），图画部聘请黄先生梓柏，乐部聘请德人费先生尔廉，竞技部聘请徐先生凯、陆先生枋。其余各部或不聘或聘，暂不预定。但各教员均系纯粹义务。

三、开演次数：教育研究部两周一次，演讲部每周一次，文学部国学组每周一次、英语组每周一次、日语组每周一次，手工部两周一次，书法、图画、音乐、拳术、剑术、架梁诸部均每周一次，蹴球、庭球、野球诸部均每周二次，竞技部暂不定。

四、进行程序：由各部部长商同部员另拟细则规定之。

五、添派录事：各部均公推录事一人记载本部进行状况。

六、规定预算：此项计议甚久不能决定，必俟会长孔先生归时再规定之。

自10月15日起各部陆续开展活动。

11月5日，学友会图书室成立，7日图书室开始阅书。学友会曾拟办营业部，但校长说要由学校办，结果未成。①

---

① 《湖南省立第一师范学校志》，书第四，1918，第43～54页。

三 毛泽东掌管工人夜学

1917 年 2 月湖南第一师范曾创办工人夜学，由湖南第一师范附小的老师担任义务教员，开始学生不少，但后来越来越少，几乎办不下去。原因有三：一是学生本系各处粗工，素少恒性；二是工人雇役来去不常；三是任事者为湖南第一师范附小两部教员，日中事繁，夜晚上课或精力不济，间因风雨作辍，不免有失信用。1917 年 10 月 30 日，由学友会教育研究部接手工人夜学。《湖南省立第一师范学校志》说："同日（指 10 月 30 日）教育研究部附属夜学着手进行。"[①] 作为学友会总务兼教育研究部部长的毛泽东为什么对办工人夜校情有独钟呢？对此，他在《夜学日志卷首》有过说明：

> 我国现状，社会之中坚实为大多数失学之国民，此辈阻碍政令之推行、自治之组织、风俗之改良、教育之普及，其力甚大。……更有进者，则现时学校大弊，在与社会打成两橛，犹鸿沟之分东西。一入学校，俯视社会犹如登天；社会之于学校，亦视为一种神圣不可捉摸之物。相隔相疑，乃成三弊：一为学生不能得职业于社会，学生近之，社会远之，学生亲之，社会离之，永无联结契合之日。一则社会不遣子弟入学校，学校之不善，亦为一因，而社会不悉学校内容，则为最大因。学校之人与社会之人，自来不通情愫，不相告语，虽有良校，彼何由知乎？一则烧校阻款之事由此起也。除去三弊，疏通隔阂，社会与学校团结一气，社会之人视学生如耳目，依其指导而得繁荣发展之益；学生视社会之人如手足，凭其辅佐而得实

---

① 《湖南省立第一师范学校志》，书第四，1918，第 48 页。

施所志之益。久之，社会之人皆学校毕业之人，学校之局部为一时之小学校，社会之全体实为永久之大学校。此则千百年后改良进步之成绩，而为吾等创设夜学之意，又一也。此议既定，商之校中职教员先生，无不赞成，即以上期夜学归学友会办理。因两校同立，恐学生与经费两有难处，于是遂归学友会独办一校，连日着手组织。①

决定夜校由学友会办学之后，毛泽东等人便进行招生。开始时，他们发过两次广告，均无结果。直到 10 月 30 日，用白话文自写自发广告，"大受彼等之欢迎，争相诘问，咸曰'读夜书去！'铜元局一带，铁道两旁至洪恩寺一带，左自大椿桥，右至社坛街、天鹅塘，共发去六百张，并张贴通衢极密，故不及三日，报名即达此数（102 人）。"②

11 月 7 日晚上 7 时，夜学开学，到者 90 人。首先由学监方维夏和教师周渭航致辞，接着由毛泽东解释夜学规则。11 月 12 日晚，甲班上课。"教授两点余钟，学生听之颇能娓娓不倦。""上下课，呼立正敬礼。""休息之后点名（学生初时陆续投到，故在此时点名）。"根据分工，毛泽东担任夜学甲班历史课的教学。但毛泽东还写有《国文教授案》③，说明他还教过国文。毛泽东等人在办学过程中十分注意总结经验，不断改进教学。

---

① 中共中央文献研究室、中共湖南省委《毛泽东早期文稿》编辑组编《毛泽东早期文稿》，湖南人民出版社，2008，第 83～84 页。
② 中共中央文献研究室、中共湖南省委《毛泽东早期文稿》编辑组编《毛泽东早期文稿》，湖南人民出版社，2008，第 85 页。
③ 中共中央文献研究室、中共湖南省委《毛泽东早期文稿》编辑组编《毛泽东早期文稿》，湖南人民出版社，2008，第 79～80 页。

第三节　组织志愿军实行学生自卫

　　组织学生志愿军是孔昭绶在第二次任湖南第一师范校长期间，为实行军国民教育思想所采取的一个具体措施。所谓军国民教育，即对国民进行军事教育，使国民增强尚武精神，掌握必要的军事知识和技能，实现全民皆兵。我国最先提出军国民教育的是蔡锷。1902 年，他在《新民丛报》上发表了《军国民篇》，提出"军人之智识，军人之精神，军人之本领，不独限之从戎者，凡全国国民皆宜具有之"[①]。他认为要用"祖国主义"铸造国民新灵魂，培植国民的尚武精神。1903 年 4 月，俄国撕毁中俄《东三省交收条约》，并提出七项无理要求，中国人民为此集会、游行、通电，表示反对，拒俄运动爆发。上海中国教育会、爱国学社和广大群众在张园召开拒俄大会，成立上海拒俄义队。会后，爱国学社就组织学生义勇队，后改名为军国民教育会。此后，军国民教育思想就在近代盛行。1912 年，蔡元培掌管民国教育部时，曾发布《注重尚武精神令》："本部公布教育宗旨，以军国民教育为道德之辅，原期各学校学生重视体育，养成强壮果毅之风。……兹外患交迫，非大多数国民具有尚武精神，决不足以争存而图强也。"[②]

一　孔昭绶呈报试办学生志愿军

　　孔氏于 1916 年第二次出任湖南第一师范校长后，曾向省长写了一封信，论述试办学生志愿军的必要性和重要性。孔氏说，他就任之后，"以人格教育、军国民教育、实用教育为现救国强种唯一

---

① 曾业英编《蔡锷集》，湖南人民出版社，2008，第 164 页。
② 《湖南省立第一师范学校志》，纪第二，部令纪，1918，第 21 页。

之教旨。除人格教育，实用教育业于各科教授加意提倡，……至军国民教育尤非仅揭橥主义，虚悬理想即足以策进行而收实效。因就校内各班学生择其体格强健、志愿入志愿军者，编成学生军。于整课外酌添钟点，实地演习，名曰学生课外志愿军"。在谈到为什么要组织学生志愿军时，孔氏说："东西各国则自中校以上兵式合操，异常注重。自二年级始，即实行演放击射等术，浸渍全国垂为教育要旨。至于瑞士国，平日无一养兵之费，一旦有事，且可征集学生军至二十余万。实以学界兼军界之独用。中国以数千年文弱之邦，书生结习，怯谈武备，一旦提倡尚武，以兵法部勒顽懦，小儒或且挢吉引以为怪。用敢将试办志愿军各项理由呈省长核准实施，以确定方针而便遵循。"其要点如下：

一、遵照教育部令，宜实施军国民教育也。查民国元年中央政府颁布教育宗旨，曾以军国民教育首风示天下，嗣教育部有注重尚武精武之之训令。去年全国校长会议提出教育意见时，决定采用军国民教育。诚以国家者国民之所积也，欲国民全体对外有独立之位置，须国民分子对内有独立之精神。我国教育向无一定宗旨，以故具学十余年，耗费钜万万，卒莫得最圆满之结果。无他，宗旨不定，徒为无系统、无精神之教育，枝枝节节，未确定根本上之大计划。今幸大部明定宗旨，表示决心，凡各学校均负有执行之责任，宜有以发皇而光大，以无负国家储才救国之至意。此志愿军依照部令而有倡办之必要也。

二、应世界潮流，宜采用军国民主义也，近世各国注全力于军国民主义也。近世各国注全力于军国民主义，如何而可养成爱国尚武之精神，如何而可作育实质刚健之国民，其规划设备不遗余力。自欧洲大战争开幕以来，各国教育方针受战争之影响，愈带军事之色泽。教育思潮为之一大变动，而为战争中心之德国尤深感施军事教育于少年义勇团之奖励浡兴是也。虽以酷爱和平自由之英美，近亦注重军事教育，以促进国民之奋斗精神。而日本教育家尤以大和魂、武士道贯彻其实力发展主义。夫教育无上之价值，首贵顺世界之潮流而妙施其方法于国内，使之蔚成学风。我国国民身体孱弱，数千年来社会习惯厌薄军人，歌咏流传历以从军为苦。致东方病夫腾讥万国，大陆欢眠日趋危险。欲为习惯之改良，即宜为教育之革命。而教育革命必先自军国民主义始。此又志愿军应时势之要求而有倡办之必要也。

三、感受国家刺激，宜提倡尚武精神也。我国历年外交失败，由无战斗实力以为折冲后盾。前值共和新造，国势飘摇，日本乘间抵隙，提出严酷条件。其时朝野上下激昂慷慨，剑及屦及，大有灭此朝食之慨。究之匹夫跳跃，虚憍之气无禆时艰。城下受盟，甘蒙国耻，谈外交者至今有余痛焉。世界惟铁血可以购公理，惟武装可以企和平。转瞬欧洲战局告终，列强视线将益集中于我国。来日大难，及今闲暇，固宜首筹对付之策，则就学校而提倡尚武精神，诚为今日之要义，而不容稍缓者。此又志愿军对于外界刺激而有倡办之必要也。

四、注重师范教育，铸成青年中国，为异日实行征兵之准备也。世界军事编制有二大端：一征兵制，二募兵制。召募之弊，人所共斥，已成历史上之僵物，无复存在。居今日而欲与列强势均力敌计，非实行征兵无由储蓄最大之战斗力。惟欲实行征兵，须先就全国之民锻炼其当兵资格。师范者，教育之种子也。昔普之胜法、日之胜俄，均先以军事教育灌输于师范，再由师范灌输于国民，卒能一战定霸雄视欧亚。今以老大中国，尤应陶铸多数青年，共肩艰巨，成为青年中国。故就师范生而锻炼其当兵资格，使为小学校师，再散其军国民教育于全国青年，则人尽知兵，异日实行征兵，人人知有当兵之义务。自人人具有当兵之志愿，各愿出头颅颈血以上卫国家，自无征兵不足、不肯纳血税以壮国防之虞。夫万人必死，横行天下，况以四万万之同胞均有一必死之心，更何难横行天下乎。此又志愿军对于国民教育与军制改良而有倡办之必要也。

在此信的最后，孔氏说他打算在一师组织一个营、两个连的学生志愿军。因此，请求省政府拨发相应的枪械。"现值收束军队之际，……果系新式，即机械不全，尚足资学生练习；倘无新式，为不堪军用之废枪，然其重量形式自与木枪迥殊，亦足以为演习之用。拟请照现编二连人数饬军事厅照发。……其余皮带、弹盒、刺刀、茶瓶等件，均请一律发给。"①

二 学生志愿军的组织

按照湖南第一师范校章的规定，学生志愿军是按照以下规程组织的：

一、缘起。民国五年（1916）秋，本校遵部令提倡军国民教育之旨，特呈奉省长兼督军核准组织学生志愿军。

二、总则。本军由本校呈奉省长兼督军核准，就各班学生组合而成，定名湖南省立第一师范学校学生课外志愿军。

三、本军以激发爱国思想、提倡尚武精神、研究军事学术、实施军国民教育为宗旨。

四、本军天职，凡对于各种命令指挥均须绝对服从。

五、本军定国庆日为本军成立纪念日。

---

① 《湖南省立第一师范学校志》，书第四，1918，第7～9页。

六、本军拟编一营，暂成两连，二分三排，二分三班，班为十四人。

七、本军由各班学生体格强壮志愿入军者选充，其方法另定之。

八、各班学生毕业作为退伍期，另以新班及原列预备军之学生补充。

九、纠察员由校长请学监任之，营长、营副由校长选兵式体操教员任之，连长、连副、司务长、上士、中士、下士、军医等均就本军内选任之。

十、校长督同各职员为本军总指挥。

（一）纠察员商承校长纠察本军一切应行事务；

（二）营长商承校长主任全营一切指挥教练事务；

（三）营副协助营长担任全营一切指挥教练事务，如营长有事故时得代理其职权；

（四）连长承上级命令担任本连一切指挥事务；

（五）连附递承上级命令担任本排一切指挥事务；

（六）司务长承上级命令担任本连军需事务；

（七）上士递承上级命令担任本连一切书牍事务；

（八）中士、下士递承上级命令担任本班一切指挥事务；

（九）军医递承上级命令担任本连一切诊断事务。

十一、本军设以下各科目：

（一）学科：凡战术、兵器、地形等学科均属之；

（二）术科：凡基本教练、应用教练等术科均属之。

十二、本军限用本校制帽、制服并加缀臂章、绑腿、青袜、芒履。

十三、凡关于武器各负有整理保存之责务。

十四、军事学及行军限每周正课外加课一次。

十五、有特别事故请假时须开具事由，递经上级及纠察员核准。

十六、凡遵守本规程所定而成绩优异者，依下列各节褒奖之：

（一）普通奖励：服从命令、操练勤勉、从未犯规及未缺课者，每期考成酌加操行分数，或用相当方法奖之。

（二）特别奖励：

（甲）服从命令、技能超众、维持军纪、迭著劳绩、曾受期考奖励者，退伍时再呈由官厅考成，给予特别褒奖状，并准其升考相当之海陆军学校及投效军营，量予位置。

（乙）服从命令、技术优著、曾受期考奖励者，退伍时再由本校考成，酌给褒奖状。

十七、凡违背本规程所定者，依下列各节惩戒之：

一等罚

（一）违反规则及不服复各种命令指挥者；

（二）不遵守临时禁令者；

（三）籍罪要求者；

（四）非休息时擅离行伍者；

（五）因个人龃龉扰及行伍者；

（六）自由行动妨害全体名誉者；

（七）与他团体冲突者；

（八）任意缺课者；

（九）训诫时强辩者；

（十）毁坏器械者。

二等罚

（一）不整齐服装者；

（二）不整理器械者；

（三）不注意操练或谈笑及戏弄者；

（四）迟到或早退者；

（五）托故请假者。

三等罚

（一）不遵守礼节者；

（二）不顾公益者。

十八、一等罚酌照乙丙罚行之，二等罚酌照丁罚行之，三等罚训诫及送注意条。

十九、本规程非经本校教职员三分二以上认为必要修改并经官厅核准时，当永继续有效，以保持前后教育方针之统一。

一师学生志愿军成立之后活动情况大体如下：

一、军事学或行军，每星期一午后二、三时，编为正课。学科、术科轮流讲演，但遇雨时专讲学科。

二、每课军事学须学监稽查存记，每习行军学监点名后由校长同出监视。

三、湘省战争频年，每当南北军退，匪风猖獗之时，本校由本军内组织警备队，并设妇孺救济会，保卫一切。间或巡逻城内外，以维公安，盖颇著成效云。[①]

例如，《湖南省立第一师范校志》"人事表"1917 年 11 月 8 日就记载："湘南战事紧急，风鹤频惊，学生组织警备队，分夜梭巡，

---

① 《湖南省立第一师范学校志》，校章纪，1918，第70～73页。

警卫非常。旋传周王范数君出走，幸均无恙，上课如常。并组织妇孺救济会，以援救市民。"①

三、毛泽东"一身都是胆"

据毛泽东在湖南第一师范的同班同学周世钊回忆，1917年11月，毛泽东参与组织学生志愿军进行了一次护校斗争，智缴了部分北洋军阀败兵的枪。"一天午餐之后，忽然听到一个消息，北军第八师王汝贤的部队正由株洲、湘潭一带向长沙溃退，已经到了离校只有两里的猴子石附近。但因不知长沙城里的虚实，不敢继续前进，停留在那里休息，兼到附近民家抢饭吃。这消息顿时使全校陷入紧张慌乱之中。这时正领导全校学生志愿军日夜巡查全校、警觉非常的毛泽东同志，探听了北军向长沙溃退的消息，怕他们闯进长沙，使学校、商店和居民都遭到焚烧、抢劫等严重的灾难。他觉得不能坐视不理，同时根据他所得的情报，知道这些溃退的北军又饥饿、又疲惫、又惊慌，又不知道广西军队有没有开进长沙，觉得可以设法把他们赶跑。他急忙组织志愿军中胆大的同学百多人，作为阻击溃兵的基本队伍，持着平日操练用的木枪作武器。毛泽东同志又亲自与南区警察分局联络，派一部分持枪的警察作先行，于暮色苍茫中，整队开赴相隔只有半里的金盆岭上俯瞰溃军。全部到达后，毛泽东同志叫警察向天空鸣放了几排枪，持木枪的学生志愿军放爆竹，并齐声呼喊：'傅良佐走了，广西军已经进了长沙，缴枪没事！'溃军果然不敢抵抗，表示愿意缴枪。毛泽东同志指挥他们将枪放置地上，后退整队，开往第一师范附近待命。这时，第一师范全校学生在毛泽东同志的发动下，急忙将所缴获溃军的枪支和其他武器搬到学校，堆满了一礼堂。次日天明，湖南省商会分给缴械

① 《湖南省立第一师范学校志》，人事表，1918，第13~18页。

北军路费，使其各返家乡。"事后，"全校沸腾了，对这件事议论纷纷，都说'毛泽东一身都是胆！'"①

当时毛泽东的同班同学邹蕴真问他："万一当时败军开枪还击，岂不甚危？"毛泽东回答说："败军若有意劫城，当夜必将发动，否则，必是疲惫胆虚，不敢通过长沙城关北归，只得闭守于此，故知一呼必从，情势然也。"②

---

① 周世钊著，周彦瑜、吴美潮、王金昌整理《毛泽东青少年时代的故事》，长江文艺出版社，2019，第115～117页。
② 高菊村、陈峰、唐振南等：《青年毛泽东》，中共党史资料出版社，1990，第66～67页。

第三章

新文化运动与湖南第一师范教学
的科学化改革

五四新文化运动对湖南第一师范教学改革的影响，突出地表现为十分自觉地贯彻德智体全面发展的教育方针，这不仅表现在老师对这一方针的深刻认识，而且表现在教学实践过程中对这一方针的认真贯彻。至于教学方法，则十分重视理论联系实际。

第一节　对德智体全面发展思想的认识

1895 年，严复首次提出"鼓民力""开民智""新民德"① 的"新民主义"，培育德智体全面发展的新国民。1912 年蔡元培先生于《对于教育方针之意见》一文中，最早提出"五育"概念。他说："五者，皆今日之教育所不可偏废者也。军国民主义、实利主义、德育主义三者，为隶属于政治之教育。……世界观、美育主义二者，为超轶政治之教育。"② 蔡元培所谓"军国民主义"教育就是体育，"实利主义"教育就是智育。湖南第一师范教职员对这一方针的认识，又有其特点。

---

① 王栻主编《严复集》，中华书局，1986，第 30 页。
② 《蔡元培选集》，中华书局，1959，第 12～13 页。

一 杨昌济的认识

杨昌济在湖南第一师范讲学时编有《教育学讲义》，他明确地论证了德智体三育统一："自来论教育者，往往分为智育、德育、体育之三部。"[①] 同时，他在实际上对智育、德育、体育、美育、劳动教育都进行了比较系统的论述。蔡元培的"五育"与杨氏的"五育"的不同只有一处，即一个讲的是世界观教育，另一个讲的是劳动教育。这表明，杨昌济的教育思想是十分广博的，其五育所包括的内容与当代的教育方针更加接近。

（一）智育

杨昌济说："教育不可不以与生存于社会之能力于个人，为第一之目的。……生存竞争，实近世社会之特征，今日之人不能脱出于其涡中。……故欲对于生存竞争，与以得生存之能力，不可不与以言语、数学、科学种种之智识。"[②]

杨氏认为，进行智育的方法是教授，教授以授与智识、发达心身之能力为目的。杨氏分析了 10 多种教科。他说：

> 读书、算术、修身，无论在如何之时代均为教科之材料。……因此三教科于日用生活甚为必要之故也。……文化进步，科学发达，……上述学科之外，历史、地理、物理、化学、博物，又为学校之教科。此等教科皆与以智识为目的，故谓之智识的教科。基础的教科、智识的教科之外，图画、唱歌、手工、体操又加入于学校之中。此等教科皆以技能为目的，故谓之技能的教科。[③]

① 王兴国编注《杨昌济集》，湖南教育出版社，2008，第 369 页。
② 王兴国编注《杨昌济集》，湖南教育出版社，2008，第 297～299 页。
③ 王兴国编注《杨昌济集》，湖南教育出版社，2008，第 327～328 页。

按照我们现在的看法，图画、唱歌、手工、体操应该分属体、美、劳的范畴，但杨氏认为它们以培养技能为目的，所以也将它们放在智育中讲。

1. 言语科

言语科之目的，在养成理解他人之思想与发表自己之思想之能力为目的。他人之思想恒以会话与文章发表之，己之思想亦然。言语科之所求，则在于发表之正确而优美，能与人以甚深之印象。如斯言语科以授关于言语之智识，养成关于言语之技能为重要之目的。

言语之教授，又分为本国语与外国语之二。今先论国语之教授。国语之统一，与国家之统一与隆盛有大关系。国语不统一之国家，感情难于融和，国家团结力甚弱，奥地利、匈牙利其一例也。

学校教外国语之理由有二：第一了解对自国之文化曾与影响、又现与影响之国语，知其文化，因使得历史的、根本的了解自国文化之力，并与以发达本国文化之力。第二与以与外国人交际互通意志之能力。①

2. 数学科

数学乃一演绎的科学，习数学则为演绎的论理（形式逻辑）之实习，故可以锻炼思考力。又数学之智识正确毫无疑义，故学数学之时，暧昧之思想不许存在于思想界，从而关于所有之事物有极明了之思想。

解数学之问题，要想象力。理解几何学之问题，要关于空

---

① 王兴国编注《杨昌济集》，湖南教育出版社，2008，第 328～331 页。

间之想象力，故可发达想象力，其结果数学家之想象力甚为发达。[1]

3. 修身科

欲为善去恶，必先明善恶之别。而知何以某事为善、某事为恶之理由，于为善去恶有大效力。然虽知善恶之别与其理由，吾人非必实行之。自道德之智识，移于道德之实行，必先发生关于道德快与不快之感情，故欲其自好为善去恶，单授智识尚为未足，不可不养道德心。[2]

4. 历史科

于历史科不可不授以本国及外国之历史的事实，并历史的事实之原因、结果，因使得社会之变迁与国家成立发达之概念，兼养国民的思想。[3]

5. 地理科

地球得自种种之方面观察之：第一，数多天体中之一体；第二，与他天体无关系独立之一体；第三，所有生物之住所；第四，人类之住所。昼夜之区别、长短，日蚀、月蚀等，乃自地球与他天体之关系而生之现象也。火山之生成，山岳原野之起源，地震，乃自地球自身而起之现象也。动、植物分布之状态因地而不同，此地球各部分为生物之住所之现象也。都会、村落、道路，则人类住所之现象也。如斯地球对他天体之关系，地球自身之关系及动、植物，乃〔地〕理科之务。[4]

6. 博物科

动物、植物、矿物之智识，地理科亦授之，因欲详示之，

---

① 王兴国编注《杨昌济集》，湖南教育出版社，2008，第333页。
② 王兴国编注《杨昌济集》，湖南教育出版社，2008，第334页。
③ 王兴国编注《杨昌济集》，湖南教育出版社，2008，第337页。
④ 王兴国编注《杨昌济集》，湖南教育出版社，2008，第338页。

故特设博物科。然普通教育非教科学之博物，不过涉动、植、矿之全体，无详教各部分之必要。[①]

7. 理化科

授存在于自然物、人工物之理化的现象，并支配之之法则，乃理化科之本务也。此等现象与法则，务必以实验示之于生徒。又简单而无危险之试验，宜使生徒自为之，如是则生徒就理化学多感兴味。[②]

8. 唱歌科

养成发调音、听调音之能力，乃唱歌科之目的。故唱歌科有练习耳与发音机关之效，此外又有使儿童高尚其品性之力。注意于歌词与曲谱之选择，可涵养生徒之德性。[③]

9. 图画科

养成表出吾人之表象（观念）于平面之上之能力，且求其表出之正确、精密、优美，乃图画科之目的也。

10. 手工科

手工教授之要旨，在于使得制造简单器物之能力。

11. 体操科

体操在助身体全部之发育，整齐其姿势，坚固其筋肉，使动作灵敏。[④]

（二）德育

杨昌济认为，培养德育就是要培养被教育者的善良之品性，其方法是训练。"训练以教育者直接与感化于被教育者"，正其方向。

---

① 王兴国编注《杨昌济集》，湖南教育出版社，2008，第339页。
② 王兴国编注《杨昌济集》，湖南教育出版社，2008，第339页。
③ 王兴国编注《杨昌济集》，湖南教育出版社，2008，第340页。
④ 王兴国编注《杨昌济集》，湖南教育出版社，2008，第340～341页。

训练上最宜注意者，莫如养成社会的精神（公共心）。就消极言，宜使勿为有妨害于社会之举动；就积极言，宜与社会中人有同情，又能谋社会之利益。[①]

教育者又不可不注意于儿童精神之状态。精神之状态有种种，兹区分之为三：

（甲）训练宜从精神发达之程度。概言之，则发达之程度尚低者，宜少用教谕劝告，而多用命令禁止；少用责罚，而多用奖励；少用功课，而多用游戏。

（乙）教育者宜注意个性。被教育者之个性千态万状，每人皆各有多少之差异，从而训练之时，某人宜多用某种之手段，某人又宜多用他种之手段；即用同一手段之时，不可不大异其宽急。

（丙）训练者又宜注意生徒当时之心的状态。例如，一日之中，朝则精神活泼，感应力强，于此时施训练，则受纳极易，且可永保持其影响。[②]

训练之手段：第一，命令及禁止。儿童天性活泼，欲望甚盛，有种种之要求，教育者宜考察之，许其合于教育目的者，而拒其不合者。第二，赏罚。赏之目的，在以之为某行为之良结果与以快感，使发永续此种行为之意志；罚之目的，在以之为某行为之恶结果与以苦痛，使生不再为同种之行为之意志。第三，游戏与作业。选择合宜之游戏，则可因之养守规律，好洁白、果断、服从之良习惯，且可养成热心、优美、亲爱、礼让及公共心等美德。根据被教育者智育发达之程度，课适应于彼等之力之作业，以炼意志、锻身体，以为将来执社会有用之

---

① 王兴国编注《杨昌济集》，湖南教育出版社，2008，第353～354页。
② 王兴国编注《杨昌济集》，湖南教育出版社，2008，第357～360页。

业务之准备。第四，教谕。教谕是帮助被教育者诉于其内心之知见，使知何故宜为、何故不可为之理由，然后以实行为目的。第五，示例。一为教育者之示例，示例中最有力者，教育者之行为也。二为外界社会之示例。被教育者接触其他周围之人比接触教育者遥多，教育者不可不利用其善者，避其恶者，使被教育者近接教育之目的。①

（三）体育

杨昌济认为，培养体育的方法是养护。养护以保护身体而发达之为目的。"意外之危险有种种，皆养护者之所宜注意，如刀剪之类宜慎藏之，无使儿童玩弄，以至误伤。又如缘木、乘墙、攀岩、跳涧等危险之游戏，皆宜禁止。运动场中所设备之天桥等运动器具，若无人监护而任儿童之自用，亦时有危险之虞。教室、寝室等不宜在楼上，在楼上者梯级必宜宽平稳固。又儿童好骑于楼梯扶手栏杆之上滑下以为戏，以亦甚为危险之事，宜特作圆形木钉以防其滑走。乡间小儿喜在塘井溪涧之中游泳，往往溺死，故儿童通学于其往来之途中，亦不可不大为警戒。又在城市之中遇火警之时，全校儿童宜由教员率领，整队而出，不可拥挤夺门，以致践踏伤命。此事亦宜于平日练习，庶仓卒之时，无不测之祸。又学校墙屋倒塌伤人性命之事时有所闻，此亦养护者之责任也。"

"中国学校之最不宜于卫生者，又莫如食物之不洁。""今日学校会食之制，反不如前日书院分斋之制。""注意清洁，亦防病至要之事。身体宜常浴，衣服宜勤浣，而教室之清洁，尤为教育者所不可忽视之事。"②

---

① 王兴国编注《杨昌济集》，湖南教育出版社，2008，第360～367页。
② 王兴国编注《杨昌济集》，湖南教育出版社，2008，第369～376页。

（四）美育

在杨昌济看来，美同真理一样具有让人忘却痛苦的作用，所以教育不能不涉及对自然的美感，培养关于文学艺术的情趣。

> 养成功者对于自然美、人工美之趣味，乃对于人人皆为必要者也。故学校教动、植、矿物之时，宜为郊外教授，使生徒接触自然；又设学校园，使生徒自栽培植物，以养成自然之美感；又以唱歌、图画、手工养成人工之美，亦为必要。最近关于美育之运动，起于德国，其势渐盛。人之趣味发达，则将求高尚精神之快乐，而不至纵物质之快乐。如斯养成人人之美观，高尚其趣味，改良社会之腐败，乃近来德国美育隆盛之原因也。然德国近来美育虽进步，若比之法国则尚不如。法国工艺品优于德国，乃因法人美术之趣味高于德人之结果。故欲防法国美术品之输入德国，又欲使德国工艺品在外国与法国竞争，而扩大其版图，不得不求德人美术趣味之进步。此德国艺术教育近日大兴之第二原因也。德国美育之盛基于上述之原由，故教育家不以上流一部分之人能得美术之趣味为满足，并欲一般之人皆知美之趣味。故德国不仅高等学校，即国民学校亦皆努力于美育。德国美育之势虽逐日隆盛，然因美育至近年始兴之故，世人对于如何达美育之目的而得其效果之方法，尚无确实之意见，但通行之方法，则与文学、图画、唱歌、手工之教授，发达人工美之感情。又教理科之际，为郊外之教授，以养成对于自然美之感情。又教场廊下之壁，揭有名之肖像与雕刻品，一面为学校之装饰，一面因之以发达对于人工美之趣味。如此之学校甚多。如上所述，德国学校注意养成人之美感，且于社会注意养成人之美感。盖在德国，平日入博物馆不可不购票，然星期日则可以无须购票，使人得浏览博物馆。又

星期日于公园等处开音乐会，使游人听之，不取分文。如此则可使平生无寸暇、生活无余裕之劳动者，得自由享受绘画、音乐之美，使记忆星期日，以一日之快乐忘其苦痛，且养成其美感，高尚其趣味。

（五）劳动技术教育

杨昌济认为，"手工教授之要旨，在于使得制造简单器物之能力，且养成喜勤劳之习惯。手工非为工业之准备，手工教授有一般之教育的价值，使四肢发达敏捷，得自动之习惯。又手工教授于制造物品之先，使先观察模本，可养成观察力，又可使明其观念，又使生徒为种种之创作，可养创造想象之能力。又手工教授作美的物体，故可养美感"。①

"每一教员担任一学级，每级约六十人，如国语、算术、地理、历史、理科、体操，皆普通教员担任之。又有特别教员，教手工、园艺、裁缝、洗濯、割烹、体操、唱歌等科。此等特别教员，皆以一人担任数校或十数校之事，并往乡村为巡回之教授。"②

"英国小学校，惟七岁以下之儿童有简易之手工，而七岁以上至十二岁之儿童无之。男儿满十二岁时，乃更课以木工，与吾国之通小学各级而皆课手工者有异。盖折纸细工、豆细工等最适于幼稚儿童之心理，稍长之儿童，则其精神能力渐次发达，对于幼稚儿童之作业，已无复从前之兴味，故美国学校不课七岁以上之儿童以幼稚儿童之手工，甚合乎教育之原理也。……英国学校课男儿以木工，同时课女儿以裁缝。盖裁缝亦手工之一种，而于女儿特为必要。"③

---

① 王兴国编注《杨昌济集》，湖南教育出版社，2008，第341页。
② 王兴国编注《杨昌济集》，湖南教育出版社，2008，第34页。
③ 王兴国编注《杨昌济集》，湖南教育出版社，2008，第63页。

（六）各科课程对五育的综合影响

杨昌济认为，学校每门教科课程虽然有其固定的目的和功能，但同时也有许多其他的功能。所以教育者不能只强调其某种固定的作用，而看不到其他的作用。当然，也不能为了发挥其某种作用，而忽视其主要作用。例如：

> 凡教科固各有其道德的价值，教授之时，固不可不注意于涵养德性，然不可以涵养德性为各教科唯一之目的。如教言语时，使正确其发音，可养成精密注意之习惯，然不能以此为言语教授重要之目的。言语教授重要之目的，在与以关于言语之智识，因使得理解他人之思想，且授以明了发表自己思想优美之技能。又算术之规则乃绝对者，人当为计算之时，不可不服从绝对之规则，故自算术之教授，得与以服从绝对规则之习惯，而服从道德规则之习惯亦于是养成焉。故算术教授，有养成正直之能力，然不能以养成正直为算术科教授主要之目的。算术科教授之主要之目的，在于授关于数理之智识，与以速算且不误之技能。[1]
>
> 如习字教授，求其书法之优美，则于练目力与手力之外，又可以养美感。又求其书法之正确，则可养正直之心。教修辞学使作美文，又可养成美感。又使生徒学古典之时，可养成记忆、想象、审美心、道德心。至于使学本国之古典，则于养成爱国之心尤为有效。[2]
>
> 体操教授合宜，可以养勇气，励志操，强自信之念，并能养成守规则、忍耐、克己等习惯。[3]
>
> 体操又有整齐姿势之效，希腊雅典之体操，以优美其身体

---

[1] 王兴国编注《杨昌济集》，湖南教育出版社，2008，第299页。
[2] 王兴国编注《杨昌济集》，湖南教育出版社，2008，第328～329页。
[3] 王兴国编注《杨昌济集》，湖南教育出版社，2008，第341页。

为主。如进行直立之姿势，曾习体操者较之未曾习体操者，实有优劣之殊。又如中国多曲背之人，较之欧、美、日本人竦然直立者，觉有衰靡雄健之别，此亦与体操有关系。[①]

唱歌于养道德的情操有大效力。故自涵养德性之点观之，唱歌甚为有效。欲于唱歌涵养德性，固不可不注意于歌词曲谱，又不可不使生徒注意练习唱歌之技能。[②]

二 张干和孔昭绶的认识

1914年4月18日，陈昌在日记中记校长张干对体育重要性的认识：

晚膳后登校前大厅，适校长立于其上，欣然谓余曰：汝班对于技能会之报名亦甚踊跃否？答曰：不过寥寥十数人，因长于技能者鲜矣。先生曰：技能会之设原为练习技能起见，若各具优技，何会为？余肃然应之曰：请问其要。先生曰：今日与师范生有密绝关系者，莫若善雄辩，勤体育。言语滞钝，必不能发表意思，不徒淡生徒之兴味，并起其厌倦之心。教育之大防，莫此为甚。至体育为精神之储藏，毕生事业之大小，恒与之为正比例。欲求体育之发达，可分两方面言之：

（一）消极的。先生所谓消极之体育者，即余尝言制欲即体育也（真早得我之同然乎？）。其言深切著明，但初闻若浑若影，有不欲尽之意，总以嗜欲二字，反复吞吐。余曰：为体育之大敌者，不过饮食男女之欲而已。先生曰：然，人中其毒，必十居八九。此欲本难制，譬如水之就下然，若不杜塞，任其

---

① 王兴国编注《杨昌济集》，湖南教育出版社，2008，第370页。
② 王兴国编注《杨昌济集》，湖南教育出版社，2008，第340页。

奔流，可一泻千里，至耆年痛哭而悔，晚矣。因论及人性之恶，谓性如水之趋下，制欲如挽逆水之舟。故荀子言性恶者，实哲学家之言也；而孟子反之，乃教育家之言也。余曰，难矣哉。消极之谈体育也，不识先生之道，能否普及同人。先生曰：为教师者，不过尽训育之责任。至欲实行，非自具克己工夫不可。吾所以身体强壮，盖于此用功甚多，于每日求学按时细思，则精神已疲，继之以运动，则筋骼松散。至就寝时，加以静坐、默祷，自然鼾睡至朝，而欲心灭矣。信哉斯言，更知古人之不吾欺。象山诗云："巧倩作妖狐未惨，肥甘藏毒鸩犹轻。"其医饮食男女之欲，可谓严且切矣。

（二）积极的。欲筋肉之发达，非动不能。而动之法，必使全身均齐。均齐之方，莫若拳术、蹴球两种。吾国蹴球，甚不发达，亦为可虑。处今日武装竞争时代，优胜劣败，天演之公。于球团一门，有成为国际竞争者。美国人常派代表向日本蹴球，勇跃直前，以争美誉。故菲利滨世界运动会，美国列第一，因以球胜。中国居第二，因球部竟未获选。可知蹴球者，小言之可以强己之一身，大言之可以扬国之名誉。至拳术之关系，尤为重大，非独锻练全身而已。若遽临叵测，辨不克明其理，让不能化其顽，一旦仓皇，随时抵御，如夹谷之会、陈蔡之厄、桓魋之辱，苟非有勇冠门人武事兼备者，难免死于非命也。此犹小焉者也。日俄之战，日所以胜俄，纯得力于柔道。盖利弹快炮，两军皆有穷乏之时，至最后五分钟，短兵相接，非长于柔道者，必匍伏授首而已。由是言之，防身卫国，不綦重乎！至此谈及二小时。余敬礼而别。退而记其大略。①

---

① 王建宇整理《陈昌烈士未刊日记书信选》，载中国人民政治协商会议长沙市委员会、文史资料研究委员会主编《长沙文史》（第14辑），1994，第209~210页。王兴国根据陈昌日记原稿复制件作了校订。

谈话中所说的"技能会"就是湖南第一师范学友会的前身。湖南第一师范学友会是以德智体全面发展的思想培养学生的自治机构。张干于 1914 年 3 月至 1915 年 8 月任湖南第一师范校长。陈昌和张干校长之间关于体育的谈话，反映了他们当时对体育重要性的认识。

1917 年 5 月 7 日，孔昭绶在给学生作《中日交涉始末》的报告中，曾经谈到日本教育是如何处理德育、智育、体育的关系。他说：

（日本教育的）教旨即德育、智育、体育是也。

德育可分道德、礼节、规则等言之。道德注重人格，礼节寓于修身。除教室授课外，须在礼堂实习礼仪。由教员按级编成细目，授以家庭、学校、社会相接之礼，无不循循指导，务期随处不逾规矩。学校除校长、教员外，仅事务员二三人，别无学监管理，训练教授一任之于主任教员。来宾参观不设招待，然学生遇之则致敬礼，习以为常。我国学生视此为奴隶性，殊不知敬人者人固恒敬之也。规则异常严整，听讲时恒正襟危坐，目不旁瞬。有富士见丁小学者，设备完善，为该地最。计二十余班，千数百人，休息时最活泼，上课时最整齐，而花卉杂陈，绝无毁伤之者。曾见二生被罚，立正约三小时久，无悲泣愤怒之态，亦不敢嬉笑，对立如木鸡，固无人无之监视也。课既毕，教员学生相率去，仅余工役一二人，二生之态度不变，久之，工役述教员休罚令，始从容归去。此种良习，诚不知其何由致也？

智育要旨，首注重劳动。职业劳动如清洁校舍，洗抹地板，则学生之服务也。校园种植，工厂操作，则学生之工作也。晨送报，暇供役，则学生之雇佣也。至大学生而拉车卖菜，中学生而负贩鬻物，尤足征其劳动神圣之精神。若我国青年入学骄侈成性，为社会造游民，为家庭增败子，孑孑孺孺，不知倚赖之可耻。谁尸其咎欤？日本职业教育种种制作，皆能曲应时势之需要，盲哑学生亦有业按摩者，为医病手术之一。盖药材极贵，就诊必于医院，故伤寒微病请按摩者摩抚之，即霍然病已，亦两利之道也。

体育除普通体育外，分射击、柔道、剑术、寒稽古（空手道）。射击自中学二年以上，即实行演习。柔道多互相角力，国家另设国技馆，专养力士，每逢大相扑，扑场必座为之满。学校之柔道即力士之预备也。剑术略与我国相类。寒稽古则雪中操练之名词也。有北海道师范位寒带下，每年雪平均深四五尺，土人虾夷日就消灭，乃于其地建学校，寒稽古为其校中特色之一，盖欲养成餐风饮雪之国民，将来殖民于我蒙满之地也。[①]

孔昭绶没有将劳动单独视为一种教育，而是将劳动置于智育之中。

第二节　教学实践中对德智体全面
发展思想的贯彻

湖南第一师范在教学实践中，十分自觉地贯彻德智体全面发展的方针。这不仅表现在用这一方针确定教授要项，而且表现在用这一方针指导对学生成绩的考核。

---

① 《湖南省立第一师范学校志》，书第四，1918，第23～24页。

一 用德智体全面发展的思想编定教授要项

所谓"教授要项"是指在教授一门功课时要抓住哪些要点。而对于这些要点的确定，离不开正确的教育方针。在《湖南省立第一师范学校志》的"书第四"部分，有"教授要项"一栏，对师范学校所教的 10 多种学科的要项都作了规定。综观这些要项，其最鲜明的特点就是全面贯彻了德智体全面发展思想的统一，既注意揭示每门教科（课程）固有的目的和功能，同时又尽力揭示各学科中所包含的德智内容。以下是这些"教授要项"是如何把握德智体，特别是智育和德育统一的。

修身科

按各级教本所列之德目，注意如何实践，以养成高尚人格；配引经训，以示圭臬；间引中西学者嘉言懿行，以昭伦理之大同；表彰模范人物（胪举模范人物事实）；利用各纪念日举行仪式时临时训诲；依学生个性及事实上之发现与现时之缺点，加以训练，务养成优良之习惯；注意作法，习应对进退之仪；三四年级兼课教授法，并就小学修身教科书示以需要德目实际应用。

教育科

一、心理：注重教育心理与儿童心理，为小学教师之准备；应用于教育实际而说明之，如直观、类化等与教育关系尤切，宜详细说明并摘要实验。

二、论理：须证明中外论理之异同，注意教育上之应用；须随时举例练习，使明其应用之方法，不得偏重形式。

三、教育理论：说明世界教育之思潮、最新之学说，我国教育现应采何项方针；应用伦理、心理、论理等之知识，明教育上当守原理，且常使谙小学教育之实际。

四、教育法及保育法：宜据儿童身心发育之理，斟酌于教育理论及实际生活，以明适切之方法；宜斟酌各科教材，揭现时本、教材之谬误处；详示各科教授法。

五、哲学发凡：注意于哲学与教育理论之关系；说明中外哲学之异同。

六、教育制度：说明现行法令之要目；比较各国教育制度之优劣。

七、学校管理及学校卫生：就现时小学教育之状况，定管理之方针；指示卫生之条件，矫正现时学校之缺失。

八、教授实习：指导教案之编定及参观，批评各科之要点；支配各科，令教生均实习之。

国文科

暂定国文为各科中心联合法，以发皇国粹而资应用。

选文应注意之事如下：输入世界常识及与各科学相关连；纪载国家大事或中外交通、治乱、盛衰之源；关于世道人心或气节；关于武烈、游侠、刺客之类；记叙文当取详实分明者，议论、书牍文须取平实晓畅合于论理者，纯逞辞锋、不综情实者禁选，赋诗歌宜选雅而不艳、质而不俚者；文法以《马氏文通》为主，参以《经传释词》《古书疑义举例》二书，使略明词例及作句之例；文字先读《说文部首》，再授王筠之《文字蒙求》，须删其字不习用者并其例之繁碎者，补其字之未备者，以二千字为断，指事、象形二类宜全读，会意、形声当取《说文》所有合于六书而切用者。

点文应注意之事如下：预习，先令学生自行圈点或轮流预讲；复习，每篇授完轮派回讲；思考，随时发问以发展其推理力；指示结构，说明篇法、句法及用笔行气之法。

作文应注意之事如下：出题须按学生程度并与各科学相联

络；选题宜多就近事，令学生作记叙文，渐及书牍、议论等题；记叙文求层次清，禁凭虚臆造；议论、书牍文求切实近理，有条不紊；遇全体演说及训话时，由校长指派学生数人速记，并摘要录送教员作为本周国文题（1917 年 5 月 7 日孔昭绶的国耻日演讲就是由李维汉等 4 个学生所记）。

习字科

多习正楷旁及草篆隶，借悉文字源流，务求劲端秀；矫正执笔运腕及各种姿势；指示购备碑帖宜习隋碑（如元公姬氏、董美人墓志之类，初学可用龙藏寺碑，稍高宜俟架间既立之后再取临摹）。

英语科

务求纯熟，戒躐等求速；讲解译务求精审使国语与英文意义适合；读课本宜随时指示方法以资启悟；会话除就读本设为问答外宜随时练习日常应用之谈话而戒其鄙俗；课文法遇有重要规则表式务使熟记以期应用自如。

历史科

注重国家兴废之原因，种族文化之因果关系，唤起国民之自觉心；由过去比较现在并推测将来，完成有用之精神科学；互证新发明重要之事实，如政教变迁社会变迁各事实，引起博览载籍及阅报章杂志之兴味；授近世史应提示国耻激发其爱国思想；授东西洋史应注重主观的便为中外之比较，并知中国所处之地位；关于各国势力东侵之渐，宜婉曲叙述使知注意；宜板授沿革略为直观教授；读史地图宜详加研究，如晋末五胡乱华、唐李藩镇割据以迄辽金出入中夏疆域纷错，必须指图演说。

地理科

自然地理关于本国之事项宜详授，人文地理宜按时势之变迁授之。

教授本国地理：对于国家成立之要素及界约租借地条约、财政交通等要点，宜详叙以养成国民爱国心；对于列强要挟侵占干涉觊觎之政策及国耻，宜随时指示以资警惕；对于形险要塞、军港兵制、农田水利各实业之应用及一切文化有关之事项宜特别注意。

教授外国地理：宜比较本国之情势；与国民有密切关系之地方及都会宜详授之；遇必要之政治历史事项宜略加说明。

法制经济

关于法制科：灌输公民常识，养成法治精神；关于公法私法及国际关系之重要应用处，宜详为讲授。

关于经济科：详示国民经济之要素，养成经济之能力；关于货币及现行制度，兼述金融紊乱之原因及救济之方法。

数学科

一、算术：教授注重理解，宜条分清晰并令练习娴熟。

二、代数：教习题时由浅入深使与算术联络，使知其异同并时令学生验算，设勘误诸题以正确其思想。

三、三角法：三角函数定义应加入线之表示法，俾三角函数定义可以明了并知我国八线命名之意。

四、几何学：几何论证宜参用代数式但以不失几何意义为限；解作图题应互授以综合解析二法，不得偏一。

五、珠算：珠算以应用为主并注意定位法；宜说明各法之理，令与笔算对勘。

簿记科

中国商界账目依一种单记法，开首宜说明复记法较胜之处；授各项要目宜前后联络。

博物科

课博物室内教授与野外教授并重，注重本国及乡土之产物；重实验多备标本模型，并研究标本简单制造法或令学生自行采制；唤起哲学上之意味以增加其研究心。

一、植物动物学：教植物宜适合季节取实物教授，至不得已时则用模型式挂图；详授予各门特征及通性，引起研究之兴味。

二、生理学：注重各器官卫生之法并练习其觉官；教人体内脏之构造则解剖他动物以说明之，并以人体与动物相比较，使知人类之高贵。

三、矿物学：详示研究矿物之方法；注重本省及常用之矿产，详示产状成分性质及用途。

理化科

详释原理及定律术语方程式；指导应用及切要器具使用法，使学生简单实验；近世发明之应用器械如飞艇，遇有机会得酌加入；就日用品引起研究之兴味，如度量衡等器，又如音学中气体振动则以管色说明之，固体振动则以弦色钟鼓等说明之，关于化学者亦然；金属之鉴识法须择反应锐敏、度色明显者授之。

图画科

教材之选择（教材宜求应用广趣味丰，固忌鄙陋亦不必过高）；从本科一年级起兼练习黑板画；三四年级兼课教授法。

附小学校图画教授法如下：图画价值与教授目的；图画与各科之联络；教授方法（临画写生、记忆画、用器画、意匠画、随意画诸教授方法）；美术作品之参观（见中外名画及他种美术作品，宜令参览并说明之）。

一、临画：暂就博物手工各种标本模型典范本对照，待其体悟始教布局及笔法描写神意；范本必取纯正，不尚奇逸，不拘流派。

二、写生：初用模型渐用实物；先使精察物体俾了悟其位置距离光线之关系，然后描写，务期正确。

三、几何画：以实际应用为主；宜与手工及几何学联络。

四、意匠画：使运用既得之学力技能养成创作力；教图案时使（先）用线为种种配合，次用各种几何形体，更进则并用自然物象结构为装饰花纹器物图案；使知图案与工作之关系及本国旧传图案之特色；教构画之法或命以画题或取历史及诗人等所载事物使想像构作（但构历史画宜先讲明资描写之物件）。

五、黑板画：宜简要明晰练习娴速（熟）；先用粉笔次用色笔。

六、美术史：务宜扼要。

手工科

教授上应用之材料须择本地所常见、应用最普通且饶趣味者为限，惟木工所用之材料勿宜重复并宜告以材料价值保存残余断片备他日，因养成节约之风；教授次第宜先模造，次改作，次自由制作，次分组制作，限期缴交；遇复杂制品时令数人共同制作；手工虽分竹工、木工、粘土、石膏诸细工等目，必使统一联贯求与他教科联络；宜令参观中外美术作品及其他成绩品或复制品之精确者为之说明，讲解促进其技能；利用机会为之讲述浅近美术及工艺上与制图之谈话，养其兴趣。

农业科

注重应用，须理论与实习异行，养成勤勉耐劳之习惯而引其趣味；地方作物及农产制造物、乡土之气候土壤肥料等应详加讲授；注意本国最近农业经济之状况；实习时须令值星填写日志，养成观察精细服务守秩序之习惯。

商业科

说明商业重要及我国商战失败之由来，唤起其企业心；组织商店以资实习；各项证券及商业上必要之书式簿记宜使知其概要；略授本省商界营业之状况。

乐歌科

歌词选择宜以涵养德性、启发美感、激扬武勇为主；练习乐器使用法、修整法及教授法务求娴熟；拟加授军乐及雅乐；令学生合制教室挂图及国歌校歌等张于教室。

体操科

采用严格主义实施军国民教育；提倡课外运动兼任指挥之责；第三学年兵操可授刺枪术，第四学年兵操可操以劈剑术（未备护具以前得暂缺之）。①

二　用德智体全面发展的思想进行考查

湖南第一师范对学生的考查，也是着眼于德智体全面发展，因而有考查操行、考查学业、考查体格三项。

所谓"考查操行"包括以下几个方面：

（一）考查责任

校长学监等于校内外发现学生关于操行事实，或按训练的作业随时纪录于操行考查册。

教员于上课时及他处发现学生关于操行事实，随时纪录于学行考查册，又事务室备有训练事由底册供教员考查之用，其施行细则如下：

---

① 《湖南省立第一师范学校志》，书第四，1918，第30～40页。

1. 本册系根据教务会议公决案以谋职教员管理训练之统一。

2. 依学生个性及犯规事实之发现，先由事务室摘要开列册中，再交由修身或他教员于授课时施以相当之训诫。

3. 教员课毕仍将原册缴还事务室。

家庭及保证人由职员随时咨询或委托考查其品行。

（二）考查要点

礼节、容止、言语、性情、才干、嗜好、交际、修学、服务、职业、运动、整洁。

（三）判定方法

每月或每学期末由职教员教员依上各要点详分等差，汇集操行考查册、学行考查册、人物互选册、请假缺课册、服务考查册、赏罚册，核其事实，将各生逐一评定为甲乙丙丁四等。

学生受褒赏者操行升等，受惩罚者操行降等。

学生升级或毕业时，其操行成绩有应与身体成绩、学业成绩参合判定等第者，按照学生学业成绩考查规程办理。

所谓"考查学业"包括以下几个方面：

（一）考查责任

教员对于平时授课及临时试验时，依后开要点详计分数汇交校长决定之。

校长学监等汇齐平时临时各成绩评定分数等第。

关于升级或毕业有须协议者，经职教员会议由校长决定之。

（二）考查要点

1. 平时成绩考查

（1）问答

①回答之种类：问答为最良之启发法，足唤起学生之研究

心而增加其兴味，略分预习、复习、思考三种。

预习：凡未教之课令学生先期预习，至授此课时先择大要问答之以促其领悟。

复习：凡已教之课令学生加功复习，至授他课时再择大要问答之以求其联络。

思考：无论已教未教之课，关于理想随便发一疑问会学生自由判决辗转研究再折衷之批评之，以发展其思想而确正其观念。

②问答之方法：教员发一问题学生均须举手，再由教师指定某生回答（最忌先呼姓名后发问题），如他生以为未当，再举手再指问，循环问答多方印证，以期无疑不析无义不搜，推阐无遗力，求学术上之进步。

③问答之记分：学生问答中肯綮者，即酌记分数于册，倘答非所问或问而不答者，可再问再答，以促其注意而收启发之实效，其分数每期末汇集平均，为平时成绩之一。

④问答之时间：问答由教员随时行之，约计每小时问答十分钟。

（2）课作

①国文作文、英文作文、数学演草及习字图画等，由教员按次计分，每学期末汇集平均，为平时成绩之一。

②课作成绩分数之和，应以全学期次数之和除之，以免任意缺课。

（3）实习

除教授实习应遵部令及实习规程计算外，余如修身计分须参合服务各项，体操须参合课外运动、课间操、志愿军各项，音乐须参合唱歌奏琴各项，农工商各科须参合实习出品各项，每末汇集平均为平时成绩之一。

（4）笔记

①笔记之种类：笔记约分三种：口授、板授及日记。现暂重板授，凡黑板所书，须抄于课本以资参考而便记忆。

②笔记之记分：笔记性取速记，须有条不紊，不专尚字之工整，由教员随时或试验时调阅记分，但每学期至少须阅一次。

2. 临时成绩考查

临时成绩由各种试验得之，分为学期试验、学年试验、毕业试验三种。

学期试验于学期末行之，或于授课过半时酌择科目陆续提试，留数科目至学期末试验，但自一月至三月之一学期得免试验。

三、判定方法

1. 评定成绩分平时、临时二种

毕业考查 { 平时成绩：{ 问答（或课作）实习——百分之四十　笔记——百分之二十 }　临时成绩：各种试验——百分之四十 }

2. 评定成绩分甲乙丙丁四等

甲八十分以上、乙七十分以上、丙六十分以上、丁不满六十分。

学年成绩之评定方法如下：本学年之试验成绩参合平时成绩判定分数，又以学期成绩总分数相加以二除之，为每学科之学年成绩；本学年各学科之学年成绩总分数以学科数除之，得平均数为总学科之学年成绩。

毕业成绩之评定方法如下：最后学年每学科试验成绩参合平时成绩判定分数，仍以学期成绩分数相加以二除之，为本学年每学科成绩。又与前各学科成绩分数相加，以学年数除之，为各学科毕业成绩分数。教育实习成绩占学业成绩分数五分之一或五分之二计算之。各学科毕业成绩总分数以学科数除之，得平均分数为毕业总平均分数。

凡学业成绩未及格，其分数相差不及一分，非操行成绩、身体成绩均列乙等，不得升级或毕业。学业成绩仅及格，其分数所余不足一分，而操行成绩或身体成绩列丁等者，仍得停止其升级或毕业。

所谓"考查体格"包括以下几个方面：

（一）考查责任

平时考查由校医、体操教员及学监就学生之动静衣食摄卫等事随时考查分别存记。定期考查由校长先期牌示，督率校医、体操教员及学监就学生身体各项详细检验登记册内。

（二）考查要点

一身长、二体重、三胸围、四肺量、五视力、六听力、七脊柱、八体格、九齿牙、十腕力、十一疾病。

（三）考查方法（略）

（四）判定方法

检查身体各项，其判定分为甲乙丙丁四等。身长、体重、胸围、肺量、腕力五项之评定须参合年龄以求正确，今以十八岁为标准。

成绩评定后，应即填注学籍簿内并造具一览表揭示学生。

身体发达有不与俱者，应由校医、学监、体操教员研究其原因，对于本生为亲切之警告使之注意。①

---

① 《湖南省立第一师范学校志》，纪第二，1918，第100～109 页。

三 毛泽东在人物互选中脱颖而出

湖南第一师范对学生的考查最有特点之处，就是实行人物互选。1918 年刊印的《湖南省立第一师范学校志》中对人物互选有一段精彩的议论：

> 夫四俊五鬼，固为鄙类妄称；而八顾三君，本属清流佳话。良由权利犇竞，则有害国家之讥；苟能道义磨砻，孰非为己之学。故孔门垂教，则有德行言语四科；胡氏授徒，分经义治事两种。道虽一贯，人有专长。凡兹成德达材，必多拔萃出类。况近世文明大启，科学增繁。纵雨露无私，胥洪炉之鼓铸；而短长比较，终翘楚之竞标。但擅片长，固后来之俊；苟工一艺，亦杰出之才。尚欲遍加品题，籍窥蚁术；庶几益增声价，僭拟龙门。惟是多士云从，难恃一人月旦。非行互选，岂易周知。兹特注重时趣，高悬榖率，分人格教（员）育、军国民教育、实用教育三大端，定于月日，由诸生妄加批评，互相推选。虽云方人不暇，何妨举尔所知。切磋既亲，见闻必切。毛遂俊士，奚难颖脱赵邦；李邻英才，终必名高汉室。群分类别，既共觇乎时髦；玉粹金昭，应共勉为国器。相期气谊，无殊禄武之交推；宏奖风流，莫效邓何之标榜。

人物互选的标准，也是德育、体育、智育全面评价。

德育：

敦品，如敦廉耻、尚气节、慎交游、屏外诱之类。

自治，如守秩序、重礼节、慎言笑之类。

好学，如不缺课、勤温习、好参考之类。

克己，如绝嗜欲、耐劳苦之类。

俭朴，如菲衣食、尚俭约之类。

服务，如重公益、勤服务之类。

体育：

胆识，如冒险、进取、警备非常之类。

卫生，如慎起居、爱整洁、勤沐浴之类。

体操，如娴操作、喜运动之类。

国技，如长于拳术、剑术之类。

竞技，如长于球术、田径赛、泅泳之类。

智育：

文学，如长于国文、词章之类。

科学，如长于英、数、理、化、史、地之类。

美感，如长于书法、图画、音乐之类。

职业，如注意农、工、商实业之类。

才具，如应变有方、办事精细之类。

言语，如长于演讲、论辩、应对之类。

互选方法：

一、各班限于某日午后课毕在教室举行。

二、每人投三票，每票限举一人，惟被选者并不以本班为限。

三、投票用双记名法，被选人写在上端之右，举选人写在下端之左。投票由服务生开票，并缴由事务室核定。

四、按照互选标准，各举所知，将考语事实详注票内。被选举人与考语有数项相合者，可列举数项。务必名实相副，勿为感情之冲动，致涉标榜冒滥等弊。

五、发票滥匦开票，以各班值周生、值日生交互行之。①

---

① 《湖南省立第一师范学校志》，纪第二，1918，第101～102页。

全校十一个班四百多人参加选举，投票结果，共有三十四人得票在五张以上。其中毛泽东得票第一，共四十九票。这四十九票为敦品十一、自治五、文学九、言语十二、才具六、胆识六。周世钊为第二名，共四十七票：敦品五、自治九、好学十一、文学二十二。[①]

第三节　理论与实践紧密结合的教学方法改革

在新文化运动中，湖南第一师范教学方法改革的最大特点，就是理论与实际的结合，这不仅表现在采用多种形式的实习，而且表现在修学旅行的两种方式——其一是采集，其二是调查。

一　多种形式的实习活动

湖南第一师范的实习活动形式多样，有管教实习、农场实习、工场实习、商场实习等。

管教实习

管教实习事项以本校实习主任、学监及附属小学主事主任或科任等担任之：实习主任主持实习一切事项；学监主持实习时间的一切设备编制事项；小学主事主持在小学实习时一切设备编制指导批评事项；小学主任或科任主持在该级实习或实习该科时一切指导批评事项。

实习分为四项：一、参观；二、教授；三、管理；四、批评。

实习时须一律整齐制服。

①　《湖南省立第一师范学校志》，人物表，1918，第 155 页。

实习时如有任意迟到或先退及不记录批评者，均照教室授课规则处理。

一、参观

参观分校内校外两种。

校内参观：实习之前后每班均至本校附属小学参观，如遇缺课二小时以上，亦可自由往观。

校外参观：实习期内由实习主任或学监引导至附近各小学校参观。

参观时教生应各备手摺一本，详细记录填注参观报告表送呈实习主任核阅。

校外参观应注意之事项如下：

1. 由事务室派定队长一人维持秩序之责，同学须听其指挥；

2. 行抵他校时须在外或休息处静候；

3. 参观分组由他校引导员临时酌定之；

（下略）

二、教授

试教各生之分组及其时间之支配，由学监会同实习主任及小学主事定之；试教各生既经派定，不得推诿；每人试教须十时以上，如高小四时，国民则六时以上；试教时指派各生须先日午后课毕即往附属小学调查所课之教科及起讫，编定教案呈主任核阅后即誊交事务室付印（最迟以本晚八时为限）；试教时每午前八时半（摇铃）午后一时（鸣钟）均须整齐制服集合轿厅整队前往；教生实习时须受该级主任及科任之指导。

三、管理

试教时每班或每组须轮派教生二人值日，实习训练管理监护等事并佩带徽章；值日管理练习事务即代行附属小学主任及科任之职务；值日管理对于小学儿童之处理须商承主事及主任行之；值日管理须于每日午前六时往午后六时返；值日管理须将管理心得及有无困难详细记载，呈实习主任及小学主事核阅，并于本晚批评会提出讨论。

四、批评

批评分本日批评及全期批评两种：本日批评每于参观或试教毕举行之；全期批评于试教期末举行一次或二次。全期批评会，由实习主任选派试教成绩之优良者再令试教，合全部教生参观之始行开会。实习各生均须缴批评录及预批评会不得参差。开批评会之顺序（1）教生陈述；（2）同学批评；（3）各教职员批评。批评须按照学理事实公允批评，不得挟私任意。

农场实习

一、设备

本校前面旧操场一区辟为农场，学校园附之；校内坪苑及后山禁蛙池坎下坎上均辟为学级园。

农场之区划如下：（1）周围为果树畦；（2）中央为花坛；（3）花坛与果树畦之之间概为作物畦；（4）东左侧为葡萄架；（5）东右侧为园丁住室及农具储藏室；（6）正东掘粪池一井一。

学级园之区划如下：（略）

禁蛙池坎下划出土壤二畦为公共苗圃。

购置农具以学生之多寡为准，大约各具数目至少须达学生十分之一。

校园经费全为独立，除开办并提奖外，即为基金。

农具场总册由庶务室登记并保存之。

二、分组

各班分组实习约十人上下。

各班土壤之广狭，组数之多寡支配之。

每组指派组长一人司以下之职务：（1）传达命令；（2）领缴农具；（3）督率组员作业；（4）视察组员之勤惰并负报告之责；（5）轮派本组每周服务生；（6）填注栽培日志及农场簿记；（7）管理本组作物；（8）司作物之收获。

每组每周轮派服务生二人司以下之职务：（1）作物之灌溉培壅；（2）杂草之义除；（3）土壤场圃之整理；（4）害虫之驱除；（5）收获之监视及登记；（6）督促园丁勿使怠惰。

三、细则

各班各组划定区域任耕治栽培除草除虫灌溉施肥管理收获之责。

农场实习须依农业教员指挥，不得违抗。

校园学级园实习须依各班博物教员或事务室指挥，不得违抗。

农场实习时所派各组须一律工作，有不到或先退者以缺课论。

校园学级园课后实习各组划畦分治，有不到或先退者，一次扣分，二次以缺课论。

各人所用农具须整理清洁，交由组长缴还原处。

实习时宜谨守秩序，勤奋将事，不得怠惰或嬉笑。

场内及园内植物须加意爱护，不得折毁。

各组作物概由本组管理，惟年暑假期内则由庶务室负责。

学级园每班一区或二区，均按期轮换。

校园作物每年由农业教员预造"园历"，实习即依此为准。在此附录了1917年农业教员所编的"园历"。园历分时间、班级、园别、作物种类、种植管理收获等栏目，规定十分具体。例如1917年8月，四级六、七、八、九、十班，在农场，种粟、高粱、落花生、蓖麻、青箱、马铃薯，种植期：本年四月，管理要求：中耕、去草、灌溉、施肥。

四、收益

各组作物概由各组收益。

收获品以交商店贩卖为原则。

收获品可保存者酌留若干为实习成绩。

各项收益除酌提若干奖给工作者外，余均为校园基金。

收获量及存卖情形概由组长填注农场簿记。

工场实习

一、设备

木工教室即为木工工场，金工教室即为金工工场。

另设普通工场一所。

另设印刷场一所并置印刷机全副。

各项工具除原有外皆次第增置以求完善。

各种工场皆互相联络其工具储藏室亦附属于其间。

工场经费全为独立，除开办及提奖外余为基金，但关于手工教授之消耗不在其内。

二、分组

各班实习或分组或不分组，由教员及事务室指定。

分组实习者其各组人数之多寡视工作品之繁简为准。

各组由教员及事务室临时指定组长一人司以下之职务：（1）传达命令；（2）领缴工具；（3）领取材料；（4）工作未完时负保管之责；（5）缴送工作品；（6）督率组员作业；（7）考查组员之勤惰并负报告之责；（8）填注工场簿记。

三、细则

手工工作实习概在手工教室。

非手工工作实习，除印刷外或在手工教室或在普通工场，由事务室临时定之。

工场宜力求整洁。

工作时宜谨守秩序勤奋将事，不得怠惰或嬉笑。

材料由教员或事务室支配分给，不得擅自取用。

材料须加意珍惜，不得损坏或求补给。

各项工具由各生或组长书条领取，限日缴还，如有损失责令赔偿。

各项工作品由教员斟酌繁简限日完竣，不得迟延。

每组实习时须同时出席，惟印刷则依次轮值。

实习生有不到或先退者以缺课论。

四、收益

各项工作品以交商店贩卖为原则。

工作品或留若干为实习成绩，由教员指定。

工作品贩卖时其原料应由工场经费开支。

关于印刷品适用前条之规定。

各项收益除酌提若干奖给工作者外，均为工场基金。

收益量及存卖情形概由组长填注工场簿记。

商场实习

一、缘起

本校欲使学生练习事务，注重职业，实践商业，特组设商店。

二、职员

本店参合通常商店及外国公会，暂定组织大纲如下：

1. 本店营业分贩卖、储蓄两部，兹定系统如下表：（略）。

2. 本店主任一人，经理全店一切事务，由校长请商业或经济教员兼任之。

3. 本店副主任二人，补助主任并分领贩卖、储蓄两部事务，由校长请庶务会计兼任之。

4. 本店监理四人，监理两部一切银钱账目并决定办事大纲，由校长请学监兼任之。

以上各员均名誉职，任期六个月，得连任。

5. 本店实习长二人，上承主任各员，下督实习各员，掌理两部一切事务，由股东选举学生任之。

6. 本店调查二人，稽查两部一切银钱账目及计算清理报告之事，由股东选举学生股额巨者任之。

7. 本店庶务一人，整理两部不属于营业之事，由股东选举学生任之。

8. 贩卖部买进实习二人，实习买进一切货物及调查之事。

9. 贩卖部卖出实习二人，实习贩卖一切货物及计算清理之事。

10. 储蓄部保管实习二人，实习保存一切银钱物品文件及调查之事。

11. 储蓄部出纳实习二人，实习收付或兑换银钱及计算清理之事。

以上实习长调查庶务均用复选制选举之，任期六个月，得连任，实习生每水土曜日由主任协同监理指派之。

三、股东

本店股本纯由职教员学生热心分认，但每人最少限一零股以上，入股者统称股东。

本店股本不设定额，以每期收入之总款为总额，其入股数目暂定如下：一串文为一零股，十零股为一整股。

股东入股以后得享有以下之利益：选举职员或被选举权；建议及议决权；享有红利及查帐权。

股东因退职或毕业时，得酌照原额退还股本。

四、会议

本店关于兴废重大事宜，由主任商承校长召集会议决之。

会议分股东会议、职员会议两种。

股东会议于每期职员改选时行之，年二次。

职员会议有下列三项之一随时行之，无定次：

    1. 校长或主任认为必要时；

    2. 副主任监理均认为必要时；

    3. 股东有十分之一以上建议时。

会议均于午后课毕行之，但股东会议须前三日通告。

议长由校长任之，但有时得请主任代理。

会议议决以到会者过半数定之，两数同时由会长决定。

会议记录由议长指定实习生任之，录毕盖印保存，其议事细则月定之。

五、服务

本店为学生实习而设，每周指派实习生八人于授课前后分部服务，不得放弃或规避。

实习次数均照人数多寡毕业远近，另表定之。

实习生对于货物银钱须注意整理及保存，如有损失责令赔偿。

商店日志及一览表等须逐日填注。

实习生如因特别事故曾经准假时，由主任协同监理另派之。

六、收益

本店每期放假前结帐一次，如有盈余或亏损，须照以下各条行之。

每期余利须先提十分之二作为公积金为填补损失之用。

每期余利除提作公积外，再提十分之二为实习生酬劳金，十分之二为学友会补助金，其余红利概按股额摊分，有未在校者连同报告书送达之。①

二 修学旅行之采集

湖南第一师范理论联系实际的另一个重要方法，就是修学旅行，其内容又包括采集和调查两个方面。"采集"又包括旅行采集和假归采集两种方式。

一、旅行采集

本校学生每学期修学旅行一次，或全体或分级分班，临时定之。

旅行时须就便采取动植、矿岩石、木材、种子等标本，或研究地理、历史、图书等学科，且有本科教员及职员同行。

预定旅行之目的地。

预备所需之器物（如植物采集兰鸦咀、皮纸条，动物捕集器，矿物采集器，画板及食物等类）。

采集物之督制（如压植物动物矿物各标本，由教职员督制，分类签记）。

成绩之储藏保管为将来博物馆之材料。

须各有最详之笔记。

二、假归采集

指寒暑假期间学生归家进行的采集，包括制作各种标本。

（一）植物标本

1. 作物种子

品种：如粳谷、糯谷、麦、豆、胡麻、落花生、油菜、蓖

① 《湖南省立第一师范学校志》，校章纪，1918，第58~70页。

麻及各种蔬菜种子等。

分量：最少一匙，最多一合。

包装及标志：以纸包裹或用小瓶竹筒贮藏，各粘纸条注明学名、俗名、产地、采集期及本人姓名。

以上每人至少须采集十种以上。

2. 纤维标本

品种：如苎麻、大麻、棕叶、龙须草、水灯芯草、茳芏、楮构（俗名谷皮树）、三桠（俗名雪花树）、柳皮、梧桐皮、麦杆、丝兰（俗名波罗）等科。

分量：以上各种或剥皮或全部，各以线束为一组，大小长短不拘。

标志：各粘纸条注明学名、俗名、产地、采集期及本人姓名。

以上每人至少须采集五种以上。

3. 竹木标本

品种：各就地方所出不拘何种竹木。

式样：木样，或将圆木纵劈一半或三分之四分之，长三寸圆径一寸至三寸；竹样，或全部或断面，全部之大小不拘，断面宽一寸乃至三寸，其长皆为一尺。

标志：各粘纸条注明学名、俗名、产地、采集期及本人姓名。

以上至少须采集十种以上，且须并枝叶皮带来，又所裁尺码系用工部尺。

4. 压榨标本

取植物有花实者为佳，稍巨者则取枝叶压于粗纸中，俟干燥时以纸条粘附厚纸上。

（二）动物标本

1. 浸液标本

品种：如鱼虾蛙等及各动物内脏等。

装置：以瓶藏之浸以酒。

2．剥制标本

品种：如真正剥制尚难办到，暂采兽之皮毛、鸟之翼尾羽毛、蚕之丝茧等料。

装置：以纸包裹。

3．干制标本

品种：如昆虫蜘蛛之类。

装置：以帽头针钉于木匣，内装入少许樟脑。

4．贝壳标本

品种：如田螺蚌蛤之类。

装置：去肉取壳盛以木匣。

5．种子标本

品种：如蚕种、野鸟蛋、鸽蛋、鹅蛋等。

装置：以匣盛之内实以纸或糠。

以上每人至少须采集五种以上，各粘纸条注明学名、俗名、产地、采集期及本人姓名。

（三）矿物标本

1．矿物标本

种类：各就地方所出矿产不拘何种。

样式：大小多少不拘，大约以载入宽二寸长三寸深一寸之盒为佳。

标志：各粘条注明学名、俗名、产地、用途、采集期、已开采未开采、本人姓名。

2．岩石标本

种类：各就地方所出岩石不拘何种。

样式：同矿物标本。

标志：各粘纸条注明学名、俗名、产地、用途、采集期、本人姓名。

3. 土壤标本，如陶土之类。

种类样式标志同上岩石标本。

4. 化石标本

种类：如石燕、羊齿类化石等。

标志：同上岩石标本。惟样式须就自然形，不拘大小多少。

以上每人至少须采集五种以上。

（四）实物写生

物体过巨不能携带，可绘为图形并注明缩小之比例。

（五）古物标本

品种：如古代砖、瓶、鼎、爵之类，价格不贵，可由校酌买。

奖励方法：限入校时将各种标本缴事务室登记保存，由职教员考核成绩，评定等第，或汇编报告书。①

三　毛泽东等人的社会调查

湖南第一师范修学旅行的另一个重要内容就是"调查"。按照《湖南省立第一师范学校志》所载校章规定，调查的内容包括两项。

一、调查本县教育及乡土状况

本校遵照部令制定调查教育乡土各表分给学生，限于假期内实地调查，照式填注，以期精确而裨实用。

如有调查困难，无以着手之处，可暂付阙如，不必臆造，

---

① 《湖南省立第一师范学校志》，校章纪，1918，第76～80页。

以昭核实。

调查手续可借助于劝学所、视学员、教育会，及各学校、警察、团保、志乘等。

奖励方法：限入校时将各表册汇缴事务室，各职员考查成绩评定等第，并择尤揭示或送杂志或汇编报告书。

甲等乙赏一次　　乙等丙赏二次　　丙等丙赏一次。

二、调查本校毕业生状况

调查本校毕业生状况，或就假归调查，或就在城各校友调查，随时录其事实。

凡本校毕业生服务或升学之时期地点成绩薪赏与认担科目或死亡等项，均须一一详记于表。

各生将调查表册于到校时缴事务室，或随时呈缴。

奖励方法同上。①

毛泽东在湖南第一师范读书期间，十分重视社会调查。毛泽东与萧子升在1917年的7月结伴游学长沙、宁乡、安化、益阳、沅江五个县，行程达九百多里，历时一个月。在这次长途漫游中，二人未带一文钱，而采用写对联送人等方式解决食宿问题，得到了当地农民的友善欢迎和款待。并且，他们在游学中接触到了城乡社会不同阶层的人，感受到了不同的风土民情，获得了大量的新见闻和新知识。1918年春，毛泽东又与蔡和森沿洞庭湖，游学湘阴、岳阳、平江、浏阳几个县，历经半个多月，了解了大量的社会状况，深度学习了社会这本"无字书"。他们在游学途中甚至还深入讨论了组建新民学会的问题。②

---

① 《湖南省立第一师范学校志》，校章纪，1918，第76～77页。
② 中共中央文献研究室编《毛泽东年谱》，人民出版社、中央文献出版社，1993，第34页。

第四章

新民学会与湖南第一师范

新民学会的发起者主要是湖南第一师范的学生，新民学会的成员也大半为湖南第一师范学生。在五四新文化运动中孕育出新民学会，是湖南第一师范对近代中国的最大贡献。

第一节 "与闻杨怀中先生的绪论"

毛泽东等湖南第一师范师生创建新民学会主要有以下三个方面原因。一是发起诸人"只觉得自己品性要改造，学问要进步，因此求友互助之心热切到十分"。二是随着五四新文化运动的开展，"顿觉静的生活与孤独的生活之非，一个翻转而为动的生活与团体生活之追求"。三是"则诸人大都系杨怀中先生的学生，与闻杨怀中先生的绪论，作成一种奋斗的和向上的人生观，新民学会乃从此产生了"。①

一 日记中记录的"与闻"情况

杨昌济在湖南第一师范教书时，与学生在学术和思想上的交

----

① 中国革命博物馆、湖南省博物馆编《新民学会资料》，人民出版社，1980，第2页。

流，主要是通过课堂讲学和家庭聚会两种形式进行的。学生和同事的日记，是记录这种交流的最可靠和最具体生动的资料。在现存的日记资料中，有学生日记三种，即陈昌日记、张昆弟日记和罗学瓒日记；同事日记一种，即黎锦熙的日记。

陈昌1914年3月8日至4月23日的日记，记录了他4次听杨昌济讲课、1次课毕请教、3次到"板仓杨寓"听杨昌济的"绪论"的情况。

4次听杨昌济的讲课和1次课毕请教的情况如下：

3月9日：上午会杨师讲修身，谓见闻徒广乃知之次，必知微思辨方谓真知。余味斯言，较疾风淫雨之刺为更悚焉。盖见闻惟日不足，而思辨未曾问津，然则朝夕孜孜，所为何事，所学何为，遂默然欲从事于思辨。

3月11日：课毕，持生死之说请问杨师。师笑而不断，不过谓气化聚散无已时，诚死生亦大矣。寻示作日记之法，调余日记阅之。问：今日何日。对曰：十一日。曰：昨所记今日已行否？对曰：今日昧爽，即披服坐帐中，适〔萧〕子升兄来叫吾起，随离榻入自习室，阅字尚难分明，庶践昨志。退而自叹曰：若终岁行之不断，庶不玷杨师之赐问也。师又有详语，略云：字多谬误，乃汝之通弊，凡书后宜较对一次。此真吾药石之言，侯自后当严守以治一身惯疾。

3月16日：午前十一时，静听杨师讲修身。讲至人生观、宇宙观，须当与人共善共过。余闻之报报然而惭。余今年来得一妄想，择友慎，宜稀交。于是除至亲良师益友外，余觉皆为可恶的，此真悖理之甚。

3月23日：午前十一时，读杨师《修身讲义》，至责己一条，颇有疑惑。谓与责己之对待为自是，夫责己自是，余近年来持守颇严，至徒责己而毛〔毫〕不责人，余觉难得。……今闻师伸明责己之道，云："攻其恶，无攻人之恶""躬自厚而薄责于人""不怨天，不尤人"。余惊而醒，念得他人之恶，我若明攻之，他反以我为仇，暗疾之，彼不我知，真是杞人忧天，徒劳无益。不若和气待人，严格处己，庶他有感而同归于善也。

4月20日：十一时杨师授修身，将吕叔简（新吾）"观震定在震惊时"一语反复申明，总谓人有喜时不必过喜，忧时不必空忧，须要从从容容，以静处动。谢安歼灭投鞭断流之强符，此谁不大喜者。安仅曰："小儿辈已破贼。"桓温陡率大军入朝时，谁不大忧者，安独谈笑自若。汝看豪杰之喜忧，迥出平庸众。余听之仿若冲出迷尘。念得仓皇二字，真是临事之贼。究竟余今年来，稍知以从容二字吟咏，但终不得从容；或口从容身不从容，或身从容心不从容。至今日颇领得从容趣味。如手工一科，平日所痛诋者。下午连作三时，不觉厌倦，加之成器时，忽被窃去，仅付之一笑，并无疾言闷色。随即推演几何，反减其平日之难状。因作一语曰：从容静心，何事不成。

观此俨若得杨师一方，即医好我的病痛，真可谓妙药，亦可谓速效。吁！此实一朝之奋，一时之微也。若奋始怠终，只徒污秽一剂良药。宜严守之。

这类日记的特点是每次记录的内容比较单一，这是因为老师每次讲课的内容都是有一个主题的。

3次到杨昌济家中请教的情况如下：

3月29日：是日为礼拜。午前九时诣杨师就口授，其详载稿本。

4月12日：今日礼拜，叩杨师之门而就学，皆为口授，得益不少。大凡学者，当有刚毅之精神，谓希圣、希贤、希天，乃儒者分内事。因示余诗二首：〔（其一）〕仰首攀南斗，翻身倚北辰；举头天外望，无我这般人。（其二）廓然心境大无伦，尽此规模有几人；我性即天天即我，莫于微处记经纶。（仿佛若昨日谈天）

又云：人要学圣贤，此是好念头，有何不可。若以为不得，则尧舜之兢兢业业，周公之兼思三王，孔子之好古敏求，颜子之有为若是，孟子之愿学孔子之念，皆当克去矣（此系述辟〔陆〕子静之语）。

可知有希望方可成功，故亚力山大生平之至宝，惟一希望。

又谓读书当独居索处，休要朋友。

余谓读书休要朋友，讲习必要朋友。

又谓思谋当在辽阔清虚之地。子产为政时，有事常谋于乡间，曰谋于野则合，谋于邑则否。

读书不宜多，止要精。余闻之愧甚喜甚。余自八岁至十二岁时，异常懒惰。十二岁后亦不过照课程了事而已。近年来始知读书，然恨往昔之荒怠，遂急急茫茫〔忙忙〕，欲一时补其缺，不觉流于贪多寡要，皆读书之贼也。

述读书之法．云：凡谈〔读〕《论语》，不知有《孟子》；读"学而第一"，不知有"为政第二"。精益求精，得一了一。至哉斯言，余当拜之敬之。自后阅书，须思对照，庶不至愈精疲神，终日皇皇不得其要也。

又曰：静坐所以养神也。动中有静，所以能临事也。

4月19日：今日诣杨师处，授吾辈以古诗。云：激励奋迅，冲突〔破〕罗网，焚烧荆〔棘〕，荡夷污泽。又云：直须抖擞精神，莫要昏钝；孰能脱去凡近，以游高明。讲后继之以评语，谓人在流俗中能一跃跃出，方是个勇士。

又将二十年前《论语类钞》，说其大略，提出拾数字而阐其义，如食、贫、富、贵、贫贱、谷、饱安、知、位、获得、长戚戚、忧、老、怨尤、能、多、有、实、校、耻、忮求、滥、疚、惧、死。上所标皆世俗之病痛，长戚戚之病根，须一切克去，方则坦荡荡矣。

时〔萧〕子升问："心在腔子里"，何为？先生曰：此问题颇灵妙。心在腔子里，犹主人翁在室，有兄弟之乐，有奴仆之役使，何等舒缓，何等自在，非若流离异域，举目无亲之可望也。此辈不为物之要求，即为人之奴婢。谚云：在家千日好，出外一时难。故心不在腔子内，算不得一个自立之人。①

张昆弟1917年8月至9月的日记中，记录了3次到杨昌济家请教的情况。

8月22日：晚餐后至板仓杨寓，先生谓读书之要，在反复细读，抄其大要，不在求速求多，反毫无心得也。又谓向吾之理想生活进行，文章誉望，听之后人。又曰，不计较于现在之社会。又曰，势力不灭。又曰，渐蓄其力而乍用之。

9月8日：去年杨师谓余曰："克己之功夫（不）多，存养之功夫太少；须从存养多下功夫，则可免克己之苦矣。"谨受师教，已半年余矣。以性根恶劣，旧染依然，细考其原，无

①　王建宇整理《陈昌烈士未刊日记书信选》，原载中国人民政治协商会议长沙市委员会、文史资料研究委员会主编《长沙文史》（第14辑），1994；王兴国根据《陈昌日记》原件复印件进行了校订。

淡泊明志之决心也。今重铭师训，于存养多下功夫。存养功夫
之次第，以淡泊明志为第一着手处。

9月13日：晚饭后与邹〔彝鼎〕、熊〔汉光〕二君至板仓
杨寓，杨师为余辈讲《达化斋读书录》。日本茅源方山力兴爱
之哲学。余问肯特（孔特）社会学分动的静的之义，杨师曰：
静的社会学为社会之一切制度，具体的，平面的，空间的；动
的社会学者，为社会一切制度之变迁，流动的，立体的，时间
的。后又谈及美人做事务实。有一美人为总理清洁街道之事，
行务周至，省去许多之费及人工。对工人由仁厚和意，工人有
病，则代为请医买药，不取工人分文。工资则以一定之时间给
发，于是工人为之感动，乐为勤务。又谈美人铁路总公司某对
下人意气和厚，比利王初与相交，为之感动。及为王，待臣下
有一种和蔼之气。臣下问曰：王贵，何无骄傲之习？王曰：吾
学美人某某者也。厥后又谈及欧洲战事，俄人大败，说者归咎
俄之托尔斯泰等云。①

罗学瓒日记1917年11月4日记：

杨怀中先生尝谓学校功课过多之弊，就受教者方面言之，
则分散学生之注意力，亏损学生之体力，大有碍于国民智力之
发达。就教育方面而言，则对教材实质之优美，与教授方法之
得宜，以其无时预备也。其言诚可谓切中吾国教育之大病。②

---

① 刘万能编著《张昆弟年谱（1894—1932）》，湖南人民出版社，2015，第203~
218页。
② 中共湖南省委党史研究室、新民学会成立会旧址管理处主编《风华正茂的岁
月——新民学会纪实》，湖南人民出版社，2008，第19页。

陈昌、张昆弟、罗学瓒到杨昌济家请教的这些日记内容非常广泛，所讨论的问题也比较深入。

根据黎锦熙所言，1914 年，黎锦熙和杨昌济同住在浏阳门正街一个院子里。杨昌济组织了一个哲学研究小组。其成员包括杨昌济、黎锦熙、毛泽东、蔡和森、陈昌、萧子升、熊光楚、萧三等人。从 1914 年冬到 1915 年 9 月，毛泽东每逢周末都会前往杨昌济家讨论问题。哲学研究小组主要是读物介绍以及交流读书心得。杨昌济给读书小组推荐的读物有西洋哲学、伦理学以及宋明理学等。黎锦熙给读书小组推荐的读物主要是社会学研究。读书小组的每次活动，主要是谈论自己一周以来的读书心得，有时也会看看其他人的读书日记。"毛主席看过我的日记，他批评我议论太多，光是空谈论，缺乏实际行动。我也看过毛主席的日记，觉得毛主席的日记非常切实。毛主席对所讨论的问题能够深刻地分析，比其他人都要站得高看得远。毛主席在日记中都是记载着有关世界观、人生观，以及世界上发生的大事等等。毛主席对于杨怀中先生等人推荐的书，总是以批判态度去阅读。因此毛主席的读书心得很多，看问题深刻，对我们很有启发。杨怀中先生的《达化斋日记》，记载着哲学研究小组讨论的情况。"[1]

这里讲的与杨昌济等人住浏阳门正街一个院子里，正是指宏文图书社同人住的李氏芋园。关于哲学研究小组的事，不见他人所说。但是从黎氏所记日记看，当年毛泽东等学生在 1914 年至 1915 年期间，出入李氏芋园很频繁[2]，可证此事是确实的。毛泽东在《新民学会会务报告》（第一号）中说：新民学会的发起是民国四、五年（1915、1916），当时同学们经常讨论的问题是"个人生活向

① 王兴国编注《杨昌济集》，湖南教育出版社，2008，第 1202～1203 页。
② 王兴国编注《杨昌济集》，湖南教育出版社，2008，第 1204～1206 页。

上"的问题，相与讨论的人大概有十五人内外，讨论的次数大概在百次以上。① 这里毛泽东虽然没有谈及哲学研究小组，但是就其所涉及的时间和人物来看，实际上已经将哲学小组包括在内了。可以说，哲学研究小组的活动，实际上是新民学会筹备过程的重要部分。

二 杨昌济的"绪论"

杨昌济一直怀抱"欲栽大木柱长天"的伟大理想从事教育工作，所以他在第一师范学校教书时，便着意发现和培养学生中的英才。而他贯通古今和中西的渊博学识，也的确吸引了一大批嗷嗷待哺的青年学子。作为新民学会精神导师的杨昌济，给了他的学生一些什么"绪论"呢？大体来说，有以下几个方面。

1. 向上的人生观

杨昌济认为道德教育的目的就在于培养学生树立远大的理想和抱负，鼓励学生做有益于社会的正大光明的人。所以在他编写的《论语类钞》中，开篇第一章就是"立志"。杨昌济将儒家修身学说与近代资产阶级个性解放理论相结合，试图用儒家的"小我"与"大我"理论去预防资产阶级极端个人主义之弊病。杨昌济的观点影响了一批新民学会早期会员。毛泽东1914年写的《讲堂录》写道："理想者，事实之母也""高尚其理想（立一理想，此后一言一动皆期合此理想）""心之所之谓之志"。② 1917年8月23日，毛泽东在给黎锦熙的信中系统地阐述了他对于"立志"的见解。他说："真欲立志，不能如是容易，必先研究哲学、伦理学，以其所

① 中国革命博物馆、湖南省博物馆编《新民学会资料》，人民出版社，1980，第2页。
② 中共中央文献研究室、中共湖南省委《毛泽东早期文稿》编辑组编《毛泽东早期文稿》，湖南人民出版社，2008，第532页。

得真理，奉以为己身言动之准，立之为前途之鹄，再择其合于此鹄之事，尽力为之，以为达到之方，始谓之有志也。”因此，毛泽东认为，“十年未得真理，即十年无志；终身未得，即终身无志”。[①]蔡和森对“立志”也很重视。他说：“内有恢恢之志，外殊不尚硁硁之行；自信其心既正，将来有恶当前，必不少避而勇为之”。他还针对当时社会上的恶势力特别强调要立“恶志”。他希望“现在当得一班正人立恶志（杀坏人），说恶话，行恶事，打恶战，争恶权，夺恶位，加入恶界，时时以恶为缘，时时与恶战……然后将万恶纳入袖中，玩之掌上”。[②] 从毛泽东、蔡和森的言论可知，新民学会非常重视会员的“立志”问题。在学会成立以前，这批有志青年围绕着“个人及全人类的生活向上”所进行的百多次讨论，实质上就是如何使大家建立起一个“作成一种奋斗的和向上的人生观”的共同理想。

在杨昌济看来，光有志向还不能成为有道德的人，还须为实现这个理想而终身奋斗，还要付诸道德实践。他说：“盖君子之于修身，乃毕生之事，一息尚存，此志不容稍懈。”[③] 他还用自己的切身经验告诉他的学生：“吾无过人者，惟于‘坚忍’二字颇为著力。”[④] 杨昌济的这种“以久制胜”的坚忍精神，被学生称为“达化斋的法门”。学生争相仿效，并努力贯彻到实际行动中。例如，萧子升在谈到自己的学习计划时曾说：“现在既无三年机会，便延长时间至于六年十年再说，这是无可如何的。但我不是为我要求学的，一时做不到，我也不十分着急，不至于想起就要自杀，归根一

---

① 中共中央文献研究室、中共湖南省委《毛泽东早期文稿》编辑组编《毛泽东早期文稿》，湖南人民出版社，2008，第 74 页。

② 《蔡和森文集》，湖南人民出版社，1979，第 15 页。

③ 王兴国编注《杨昌济集》，湖南教育出版社，2008，第 250～251 页。

④ 王兴国编注《杨昌济集》，湖南教育出版社，2008，第 251 页。

句话，只好说是'以久制胜'（这是达化斋的法门）。"①

在当时那个政治腐败、利欲熏心的社会，不少读书人，其中包括杨昌济的一些熟悉的朋友，都无不以升官发财为荣，甚至不惜牺牲自己的政治品格，与封建军阀、官僚同流合污。杨昌济对此感到十分愤慨和痛心。有鉴于此，所以他始终以端正人心、改良风俗为己任，并且力图用自己的模范行动去感化学生。他的这种苦心孤诣的教育，赢得了学生们的尊敬，并且为他们所仿效。新民学会成立时，提出"以革新学术，砥砺品行，改良人心风俗为宗旨"，说明他的主张得到了学生们的赞成。新民学会还根据杨昌济的一贯主张，把"不虚伪""不懒惰""不浪费""不赌博""不狎妓"作为学会的纪律。杨昌济反对混世，提倡老老实实读书、做人，这也给新民学会会员以深刻印象。所以，学会的成员毕业以后，大多埋头教育工作，鄙弃谋官谋利。

2. 严谨的治学态度

杨昌济严谨的治学态度，给新民学会成员的影响也是深刻的。

首先，十分重视自学。他认为一个人不但要注意抓紧学校的学习，平时也必须养成自学的习惯，使自己不断地进步。他对于当时一些留学归来的学生回国后不再钻研学问的做法很不以为然。而他自己对于学问的探求，却坚持不辍。在长沙工作期间，他同时兼任三、四个学校的课程，教学任务十分繁重，但自学仍然十分刻苦。例如，1915 年 4 月 13 日的日记记载："昨日看斯宾塞尔《感情论》，又看《默堂学案》《豫章延平学案》未完。又看惠士奇《易说》《礼说》《春秋说》，又看船山《春秋家说》。"16 日，"昨日读船山《春秋家说》、惠士奇《春秋说》、《大中华杂志》第二号第三

---

① 中国革命博物馆、湖南省博物馆编《新民学会资料》，人民出版社，1980，第142～143 页。

号，译斯宾塞尔《感情论》"。① 又如同年 6 月的日记中，几乎每天都有"看英文伦理学"几页至几十页，和"看德文一句"的记载。杨昌济这种勤奋的自学精神，对新民学会会员的感染是很深的。这些青年学生在完成规定的功课以后，便如饥似渴地阅读课外书籍，寻找救国真理。暑假期间，学校不让学生住校，有的人便寄居在老师家中自学。新民学会的会员从学校毕业之后，除了少数人直接升入大学继续深造以外，大部分人都走上了工作岗位，或则从事教育工作，或则赴法国勤工俭学。他们在繁重的工作和社会活动之余，仍抓紧一切时间进行自学。例如，赴法国的会员在蒙达尼集会时，专门讨论"力学"的必要性有三条："（一）我们常识尚不充足。（二）我们同志中尚无专门研究学术者。（三）中国现在尚无可数的学者。"② 蔡和森到法国以后，"因校中功课浅，及求知欲切，决不上课，日惟手字典一册，报纸两页，以为常"③，经过 5 个月的学习就可以阅读法文书报了，且几乎没有生字。除了蔡和森以外，其他留法会员也"均以三分之二之时间直看书报，仍以三分之一研究法文，为基础的研究"④。由于社会活动过多影响了在国内的毛泽东的自学计划的执行，他表示非常遗憾，决心"以后想办到每天看一点钟书，一点钟报"⑤。杨昌济强调"读书之要，在反复

① 王兴国编注《杨昌济集》，湖南教育出版社，2008，第 647～648 页。
② 中国革命博物馆、湖南省博物馆编《新民学会资料》，人民出版社，1980，第141 页。
③ 中国革命博物馆、湖南省博物馆编《新民学会资料》，人民出版社，1980，第124 页。
④ 中国革命博物馆、湖南省博物馆编《新民学会资料》，人民出版社，1980，第138 页。
⑤ 中国革命博物馆、湖南省博物馆编《新民学会资料》，人民出版社，1980，第33 页。

细读，抄其大要，不在求速求多，反毫无心得也"①。这种读书方法，使这些学生在自学中得了不少好处。

其次，杨昌济倡导批判精神。他认为，对任何学派或者学说，都要做到批判吸收，不能一味继承。为此，他对清代宋学与汉学之争展开了评论，指出二者"各树一帜，互相非毁"，认为这是"门户之争"，因而宣布他自己本自宋学入门，而亦认汉学家考据之功。他认为"一国有一国之民族精神，犹一人有一人之个性也。一国之文明，不能全体移植于他国"②。因此，他要求学生要吸纳西洋的文明以利于自身，然后对外输出我们的文明以利于天下。既要广泛吸收人类的智识，也要发扬光大我们先民创造的文明。也只有如此之心态才能理性对待外来之物，知晓"何者当因，何者当革"。杨昌济的这种批判精神对新民学会的成员有着深刻的影响。例如，在1917年8月毛泽东给黎锦熙的信中说："怀中先生言，日本某君以东方思想均不切于实际生活，诚哉其言。吾意即西方思想亦未必尽是，几多之部分，亦应与东方思想同时改造也"③。毛泽东接受杨昌济的观点，主张批判地吸取中西文化遗产。蔡和森也接受杨昌济的观点。蔡和森在1917年9月与张昆弟交流中提出"多读新书"的主张；同时强调"旧书亦必研究""中国文化及一切制度，不必尽然，而西欧文化制度，用之于我，不必尽是。斟酌国情，古制之善者存之，其不善者改之；西制之可采者取之，其不可采者去之"④。毛泽东、蔡和森等人对如何吸取中西文化的观点，无疑是

---

① 刘万能编著《张昆弟年谱（1894—1932）》，湖南人民出版社，2015，第203页。

② 王兴国编注《杨昌济集》，湖南教育出版社，2008，第73页。

③ 中共中央文献研究室、中共湖南省委《毛泽东早期文稿》编辑组编《毛泽东早期文稿》，湖南人民出版社，2008，第73~74页。

④ 刘万能编著《张昆弟年谱（1894—1932）》，湖南人民出版社，2015，第205页。

对当时的"全盘西化论"和"保存国粹论"的有力否定，而这种思想正是杨昌济影响的结果。

最后，杨昌济比较重视学以致用和知行统一。他指出："知则必行，不行则为徒知；言则必行，不行则为空言。"[①] 杨昌济基于这种知行统一的立场，特别注重调查研究。他倡导大家积极参与到改良社会的活动之中，并号召大家积极从事物质生活资料的生产。这种思想也曾影响于新民学会的许多成员。例如，1917 年夏天，毛泽东和萧子升在暑假期间徒步九百余里，进入长沙、宁乡、安化、益阳、沅江五县开展调查。后又与蔡和森游学农村。蔡和森在 1918 年 6 月与毛泽东的书信往来中特别提到了"练习"的重要性。在蔡和森看来，"知"与"行"是一体的，因此需要将"储养"与"练习"相统一。他说："吾人今兹之所急者：一方要有适当之储养，一方要有适当之练习；得同时行之者，上也；一先一后者，次也；终于一才者下也。"[②] 1920 年，毛泽东也说："无论什么事有一种'理论'，没有一种'运动'继起，这种理论的目的，是不能实现出来的。湖南自治，固然要从'自治所以必要'，……等理论上加以鼓吹推究，以引起尚未觉悟的湖南人的兴趣和勇气。但若不继之以实际的运动，湖南自治，仍旧只在纸上好看，或在口中好听，终究不能实现出来。"[③] 正是新民学会会员重视实践、追求知行统一的品格，促成了绝大多数成员从湖南第一师范毕业就立刻投入"改造中国与世界"的斗争实践中。其中不少人通过长期的实践斗争，终于成为坚定的马克思主义者。

3. 顽强的体育锻炼

杨昌济对体育十分重视。体操、静坐和洗冷水浴等，他都无不

---

① 王兴国编注《杨昌济集》，湖南教育出版社，2008，第 246 页。

② 《蔡和森文集》，湖南人民出版社，1979，第 1 页。

③ 中共中央文献研究室、中共湖南省委《毛泽东早期文稿》编辑组《毛泽东早期文稿》，湖南人民出版社，2008，第 464 页。

带头实行。商专校长汤松知道他有冷水浴的习惯，吩咐事务员特制一个很深的椭圆形木盆，供他使用。他在自己家里也备一大木盆，叫杨开智和杨开慧坚持冷水浴。在杨昌济的大力倡导下，许多新民学会的会员都格外注重身体锻炼，也注意德智体相结合，甚至仿效他实行静坐和冷水浴。

1917年毛泽东写了一篇文章叫《体育之研究》，发表在《新青年》上。文章一开头就指出："国力荼弱，武风不振，民族之体质日趋轻细，此甚可忧之现象也。"在谈到德、智、体三育关系时，毛泽东指出："体育一道，配德育与智育，而德智皆寄于体，无体是无德智也。"[①] 不难看出，毛泽东关于德智体三者关系的观点，是直接受了杨昌济的影响的。毛泽东在文章中，还详细介绍了自己编的体操——六段运动。除了坚持每天做体操外，毛泽东还一年四季洗冷水澡。他认为"运动所宜注意者三：有恒，一也；注全力，二也；蛮拙，三也"[②]。

新民学会的会员大多像毛泽东这样酷爱体育锻炼。张昆弟在他的日记中就曾经记下蔡和森的一段谈话："余每日早四时半起，夜八时半睡。自四时半起即至天马山顶，静坐运动，至九时始下山；十时早食，早食后看书约二小时；下午或游走各处，或挖土种菜，间或看书，不以为正课焉；四时余午食，食后或静坐，或运动，或散步。每日冷水浴二次，早起后一次，临睡前一次。又于雷风雨烈之时，冒风雨而行，已练习数次，毫无风寒之感。上所言之事，已行之一月有余矣；今年下半期，拟常行之。"张昆弟听了蔡和森的这段话以后，在日记中写道："余闻之甚是之，蔡君盖锻炼意志锻

---

① 中共中央文献研究室、中共湖南省委《毛泽东早期文稿》编辑组编《毛泽东早期文稿》，湖南人民出版社，2008，第56~57页。

② 中共中央文献研究室、中共湖南省委《毛泽东早期文稿》编辑组编《毛泽东早期文稿》，湖南人民出版社，2008，第64页。

炼身体者也。……大丈夫独患无身耳，体强心强，何事不可为？余知蔡君之所本也。"① 这些都说明，毛泽东、蔡和森、张昆弟等人是为将来能够担当大任而自觉地进行体育锻炼的。张昆弟的日记中还曾记有他和毛泽东、蔡和森等人锻炼身体的生动情景。如 1917 年 "九月十六日。今日星期，约与蔡和森、毛润之、彭则厚作一、三日之旅行。……蔡君以值今日移居不果行。……三人遂沿铁道行，天气炎热，幸风大温稍解。走十余里休息于铁路旁茶店，饮茶解渴，稍坐又行。过十余里经大托铺，前行六里息饭店，并在此午饭，……饭后稍息，拟就该店后大塘浴，以水浅不及股止。遂至店拿行具前行，未及三里寻一清且深之港坝，三人同浴，余以不善水甚不自由。浴后，行十四里至目的地下，时日将西下矣。遂由山之背缘石砌而上，湘水清临其下，高峰秀挹其上，昭山其名也。山上有寺，名昭山寺。寺有和尚三四人，余辈以来意时晚，欲在该寺借宿，和尚初有不肯意，余辈遂有作露宿于丛树中之意，和尚后允借宿，露宿暂止。晚饭后，三人同由山之正面下，就湘江浴；浴后，盘沙对语，凉风暖解，水波助语，不知乐从何来也。久之由原路上，时行时话，不见山之倒立矣，……"② "九月二十三日。昨日下午与毛润之游泳，游泳至麓山蔡和森君居，时将黄昏，遂宿于此。……今日早起，同蔡毛二君由蔡君居侧上岳麓，沿山脊而行至书院后下山，山风大发，空气清爽，空气浴，太阳浴，胸襟洞彻，旷然有远俗之慨。归时十一句钟矣。"③ 在新民学会另一个著名成员罗学瓒的日记中，也记载有他们当时锻炼身体的情况。

---

① 刘万能编著《张昆弟年谱（1894—1932）》，湖南人民出版社，2015，第 204 页。
② 刘万能编著《张昆弟年谱（1894—1932）》，湖南人民出版社，2015，第 218～219 页。
③ 刘万能编著《张昆弟年谱（1894—1932）》，湖南人民出版社，2015，第 222～223 页。

在走向社会以后，新民学会的许多会员仍然注意锻炼身体。例如，蔡和森赴法以后，有一段时间旧病复发，他便决定恢复体操游息，"略如麓山故事"。罗学瓒给毛泽东的信中，在谈到蒙达尼会议的成就时，觉得有一个缺点，就是"还有一个最重大的问题没有讨论，就是各人的身体问题"，他觉得"中国读书人，一味注意读书，每每以身殉学，这种毛病，真可叹息（也可说是家庭社会和学校的环境太坏造成的）。"毛泽东在回信中同意罗的这种观点，说"身体诚哉是一个大问题。你谓中国读书人，以身殉学，是由于家庭、社会和学校的环境太坏造成的，这是客观方面的原因，诚哉不错。尚有主观方面的原因，就是心理上的惰性。如读书成了习惯，便一直读下去不知休息。……我的生活实在太劳了，怀中先生在时，曾屡劝我要节劳，要多休息，但我总不能信他的话。现在我决定在城市住两个月，必要到乡村住一个星期"。① 新民学会的会员如此认真地注意锻炼身体，为他们以后胜任艰苦的革命工作奠定了良好的基础。

杨昌济不仅在做人方法、治学态度、注重体育等方面给新民学会会员以深刻的影响，同时在政治态度方面也对学生们起着潜移默化的影响。例如，他提倡王船山的民族主义，反对帝国主义，特别是日本帝国主义对中国的侵略；提倡资产阶级的个性解放，宣传自由平等博爱，反对官僚、军阀的独裁专政；积极支持新文化运动，反对迷信、提倡科学，反对旧道德、提倡新道德；等等，都在新民学会会员中得到热烈的响应和支持。新民学会成立以后，组织湖南各界代表人物驱逐军阀张敬尧。这一进步运动，也得到了杨昌济的大力支持。

---

① 湖南省博物馆历史部校编《新民学会文献汇编》，湖南人民出版社，1980，第115～120页。

第二节　新民学会与湖南第一师范

新民学会不论是其创立还是壮大，都是以湖南第一师范师生为主体。这说明，新民学会实际上是由湖南第一师范在五四新文化运动中孕育出来的。

根据萧三在1918年4月14日新民学会成立那天的日记："新民学会今日成立。开成立会于对河溁湾寺（镇）侧刘家台子蔡君林彬寓。到会者：二兄（萧子升）及余（萧三）、何叔衡、陈赞周、毛润之（泽东）、邹彝鼎、张昆弟、蔡林彬（和森）、邹蕴真、陈书农、周明谛（名弟）、叶兆祯（以上皆第一师范同学）、罗傲阶（章龙，长郡中学毕业）诸君。未及到者：陈章甫（昌）、熊焜甫、周世钊、罗学瓒、李和笙（维汉）、曾以鲁、傅昌钰（现在日本东京高工）、彭道良诸君。以上皆基本会员。"① 所谓"基本会员"相当于现代人所说的"创会会员"，就是说，新民学会是由他们21个人共同发起的。

毛泽东于1913年考入湖南第四师范学校，1914年湖南四师并入湖南第一师范。1915年秋毛泽东发布了一个《征友启事》。关于此事，他在当年9月27日致萧子升的信中说："近以友不博则见不广，少年学问寡成，壮岁事功难立，乃发内宣，所以效嘤鸣而求友声，至今数日，应者尚寡。兹附上一纸，贵校有贤者，可为介绍。"② 在同年11月9日致黎锦熙的信中写道："两年以来，求友之心甚炽，夏假后，乃作一启事，张之各校，应者亦五六人。近日

---

① 湖南省博物馆历史部校编《新民学会文献汇编》，湖南人民出版社，1980，第166~167页。

② 中共中央文献研究室、中共湖南省委《毛泽东早期文稿》编辑组编《毛泽东早期文稿》，湖南人民出版社，2008，第26页。

心事稍快惟此耳。"① 可以说，征友启事是新民学会的滥觞。在和斯诺谈话时，毛泽东说他这个启事发布后，有三个半人回答，一个罗章龙，两个后来成了反动分子，半个是李立三。罗章龙和李立三都是长郡中学学生。1913 年罗章龙组织辅仁学社，主要是研究学术。正是因为他比较重视组织社团，所以很快就响应了毛泽东的《征友启事》，并且成了新民学会的创会会员。毛泽东在新民学会成立时被选为干事。

新民学会共有 78 个会员，其中湖南第一师范师生占 47 人。

第三节　湖南第一师范与新民学会
两次重要会议

所谓两次重要会议，一次指赴法勤工俭学新民学会会友 1920 年 7 月在蒙达尼召开的会议，一次指长沙会友在 1921 年 1 月召开的新年会议。这两次会议确立了学会"改造中国与世界"的宗旨，表明学会已经由一个"革新学术，砥砺品行，改良人心风俗"的学术团体转变成了政治团体。会议关于用什么方法实现学会宗旨的讨论中出现的不同意见，表明学会内部发生了政治性意见分歧。这种分歧的出现，标志着学会已经走到了它的尽头。事实也表明，在此后不久，学会也就自然而然地停止活动了。在这一过程中，湖南第一师范师生都起着主导的、关键的作用。

一　新民学会两次重要会议的由来

新民学会这两次重要会议，是由毛泽东发起的。还是在 1920

① 中共中央文献研究室、中共湖南省委《毛泽东早期文稿》编辑组编《毛泽东早期文稿》，湖南人民出版社，2008，第 28 页。

年 2 月，毛泽东在《致陶毅信》中就说："我觉得我们要结合一个高尚纯粹勇猛精进的同志团体。我们同志，在准备时代，都要存一个'向外发展'的志。"① 同年 3 月 14 日，毛泽东在《致周世钊信》说："老实说，现在我于种种主义，种种学说，都还没有得到一个比较明了的概念。"② 这表明，他这时讲的"我们要结合一个高尚纯粹勇猛精进的同志团体"，还是就如何完善和建设一个比较令人满意的新民学会而说的。

1920 年 5 月 8 日，毛泽东等 13 名新民学会会员在上海半淞园举行欢送会，送别陈赞周、熊昆甫、萧三、刘明俨、欧阳泽、张超等 6 人赴法勤工俭学；其余 7 人为毛泽东、魏璧、劳君展、周敦祥、彭璜、李思安、李声澥。这 13 人中，有一师师生 7 人。欢送会由新民学会评议会副委员长李思安主持。当大家对即将赴法的会友讲了许多祝福与期望的话之后，毛泽东便将他在与陶毅通信中提出的问题，向大家作了复述，并希望大家讨论。这样，"这日的送别会，完全变成一个讨论会了。天晚，继之以灯，但各人还觉得有许多话没有说完。"③ 毛泽东在《新民学会会务报告》（第一号）中，概括了这次半淞园会议大家讨论的内容：

1. 学会态度：

潜在切实，不务虚荣，不出风头。润之（毛泽东）主张学会的本身不多做事，但以会友各个向各方面去创造各样的事。

---

① 中共中央文献研究室、中共湖南省委《毛泽东早期文稿》编辑组编《毛泽东早期文稿》，湖南人民出版社，2008，第 418～419 页。
② 中共中央文献研究室、中共湖南省委《毛泽东早期文稿》编辑组编《毛泽东早期文稿》，湖南人民出版社，2008，第 428 页。
③ 中国革命博物馆、湖南省博物馆编《新民学会资料》，人民出版社，1980，第 9 页。

2. 学术研究：

都觉会友少深切的研究，主张此后凡遇会友三人以上，即组织学术谈话会，交换知识，养成好学的风气。

3. 发刊会报：

赞周、子暲（萧三）都谓会友相互间应有一种联络通气的东西，则会报甚为要紧，主张急切出版，但为非卖品，除相知师友外，不送与会外之人，大众无不赞成。拟就在上海发刊，推赞周担任征集在法会友的文稿，润之（毛泽东）担任在上海付印。后因湘事解决，会友归湘，遂缓发刊。

4. 新会友入会：

都觉介绍新会友入会，此后务宜谨慎，否则不特于同人无益，即于新会友亦无益。

5. 会友态度：

大概谓会友间宜有真意；宜恳切；宜互相规过；勿漠视会友之过失与苦痛而不顾；宜虚心容纳别人的劝戒；宜努力求学。

6. 不设分会：

学会前有在会友较多的地方设立分会之议，是日讨论，觉无设立的必要，设分会反有分散团结力之嫌。如巴黎等会友较多之处，可组织学术谈话会，定期会集。①

在半淞园会议结束之时，委托赴法的萧三、陈赞周将这次会议讨论的内容给在法会友传达，并希望他们也进行讨论。

二 湖南第一师范师生与新民学会蒙达尼会议

1920年6月16日，萧三、陈赞周等人到达法国巴黎。18日，

① 中国革命博物馆、湖南省博物馆编《新民学会资料》，人民出版社，1980，第8～9页。

他们与萧子升、蔡和森等相见，萧、陈详细介绍了半淞园会议的情况，并确定 7 月 5 日在法国各地的新民学会会友到蒙达尼聚会，讨论会务进行方针等问题。

7 月 5 日，在法新民学会成员相聚于蒙达尼，其中湖南第一师范师生 11 人。此外，还有勤工俭学励进会的颜昌颐、李富春等，合计 20 多人。7 月 6 日开会，会议共五天。会议内容：第一日，个人感想（最近新知）；第二天，会务进行；第三天，会务进行（上午），求学方法（下午）；第四天，求学方法（上午），个性批评（下午）；第五天，个性批评并对于未到会之会员个性介绍。

会上大家决定，会务进行之方针在"改造中国与世界"，这是所有参会的会员一致同意的。但是在讨论改造的方法时，却出现了分歧。这种分歧以蔡和森和萧子升为代表，一个主张俄式的社会主义暴力革命，一个主张温和的革命——以教育为工具的革命。

蔡和森虽然到法国只有半年多的时间，但是通过"猛看猛译"，很快就确立了他的马克思主义革命观。他在会上简明扼要地介绍了他的信仰："社会主义必要之方法：阶级战争——无产阶级专政。……故阶级战争质言之就是政治战争，就是把中产阶级那架机器打破（国会政府），而建设无产阶级那架机器——苏维埃。……我以为先要组织党——共产党。"[①]

对于蔡和森的观点，萧子升和李维汉明确表示反对。萧子升说："世界进化是无穷期的，革命也是无穷期的，我们不认可以一部分的牺牲，换多数人的福利，"[②]

李维汉在会后致毛泽东的信中说："俄国式的革命，我根本上

---

① 中国革命博物馆、湖南省博物馆编《新民学会资料》，人民出版社，1980，第 129～130 页。

② 中国革命博物馆、湖南省博物馆编《新民学会资料》，人民出版社，1980，第 137 页。

有未敢赞同之处，但也不反对人家赞成他，或竟取法他，说来很长，且待研究。"① 在 1979 年发表在《历史研究》第 2 期的《回忆新民学会》一文中，李维汉说："我在会后写给毛泽东同志的信中说：'俄国式的革命，我根本上有未敢赞同之处。'现在回忆起来，就是反映了当时对这一根本点缺乏认识。"文章又引述他致毛泽东的信中说"要多读书，多考察，多与友人研究后，再说"，认为这"表现出思想的可变性"。②

李维汉在《回忆新民学会》一文中又说："和森提出的主张，对于多数与会者，特别是临开会前才到达蒙达尼的人们来得比较骤然，缺乏充分考虑的时间，因此对于两种相对立的主张，在会上没有能展开讨论。"③ 这一说法是有道理的。

由于会议上意见分歧大，于是大家一致同意，将会议内容整理寄给毛泽东等国内会友，征求大家对这个问题的看法。

会议在讨论学会进行方法时，一致同意半淞园会议确定的"潜在切实，不务虚荣，不出风头"。并且讨论了如何合居和分工所阅之书报。

会议最要、最有味的时刻是"个性批评与介绍"。

（和森）坚强防僻。（焜甫）须去寒士气。（赞周）分析力强，须防无条理。（子暲）活泼有孩气。（芝圃）严正防简单。（和笙）精细。（荣熙）宽厚而官能欠灵动。（子昇）周到有条理，防狭隘。（警予）温良防躁急。（季光）从容不迫。（叔彬）

① 中国革命博物馆、湖南省博物馆编《新民学会资料》，人民出版社，1980，第 143~144 页。
② 中国革命博物馆、湖南省博物馆编《新民学会资料》，人民出版社，1980，第 478 页。
③ 中国革命博物馆、湖南省博物馆编《新民学会资料》，人民出版社，1980，第 477 页。

自信力强，欠灵动。（咸熙）颇强固。（玉山）温和但有女性。

总结，我们个性都有极弱处，也都有极强处，充分发展各人的极强处，就是补救弱处的一方法。

此外，对未在法国的会友的个性，亦由相知者提出向新会员介绍。①

三　湖南第一师范师生与新民学会长沙新年会议

《新民学会会务报告》（第二号）是这样记叙的：1921 年元旦头三天，大雪满城，景象簇新。留在长沙的新民学会会员顶着寒风、踏着积雪，在文化书社召开了新年会议。他们第一天上午 9 时半至 11 时半开会，第二天上午 9 时半至下午 2 时（每人交餐费 2 角），第三天上午 9 时半至 11 时半。最后一天大家到湘江沙滩空旷处合影，此时风雪更大了，照出的相片模糊不清，不能留作纪念。

出席会议会友为：何叔衡、毛泽东、任培道、陶毅、易克勋、易礼容、邹蕴真、陈昌、张泉山、陈子博、钟国陶、贺延祜、彭璜、熊瑾玎、刘继庄、李承德、周世钊、陈启民、蒋竹如、罗宗翰、谢南岭、夏曦、吴毓珍、吴家瑛、唐耀章等 25 人。其中一师师生 13 人。

会前由学会职员何叔衡、周世钊、毛泽东、熊瑾玎、陶毅等，先期商定开会手续，发出一张通告：

> 我们学会久应开会，因种种原因没有开成，今定从十年（1921）一月一号起接连开会三天，为较长期的聚会，讨论下

---

① 中国革命博物馆、湖南省博物馆编《新民学会资料》，人民出版社，1980，第 139 页。

列各种问题：

1. 新民学会应以甚么作共同目的；

2. 达到目的须采用甚么方法；

3. 方法进行即刻如何着手；

4. 会友个人的进行计划（自述）；

5. 会友个人的生活方法（自述）；

6. 学会本体及会友个人应取甚么态度；

7. 会友如何研究学术；

8. 会章之修正及会费之添筹；

9. 新会友入会的条件及手续（附出会问题）；

10. 会友室家问题；

11. 个性之介绍及批评；

12. 会友健康及娱乐问题；

13. 学会成立纪念问题；

14. 临时提议。

上列各项问题，或为巴黎会友所提议，或为此间同人所急待解决，请各人先时研究准备，以便于开会时发表意见，而期得到一种适当的解决。①

1921 年 1 月 1 日开会，由何叔衡任主席。主席请毛泽东报告开会理由及学会经过。毛君"遂将两年来学会会友在国内国外各方面做事求学情形，大略报告一遍"。

三天会议实际上是集中讨论通知所说的前三个问题，即"新民学会应以甚么作共同目的""达到目的须采用甚么方法""方法进行

---

① 中国革命博物馆、湖南省博物馆编《新民学会资料》，人民出版社，1980，第15～16页。

即刻如何着手"。

第一天会议主要讨论共同目的。熊瑾玎说："目的之为改造中国与世界，新民学会素来即抱这种主张，已不必多讨论了。"毛泽东不以为然，他说这个问题还有讨论的必要。[①]

在蒙达尼会议上，对共同目的这个问题没有展开讨论，长沙新年会议加以讨论，表明学会会友对共同目的的认识，又进了一步。经过讨论，在当天与会的 19 人中，除有 1 人赞成以"促进社会进化"为目的，有 1 人对"改造中国与世界"和"促进世界进化"都表赞成，有 2 人不表态，其余 15 人均主张以"改造中国和世界"作为新民学会的共同目的。新年会议第二天关于"达到目的采用什么方法"的讨论开始时，毛泽东报告了巴黎方面蔡和森的提议，并且说："世界解决社会问题的方法大概有下列几种：1. 社会政策；2. 社会民主主义；3. 激烈方法的共产主义（列宁的主义）；4. 温和方法的共产主义（罗素的主义）；5. 无政府主义。我们可以拿来参考，以决定自己的方法。"

关于"达到目的采用什么方法"的讨论，有 18 人发言。表决结果是，"赞成布尔失委克主义者 12 人，赞成德谟克西者 2 人，赞成温和方法的共产主义者 1 人，未决定者 3 人"[②]。与蒙达尼会议关于这个问题的讨论相比，可以看出，经过将近半年的学习，学会在长沙的会友，对"达到目的采用什么方法"这个问题的认识有了很大的进步，赞成急进方法的人越来越多，对问题的认识也更加深刻。

会议第三天讨论"方法进行即刻如何着手"问题。通过讨论，

---

① 中国革命博物馆、湖南省博物馆编《新民学会资料》，人民出版社，1980，第 17～18 页。
② 中国革命博物馆、湖南省博物馆编《新民学会资料》，人民出版社，1980，第 22～26 页。

大家最后决定如下着手方法：

    1. 研究及修养：

        A. 主义；

        B. 各项学术。

    2. 组织：

        组织社会主义青年团。

    3. 宣传：

        A. 教育；

        B. 报及小册；

        C. 演说。

    4. 联络同志。

    5. 基本金：组织贮蓄会。

    6. 基本事业：

        A. 学校（又夜学）；

        B. 推广文化书社；

        C. 印刷局；

        D. 编辑社；

        E. 通俗报；

        F. 讲演团；

        G. 菜园。[1]

这些方法表明，新民学会不但已经由一个学术团体转变成政治团体，而且已经成为革命团体，开始采取了种种实际的革命步骤。

---

[1] 中国革命博物馆、湖南省博物馆编《新民学会资料》，人民出版社，1980，第28～29页。

第五章

湖南第一师范与五四时期
湖南的政治运动

湖南第一师范师生在五四时期的政治运动,特别是湖南的政治运动中,发挥了巨大的作用,这种作用主要表现在五四爱国运动、湖南人民驱逐北洋军阀张敬尧的运动以及随后发生的湖南自治运动中。

第一节　湖南第一师范与五四运动

湖南第一师范师生在五四爱国运动中,充分发挥了积极主动的战斗精神。

一　匡互生火烧赵家楼

匡互生(1891~1933),字人俊,号日休,湖南邵东人。幼年在乡学读书时练就一身武术。1910年到长沙入驻省邵阳中学读书。1911年武昌起义胜利后,匡互生毅然扛起长枪投入攻打巡抚衙门的战斗。1915年考入北京高等师范学校专攻天文学。1919年初将学生组织的同言社改组为工学会,提倡工学合一并出版《工学》杂志。1919年5月4日,爆发了伟大的五四爱国运动。他是这次运动的策划者之一，与傅斯年、段锡朋等组织了天安门大会和会后游行，并且率先冲入曹汝霖住宅，火烧赵家楼。关于匡氏在五四游行中的作用，各种有关五四运动的历史著作一般都有叙述，此处就不再重复了。匡氏在1925年曾写过一本《五四运动纪实》的小册子，对整个过程有比较详细的记述，摘述如下。

1. 示威运动提前举行的议决。北京各校全体学生本来有一种五月七日举行示威运动的预备。不料自五月一日起，由巴黎和会传到北京的消息一天险恶一天。到了五月三日，由几家报纸和几个外国教员宣传的消息，竟说中国的外交已完全失败，并说失败的原因完全在曹汝霖、章宗祥、陆宗舆等秘密订定的高徐（高密至徐州）、济顺（济南至顺德）两路借款合同的换文上所有的"欣然承诺"四个大字上面。因为"二十一条"的承认还可以说是由于最后通牒压迫的结果，在以谋永久和平相标榜的和会场中可以借着各国的同情把全案推翻的，但日本的外交家却能立刻拿出中国专使所未曾知道的密约换文上所有的"欣然承诺"四个字来作非强迫承认的反证，来作钳制中国专使的口的利器。这一个消息宣传以后，北京所有的学生除了那些脑筋素来麻木的人以外，没有不痛骂曹、章、陆等没有良心的，没有不想借一个机会来表示一种反抗的精神的，因空气这样紧张的缘故，大家就有提前举行示威运动的提议。于是五月四日举行游街大会的议案就由各校代表会议议决了。

2. 各小团体的会议及激烈举动的预备。在提前举行示威运动的议案决议的前后，各学校的小团体都有一度的会议。五月三日那一夜，北京高师的工学会开全体会议，由会员提议讨论"对于中日的示威运动，本会应取何种态度？"大多数主张采用激烈的手段去对付那几个仰日本军阀的鼻息，作国内军阀的走狗，并且惯以构成南北战争以快私意的曹、章、陆，就决定次日联络各学校的激烈分子，伴大队游行至曹、章、陆等的住宅的时候，实行大暴动，并一面派会员先将曹、章、陆等的住宅的门牌号数调查明白，以便直接行动。于是五月四日早晨凡在各校主张激烈的分子就由这个工学会的代表实地联络的结果，暗中已心心相印了。到了四日上午十时，中等以上各校的代表在法政专门学校议决：本日下午一时各校全体学生同到天安门外聚齐，举行示威运动的消息传到了各校，各校的热烈分子——二十人以内——都有相当的准备，甚至于有连身后事都向亲密的朋友商托好了的！这个时候，我见着几个同学那种决意为反抗强权，反抗人类的蟊贼而牺牲的激昂慷慨的态度，我只觉得有同往牺牲的快乐，绝无丝毫恐惧和苟且偷生的念头。

3. 天安门集合和向东交民巷各国公署交涉的经过。五月四日下午一点钟的前后，到天安门集合的，共有十三个学校的学生。当时各人手中所持的旗帜，都写上什么"废止二十一条"，什么"卖国贼曹某章某"，什么"反对强权"，什么"抵制日货"一类使人不起注意的字样。因此当时政府派出在学生队伍前后巡逻的侦探虽然很多，却也一点摸不到头脑。不惟他们看不出学生们有痛打曹章等的决心，并且也不相信学生们会有什么暴动的——老实说，最大多数的学生，实在没有这种预备的。可是当时大家都以为须全队赴东交走过，方才可以对外人表示中国民众的一种公意，就决定向东交民巷出发。不料东交民巷外国守卫队，竟不让通过，虽由代表再三向英、美、法、意各国公使署交涉，因辛丑条约的束缚，终没有允许通过的可能！于是素不感觉外力欺压的痛苦的人们，这时也觉得愤激起来了！"大家往外部去，大家往曹汝霖家里去！"的呼声真个响彻云霄。这时候，无论怎样怯懦的人也都变成了一些有勇气的人了！

　　4. 大队沿街狂呼的景象和围攻曹宅痛打章宗祥的详情。大队在东交民巷被阻，自一点半钟起至三点半钟止，足足停立了两个钟头之久。最后就由大家决定改道向曹汝霖家里走去。这时候负总指挥的责任的傅斯年，虽恐发生意外，极力阻止勿去，却亦毫无效力了。大队经过东长安街往赵家楼的时候，沿途都高呼卖国贼曹汝霖，卖国贼章宗祥，卖国贼陆某、徐某、段某和其他骂政府的话。这时候群众的各个分子都没有个性的存在，只是大家同样唱着，同样走着，不到四点半钟的光景，就全体走到赵家楼曹汝霖的住宅前面了。当走到曹宅前面的时候，大多数的学生都从墙外把所持的旗帜抛入墙内，正预备着散队回校时，而那些预备牺牲的几个热烈同学，却乘着大家狂呼着的时候，早已猛力地跳上围墙上的窗洞上，把铁窗冲毁，滚入了曹汝霖的住宅里去。这时曹汝霖宅内的十几个全身武装的卫兵，已被外面的呼声鼓掌声震骇，并且受了跳窗进去的同学的勇猛的感动，已丧失了用武的胆量和能力，只得取下上好的利刀，退出装好的子弹，让继续跳进去的五个同学从内面把那紧闭重锁的后门打开！后门打开之后，如鲫如鳞的群众就一拥而入。对着后门立着的一块木屏，被一个人猛力地踢倒在地，发出轰然的一声。在宅外和立在后面狂呼地学生听着，以为里面放枪了，就倒退了几十步。后来，由里面出来的学生报告发声的不是放枪，倒退的人再向前进，一同进到被老早进去的同学打得落花流水的曹宅，来看那些同学放火。因为他们到处搜不出那确实被大家证明在内开会未曾逃出的曹汝霖、陆宗舆、章宗祥，只得烧了他们借以从容商量作恶的巢穴，以泄一时的忿怒。可是在曹宅西院火光初现时候以前，在曹汝霖的小老婆和父亲被大家交给在的警察带出的时候以后，忽然在东院房间的木桶里走出一个身着西装面像日人的人，被一个同学赶上前去用一根旗杆劈头一击，那人就倒身在地佯作身死，于是动手打他的人就往后走出，而一时"曹汝霖已经被大家打死了"的喊声就传遍了内外，胆怯的学生就乘机回校避祸去了。但是一些热烈的学生们却争先恐后的去看那被打死的人，以证实当时的传言是假是真；哪里知道那佯作身死的人已乘机逃到外面一间皮蛋店去躲藏好了。后来却被另一批搜寻曹章的人在一间皮蛋店里面的一间黑屋的床上又把曾经被打装死的人搜寻出来，大家就拉住他两只脚从那间黑暗屋里倒着拖到那皮蛋店的门口，同声地问他是什么人，他总是绝对地不作声，大家耐不过，就各用那手中所持长不满尺的小旗杆向着他的面孔上乱打横敲，而那些手中没有武器的学生就只得权借皮蛋作武器向被打的人头上打中了几十百把个皮蛋，于是死不作声的被打的头上只见满面的鲜血和那塞满了耳目口鼻的皮蛋汁了。不过同时却有一个真正的日本人负重伤出死力替他保护，大家因此颇怀疑那被打的人是日本人，所以不曾把他打死，因为那天到场参观的西洋人和日本人实在不少。很有令人怀疑的原因哩。那里知道他正是那一个向日本政府亲递那封有"欣然承诺"四字的换文的驻日公使，新回中国运动承认直接交涉的章宗祥！到了这个时候，已经五点三刻了，尚在看热闹的学生委实只有几十百把个人了，而那些攻打曹宅用力过多的人，这时多半也已经精疲力竭地跑回学校休息去了。正当大队学生已继续散去的时候，赵家楼一带已开到了好几排军队，于是那些起初对学生很"客气"的警察也胆大起来，并且也都扳起面孔，吹起警笛开始协同军队捕人了！①

① 中国社会科学院近代史研究所近代史资料编辑组编《五四爱国运动》（上），中国社会科学出版社，1979，第493～496页。

1919 年夏，匡互生毕业于北京高师，回湖南在长沙楚怡小学任教。1920 年他参加湖南各界驱逐都督张敬尧运动和湖南自治运动。之后，应聘于湖南省立第一师范学校，任教务主任，主张民主办校。还聘请一师附小教师毛泽东到一师任教。匡互生还参加了新民学会，与毛泽东共同成立文化书社。

1925 年春，匡互生与夏丏尊、丰子恺等人在上海虹口创办立达中学，是年秋又在江湾租地建舍，改名为立达学园。

二 毛泽东与湖南五四运动

毛泽东是湖南五四运动的领袖，他不仅指导和组织了湖南学生联合会的成立，而且担任了湖南学联机关刊物《湘江评论》的主编，主导了五四时期湖南舆论的方向。

1. 指导湖南学联的重建

早在 1918 年 5 月，为反对段祺瑞政府与日本签订卖国的《中日共同防敌军事协定》，中国的留日学生全体进行罢课，湖南学生也同时举行了请愿废约运动，响应并成立了学生联合会。不过组织很不健全，没发挥什么作用，以后就自行消亡了。

1919 年北京五四运动爆发后，5 月 7 日长沙学生举行了"五七"国耻纪念游行，被张敬尧军警强行解散。5 月中旬，北京学生联合会派邓中夏到湖南联络，向毛泽东、何叔衡等介绍北京学生运动的情况，并商讨恢复和改组原湖南学生联合会问题。5 月 23 日，毛泽东约蒋竹如、陈书农、张国基等到第一师范后山操坪，商谈响应北京学生反帝爱国运动，与北京学生采取一致行动问题。议定：每一学校推举一个或两三个代表，于 25 日上午到楚怡小学开会。连日来，毛泽东到一师、商业专门学校、明德中学等校进行活动，向学生骨干提出：（1）反帝爱国方向要明确，力争山东主权完整，反对北洋政府卖国政策；（2）要有统一组织，使力量集中；（3）要准备对付张敬尧所施加的压迫。5 月 25 日，毛泽东同蒋竹如、陈书农等与各校学生代表易礼容、彭璜、柳毓等二十余人在楚怡小学开会。由毛泽东介绍邓中夏与各校代表见面。邓中夏报告北京学生运动发展经过，希望湖南学生实行总罢课，声援北京学生。会议决定：成立新的湖南学生联合会；发动学生总罢课，以推动反帝爱国运动。①

　　湖南学生联合会选举的结果，开始是法律专科学校的夏正献任会长，商业专科学校的彭璜任副会长，不久，夏正献辞职，由彭璜任会长。一师学生蒋竹如任干事部部长。彭、蒋都是新民学会成员。毛泽东任学联文牍股干事。湖南学联成立后，颁布了章程并刊登在《大公报》上。章程共十章十六条，规定湖南学联宗旨是"爱护国家，服务社会，研究学术，促进文明"。章程规定参加学联会员的条件如下："（1）省会中等以上学校肄业及毕业学生，均为本会会员；（2）各属及省外国外中等以上学校肄业或毕业之湘籍学生加入本会者，为本会会员，同时章程还规定了特别会员和赞助会员；（3）各校教职员参加本会者为特别会员；（4）凡赞助本会宗旨，热心捐助，经会员三人以上之介绍得本会之认可者，为赞助会员。"学联的会址当时暂假省教育会后面，后改为落星田湖南省商业专门学校内。6 月 2 日，湖南学生联合会召开了全体学生大会，与会者一致同意从 6 月 3 日起进行全省罢课，并发表《罢课宣言》，宣称："湖南学生出于良心之感发，鉴于时事之要求，决议自六月三日起，全体罢课，力行救国之职责，誓为外交之后盾。"之后，湖南第一师范、长沙师范、湘雅医学校等校学生率先罢课，全省各地学生纷纷响应。起先，罢课只限于中学部，随后小学部最高班也

---

① 中共中央文献研究室编《毛泽东年谱》，人民出版社、中央文献出版社，1993，第 41 页。

主动参加了。在男校罢课的同时，女校也加入罢课行列。学联还组织了十人团、剧团四处宣传爱国运动。

6月12日，学生自动放假，抵制日货成为学联的中心任务之一。他们改变了国货维持会原来"维日货"而不"维国货"的做法，加强了其领导作用，派遣众多的调查员分驻长沙各日货较多的行业，和工人、店员积极配合，查出日货即行封存，限期拍卖完毕。对于偷运日货的商人，给予说服教育，视其情节轻重给予罚款。湖南通过抵制日货加强了与工界的联合。7月9日，学联发起成立湖南各界联合会，参加者来自30多个行业。当时抵制日货运动几乎是人人参与，连小孩也参加了，可谓深入人心、气势浩荡。日商戴生昌公司的轮船无人乘坐，常常空船往返。尽管该公司再三宣布减价甚至不收船费，赠送香烟、毛巾，还是无人问津。

湖南学联还掀起了研究新思想的新文化运动。在学联的领导下，长沙各校出刊多达十几种，著名的有湘雅医学专门学校及雅礼大学学生出版的《新湖南》、周南女校的《女界钟》、长郡中学的《长郡周刊》、明德学校的《明德周刊》、高等工业学校的《岳麓周刊》、甲种工业学校的《甲工周刊》。学联则出版了以毛泽东为主编的《湘江评论》。当时还组织了学生周报联合会，由《湘江评论》主编毛泽东、《岳麓周刊》主编曹典琦、《甲工周刊》主编符狄梁、《明德周刊》主编唐耀章和《新湖南》主编龙伯坚等人组成，龙任总干事。①

这一届的湖南学联被张敬尧于1919年8月解散。

1919年11月16日，为了发动和领导驱张运动，成立了第三届湖南学联。重新恢复的学联选举法律专科学校的徐庆誉为会长，湖南第一师范的张国基为副会长，蒋竹如继续任干事部部长。

2. *彻底地不妥协地反帝反封建*

毛泽东在《新民主主义论》中说："五四运动的杰出的历史意

---

① 《五四运动在湖南　回忆录》，湖南人民出版社，1979，第162页。

义，在于它带着为辛亥革命还不曾有的姿态，这就是彻底地不妥协地反帝国主义和彻底地不妥协地反封建主义。"① 这一论断既是对五四运动的科学评价，也符合毛泽东本人当时的思想情况。毛泽东在五四时期主编的《湘江评论》上所发表文章和就长沙赵女士自杀所发表的一组文章，就鲜明地体现了这一特点。

其一，彻底地不妥协地反对封建主义。

首先，是对以"三纲"为主要内容的封建礼教的批判。在《〈伦理学原理〉批注》中，毛泽东就曾经说过："吾国之三纲在所必去。"② 在《健学会之成立及进行》一文中，他在分析戊戌变法的不彻底性时指出："那时候的思想，是以孔子为中心的思想。……于孔老爹，仍不敢说出半个'非'字。甚且盛倡其'学问要新道德要旧'的谬说，'道德要旧'就是'道德要从孔子'的变语。"③ 因此，他当时极力反对康有为等人鼓吹的尊孔谬论。在《各国没有明伦堂》中，毛泽东说："康有为因为广州修马路，要拆毁明伦堂，动了肝火，打电给岑（春煊）伍（廷芳），斥为'侮圣灭伦'。说，'遍游各国，未之前闻。'康先生的话真不错，遍游各国，那里寻得出什么孔子，更寻不出什么明伦堂。"④ 毛泽东的这段话言简意赅，一针见血指出了尊孔是违背世界潮流和时代潮流的。毛泽东还指出，康有为之所以反对拆毁明伦堂，实质上是要维护封建主义的三纲。他在《什么是民国所宜?》中说："康先生又说，'强要拆毁，非民国所宜。'这才是怪！难道定要留着那'君为

① 《毛泽东选集》（第2卷），人民出版社，1991，第699页。
② 中共中央文献研究室、中共湖南省委《毛泽东早期文稿》编辑组编《毛泽东早期文稿》，湖南人民出版社，2008，第132页。
③ 中共中央文献研究室、中共湖南省委《毛泽东早期文稿》编辑组编《毛泽东早期文稿》，湖南人民出版社，2008，第334页。
④ 中共中央文献研究室、中共湖南省委《毛泽东早期文稿》编辑组编《毛泽东早期文稿》，湖南人民出版社，2008，第299页。

臣纲''君君臣臣'的事，才算是'民国所宜'吗?"① 辛亥革命
后，皇帝被赶下台了，"君为臣纲"也就失去了意义，尽管袁世凯、
张勋之流先后演出了两次帝制复辟的丑剧，但均以失败而告终。这
说明共和思想深入人心，"君为臣纲"失去了存在的基础。但是
"父为子纲""夫为妻纲"的封建思想却仍然根深蒂固地盘据在人们
的头脑。所以，当时毛泽东批判的矛头，主要指向这两个方面。毛
泽东认为，"三纲"是压抑个性、否定人格平等的。他在《赵女士
的人格问题》一文中指出："人格这件东西，是由于对手方面的尊
崇才有的。他的先决问题，是要意志自由。……在西洋，一个人的
父母，和他子女的意志自由是不生影响的。西洋的家庭组织，父母
承认子女有意志自由。中国则不然，父母的命令，和子女的意志完
全不相并立。"② 这样，毛泽东从理论上揭示了"三纲"的反动本
质。毛泽东进而指出，"三纲"之所以顽固存在，女子所以不自由，
是与社会制度的腐败分不开的。他在《对于赵女士自杀的批评》中
指出："一个人的自杀，完全是由环境所决定。赵女士的本意，是
求死的么? 不是，是求生的。赵女士而竟求死了，是环境逼着他求
死的。赵女士的环境是：（一）中国社会，（二）长沙南阳街赵宅一
家人，（三）她所不愿意的夫家长沙柑子园吴宅一家人。这三件是
三面铁网，可设想作三角的装置，赵女士在这三角铁网当中，无论
如何求生，没有生法。生的对面是死，于是乎赵女士死了。"在同
一篇文章中，毛泽东主张"吾们讨论各种学理，应该傍着活事件来
讨论"。通过赵女士自杀这一活事件，他看出："这件事背后，是婚

---

① 中共中央文献研究室、中共湖南省委《毛泽东早期文稿》编辑组编《毛泽东早
期文稿》，湖南人民出版社，2008，第 300 页。

② 中共中央文献研究室、中共湖南省委《毛泽东早期文稿》编辑组编《毛泽东早
期文稿》，湖南人民出版社，2008，第 378 页。

姻制度的腐败，社会制度的黑暗。"① 那么在制度中最关键的东西是什么呢？毛泽东在《女子自立问题》中指出，是经济关系："男女的关系，依现代主张，应以'恋爱'为中心，恋爱以外，不能被支配于'经济'。所以现代的主张是，'经济各自独立，恋爱的儿公共'。现代以前则不然，都不知有所谓'恋爱神圣'的道理，男女之间，恋爱只算附属，中心关系，还在经济，就是为资本主义所支配。"② 这段话尽管不很精当，但他毕竟开始看到了社会经济关系对社会政治关系和伦理关系的制约作用。因此，要彻底否定封建礼教思想，就不能光停留在伦理革命等思想范畴之内，还必须进行政治革命和经济革命。毛泽东这时虽然还没有认识到这一点，但距这一认识已经不太遥远了。

其次，是对封建迷信的批判。迷信与科学是相对立的。在五四时期，陈独秀将一切"凭空构造，有假定而无实证，不可以人间已有之智灵，明其理由，道其法则"③ 的东西，均归之迷信的范畴。毛泽东则将迷信分为两类，一为政治上的迷信，一为思想意识上的迷信。他在《陈独秀之被捕及营救》中说："中国的四万万人，差不多有三万九千万是迷信家。迷信神鬼，迷信物象，迷信运命，迷信强权。"④ 这里讲的迷信神鬼、物象、运命，是属于思想意识方面的迷信；而迷信强权则属于政治方面的迷信。1917 年秋，上海一帮封建文人成立"灵学会"，并创办了《灵学丛志》，公开鼓吹"鬼神之说不张，国家之命运遂促！"陈大齐在《辟灵学》一文指

① 中共中央文献研究室、中共湖南省委《毛泽东早期文稿》编辑组编《毛泽东早期文稿》，湖南人民出版社，2008，第 376~377 页。
② 中共中央文献研究室、中共湖南省委《毛泽东早期文稿》编辑组编《毛泽东早期文稿》，湖南人民出版社，2008，第 384 页。
③ 《陈独秀文章选编》（上），生活·读书·新知三联书店，1984，第 77 页。
④ 中共中央文献研究室、中共湖南省委《毛泽东早期文稿》编辑组编《毛泽东早期文稿》，湖南人民出版社，2008，第 281 页。

出："俞文①又云：'鬼神之说不张，国家之命运遂促。'此种论调，真与康有为不设虚君国终不治之主张同一鼻孔出气。"② 易白沙在《诸子无鬼论》中指出："愚意鬼神之说，关于国家盛衰。……吴稚晖谓鬼神之势大张，国家之运告终。证以历史，自三代以至清季，一部廿五史，莫不如是。盖大可惧之事也。墨者言有鬼外可弭诸侯之争，内可禁暴人盗贼。然则古之神道社会，何以杀人盈野，今之耶教徒何为日日从事战场？自古诸族但有以笃信鬼神亡国者，未闻可以救亡者也。"③ 陈大齐和易白沙的这些议论，都揭示了封建迷信与封建政治的密切关系。正是在这种思想的影响下，毛泽东在五四时期，十分重视反迷信的斗争，并把它作为反对封建主义的一个重要方面。在《〈湘江评论〉创刊宣言》中，毛泽东把反对迷信作为反对强权的重要手段之一。他说："各种改革，一言蔽之，'由强权得自由'而已。……所以我们的见解，在学术方面，主张彻底研究。不受一切传说和迷信的束缚，要寻着什么是真理。"④ 在《湘江评论》中，毛泽东在谈论政治的同时，也结合社会生活实际，积极批评迷信思想。例如，他针对当时长沙城里大雷击死数人，有人说是"五百蛮雷，上天降罚"的迷信观点，进行了批评，指出"不信科学便死"⑤。在赵女士自杀的讨论中，他专门写了一篇《婚姻上的迷信问题》，集中地批判了"婚姻命定说"。他深刻地指出："一个人刚刚掉下母亲的肚子，便说他的婚姻是已经前定了。……所以'世世修来同船渡，百世修来共枕眠'、'月老牵丝'、'天作之

---

① 指俞复《答吴稚晖书》。

② 《新青年》第 4 卷第 5 号，1918 年 5 月 15 日。

③ 陈先初编《易白沙集》，湖南人民出版社，2008，第 119 页。

④ 中共中央文献研究室、中共湖南省委《毛泽东早期文稿》编辑组编《毛泽东早期文稿》，湖南人民出版社，2008，第 271 页。

⑤ 中共中央文献研究室、中共湖南省委《毛泽东早期文稿》编辑组编《毛泽东早期文稿》，湖南人民出版社，2008，第 353 页。

合'等等，便是他们时记着的格言。这样服从命定说的婚姻，在中国社会大概要占去十分之八。这十分之八的夫妇，他们的恋爱滋味都在'莫名其妙'之中。要说他好，他们又时常发出叹声；要说不好，他们居然是一对夫妇，同住在一个屋子，吃饭睡觉，生男育女，好像真正是'天生成'的。有时吵几回嘴，打几次架，气一转过来，想到'世（百）世修来共枕眠'、'天作之合'上头，便立时恢复原状，仍旧吃饭、睡觉。"① 毛泽东这段话，生动地描述了中国广大男女在封建迷信思想束缚下，无可奈何的悲惨处境。他在批判"婚姻命定说"这个总迷信的同时，还批判了附着于这个总迷信的许多小迷信，例如，"合八字""订庚""择吉""发轿""迎喜神""拜堂"等。毛泽东指出："这一些迷信，只算是婚姻上的一些把戏，不外把一对男女用这些迷信做绳索，将他们深深的捆住。从说媒直到过礼，这一对夫妇被迷信的绳索缚的转不过气来，以后便是稳稳当当很和睦的好夫妇了。……我们倡言改革婚制，这些关于婚姻的迷信应该首先打破，最要紧是'婚姻命定说'的打破。此说一破，父母代办政策便顿失了护符，社会上立时便会发生'夫妇的不安'。夫妇一发生了不安，家庭革命便会如麻而起，而婚姻自由、恋爱自由的大潮，接着便将泛滥于中国大陆，乘潮打桨的新夫妇，便会完全成立在恋爱主义的上面。"② 从破除婚姻上的迷信到引发家庭革命，势必挣脱"父为子纲"和"夫为妻纲"这两根绳索，这样便可以彻底打破封建主义的网罗。对青年毛泽东在五四时期反对迷信，特别是反对婚姻上迷信的斗争，我们应该作如是观。

其二，彻底地不妥协地反对帝国主义。

---

① 中共中央文献研究室、中共湖南省委《毛泽东早期文稿》编辑组编《毛泽东早期文稿》，湖南人民出版社，2008，第401～402页。

② 中共中央文献研究室、中共湖南省委《毛泽东早期文稿》编辑组编《毛泽东早期文稿》，湖南人民出版社，2008，第404页。

五四时期中国人民反对帝国主义的斗争，首先是反对日本帝国主义。这是因为在巴黎和会上，日本拒绝中国政府要求它将在第一次世界大战期间在山东攫取的德国的各项权利归还中国。中国外交的这一失败，是五四运动的直接导火线。毛泽东除了在五四运动中发动和领导湖南人民与日本帝国主义进行实际斗争之外，在他主编的《湘江评论》中，还结合理论与实践，对帝国主义进行了比较全面的揭露和批判。

首先，他深刻地揭露了帝国主义与各殖民地、半殖民地国家人民之间的矛盾。在十月革命胜利的影响下，各殖民地、半殖民地国家的民族解放运动迅速掀起。青年毛泽东对这些运动表示热烈欢迎，他尤其注意一些亚洲国家人民的斗争。例如，他在《阿富汗执戈而起》中说："一个很小的阿富汗，同一个很大的海上王英国开战，其中必有重大原因。"阿富汗自 1880 年第二次英国—阿富汗战争以后，成了英国的半殖民地。第一次世界大战后，阿富汗人民对英国殖民当局的统治愈来愈不满。1919 年 3 月阿富汗新继任的国王阿曼努拉致函英印总督，建议两国缔结新的平等条约，遭到拒绝，于是又致信苏维埃俄国，建议两国建立友好条约，得到列宁的热情支持。这时，英国于 5 月 3 日派兵侵入阿富汗，但阿富汗人民坚决予以抗击，有些地方的阿富汗军队甚至越过边境，包围了印度西北边省境内的塔尔英军堡垒。这样，便迫使英国殖民当局于 1919 年 6 月 3 日与阿富汗缔结停战协定。这一过程，也就是毛泽东在《研究过激党》一文中说的"阿富汗侵印度，俄过激党为之主谋，过激党到了南亚洲"①。毛泽东还在《阿富汗执戈而起》一文中，分析了阿富汗人民抗英斗争的一个重要原因，就是"土尔

---

① 中共中央文献研究室、中共湖南省委《毛泽东早期文稿》编辑组编《毛泽东早期文稿》，湖南人民出版社，2008，第 287 页。

（耳）其要被一些虎狼分吞了。……阿富汗是个回教国，狐死兔悲，那得不执戈而起?"① 这里，毛泽东实际上又揭露了帝国主义对土耳其的侵略。奥斯曼帝国在第一次世界大战之前，是一个地跨亚、非、欧三大洲的封建帝国，第一次世界大战时加入同盟国方面作战。战争失败后，便遭到协约国帝国主义的瓜分。1918 年 10 月 30 日，英、法、意等国强迫土耳其苏丹代表签订了摩德洛斯协定。依据协定，协约国不仅侵占了原属奥斯曼帝国的西亚阿拉伯国家，而且企图瓜分土耳其本土，并且采取了种种具体瓜分行动。阿富汗人民当时之所以要奋起抗英，除了毛泽东所说的阿富汗与土耳其一样，都是"回教国"，有"狐死兔悲"之感外，还因为当时英国对伊朗和中亚进行武装干涉，使阿富汗的确面临着由半殖民地沦为殖民地的现实危险。

毛泽东对印度人民的民族解放运动也给予很大的同情和支持。在《阿富汗执戈而起》一文中，他说："印度舍死助英，赚得一个红巾照烂给人出丑的议和代表。印民的要求是没得允许。"所谓"印度舍死助英"，是指第一次世界大战期间，英国对其殖民地印度的残酷剥削和压榨。战争期间，英帝国主义不但强征 150 多万印度壮丁在达达尼尔海峡、伊拉克、伊朗作战，甚至广泛地将印度作为供应英国军队的原料工业基地。1917 年，英国还迫使印度以"自愿赠礼"的形式奉送给它 1 亿英镑的战费。1918 年，又以"赠礼"的形式，掠去 4500 万英镑。在战争年代，印度向英国供应物资总值达 2.17 亿英镑，粮食达 500 万吨。仅 1918～1919 年度，印度的军费开支就达 7 亿多卢比。军费和对英国的财政"贡赋"，使印度

---

① 中共中央文献研究室、中共湖南省委《毛泽东早期文稿》编辑组编《毛泽东早期文稿》，湖南人民出版社，2008，第 290 页。

的国债在战后几年里高达 78.1 亿卢比之多①。印度人民的这种巨大牺牲，虽给印度政府换得了一个巴黎和会的代表资格，但印度人民的民族自治和人民自由权利，却没有得到任何改善。1919 年 3 月，英国殖民当局公布了一个"谋叛法"（或称"罗拉特法案"），规定殖民政府可以随意逮捕印度人民，不加审讯即予以不定期监禁，被捕者不得聘请律师及证人辩护。印度人民在甘地领导下，采取了不合作的非暴力运动，于 4 月 6 日在德里、旁遮普等 30 多个城市和地区举行总罢工。4 月 13 日，在阿姆利则的巴格广场，2 万多群众举行大会抗议"罗拉特法案"，英国殖民军包围了会场，开枪打死 1000 多人，打伤 2000 多人。毛泽东说，"印度的政治运动，是要平兵力平压〔迫〕"，即采取非暴力手段，反抗殖民主义的压迫，可是英国殖民当局却采取暴力手段，对印度人民进行残酷的镇压。这反映了他对印度人民解放事业的高度同情。

毛泽东还揭露了帝国主义"民族自决"口号的虚伪性。他在《好个民族自决》一文中指出："波兰、截（捷）克复国，都所以制德国的死命，协约国尽力援助之，称之为'民族自决'。亚剌（阿拉）伯有分裂土耳其的好处，故许他半自立。犹太欲在巴力（勒）斯坦复国，因为于协约国没大关系，故不能成功。西伯利亚政府有攻击过激党的功绩，故加以正式承认。日本欲伸足西伯利亚，不得不有所示好，故首先提议承认。朝鲜呼号独立，死了多少人民，乱了多少地方，和会只是不理。好个民族自决！我以为直是不要脸！"② 这段话鲜明地揭示了帝国主义国家的外交政策，完全是从其垄断资产阶级的一己私利出发的。

① 王贵正、夏井才、曲培洛等编《世界现代史》，辽宁人民出版社，1984，第 143～144 页。

② 中共中央文献研究室、中共湖南省委《毛泽东早期文稿》编辑组编《毛泽东早期文稿》，湖南人民出版社，2008，第 292 页。

其次，毛泽东深刻地揭露了资本主义国家内部无产阶级和资产阶级之间的矛盾。在《各国的罢工风潮》一文中，毛泽东分析了1919年1月以来法国、英国、美国、意大利、德国等国家的工人罢工运动。但毛泽东同意"广义派"，即德国社会民主党左派的观点，认为这种罢工"是小见识""从老虎口里讨碎肉，是不能够的"①。在《强叫化》一文中，毛泽东评论了日本国内的政治形势。日本在第一次世界大战中，积极实行对外的军事经济扩张，战时工业总产值增长近4倍，1914～1919年，出口总值增长3倍以上。与此同时，通货膨胀，物价上涨，1918年米价比1917年上涨369％。于是在京都、大阪、神户、名古屋、东京等地掀起了一场"米骚动"。斗争群众高呼"降低米价""惩办奸商""打倒寺内内阁"等口号，捣毁和焚烧了许多米仓、粮店及奸商、富豪的房屋。"米骚动"导致寺内内阁的垮台，但粮食问题并没有解决。所以毛泽东在1919年7月14日发表的这篇文章指出："前月的初间，日本米价顶贵的时候，每石超四十元。日当局有狼狈之状。报纸证言粮食的危机已迫。可怜的日本！你肠将饥断，还要向施主呈强。天下哪有强叫化能得多施的理。"② 这里讲的"向施主逞强"，指日本在巴黎和会上拒绝归还在山东侵占的中国特权。毛泽东这段话揭露了日本帝国主义内部矛盾重重的困境。

毛泽东还揭示了资本主义国家内部阶级矛盾产生的经济根源，在于资本主义的经济垄断制度。他在《不许实业专制》一文中指出："美国工党首领戈泊斯演说曰：'工党决计于善后事业中有发言权，不许实业专制。'美国为地球上第一实业专制国，托剌（拉）

---

① 中共中央文献研究室、中共湖南省委《毛泽东早期文稿》编辑组编《毛泽东早期文稿》，湖南人民出版社，2008，第274页。
② 中共中央文献研究室、中共湖南省委《毛泽东早期文稿》编辑组编《毛泽东早期文稿》，湖南人民出版社，2008，第285页。

斯的恶制，即起于此。几个人享福，千万人要哭。实业愈发达，要哭的人愈多。"① 毛泽东认为，要取消这种垄断资产阶级的专制，各国人民就必须联合起来，实行"民众的大联合"。在《民众的大联合》一文中，他还用一些资本主义国家人民革命胜利的事实，论证了这种联合的可能性："俄罗斯打倒贵族，驱逐富人，劳农两界合立了委办政府，红旗军东驰西突，扫荡了多少敌人，协约国为之改容，全世界为之震动。匈牙利崛起，布达佩斯又出现了崭新的劳农政府。德人奥人截（捷）克人和之，出死力以与其国内的敌党搏战。"② 这里，毛泽东描述了十月革命胜利后，东欧国家的革命形势。1919 年 3 月 21 日，布达佩斯的工人、士兵在共产党领导下，举行武装起义，建立了匈牙利苏维埃共和国。面对匈牙利革命形势的发展，协约国惊恐万状。1919 年 4 月，调遣驻巴尔干法军及其仆从捷克斯洛伐克、罗马尼亚的军队，从南、北、东三个方面向匈牙利进犯。在匈牙利共产党领导下，匈牙利人民组成 10 多万人的红军队伍，坚决抵抗入侵之敌。对于匈牙利人民革命，毛泽东给予热情支持，而对协约国对匈牙利的武装入侵和经济封锁，则表示极大的愤慨。1919 年 7 月 14 日，毛泽东在《实行封锁》一文中，对"前月巴黎高等经济会议议决，实行封锁匈牙利，说要直到匈政府宣言愿遵从民意时为止"进行了驳斥。首先，他指出："协约国看错了匈政府与匈国民志愿不合。匈政府与匈国民之少数有产阶级，绅士阶级，志愿不合，是有的。若与大多数无产阶级，平民阶级，断没有志愿不合的理，因为匈政府，原是他们所组织的。"这里，毛泽东揭示了匈牙利苏维埃政府的阶级实质，指出了它与大多数无

---

① 中共中央文献研究室、中共湖南省委《毛泽东早期文稿》编辑组编《毛泽东早期文稿》，湖南人民出版社，2008，第 295 页。

② 中共中央文献研究室、中共湖南省委《毛泽东早期文稿》编辑组编《毛泽东早期文稿》，湖南人民出版社，2008，第 356 页。

产阶级、平民阶级志愿的一致性，从而揭穿了帝国主义者所谓"遵从民意"，不过是要它服从少数有产阶级、绅士阶级的意愿。其次，毛泽东指出："实行封锁，适足帮助过激主义的传播。吾恐怕协约国也会要卷入这个旋窝（涡）。果然，则这实行封锁，真是'功莫大焉'了。"① 这里，毛泽东用辩证的睿智，深刻地指出，帝国主义的镇压与封锁，非但吓不倒革命的人民，反而只会促使他们更加自觉地与帝国主义进行斗争。毛泽东本人就是在这种种活事件的教育下，逐步转向"过激主义"，即共产主义的。

最后，毛泽东还深刻地揭示了帝国主义之间的种种矛盾。第一次世界大战的爆发，本身就是帝国主义之间矛盾尖锐化的结果。战争虽以德奥等国的失败而告终，但帝国主义之间的矛盾并没有因此而缓和。相反，巴黎和会英法等国基于本国政府自私自利的打算，对德国采取的种种苛刻手段，实际上又埋下了新的矛盾的祸根。青年毛泽东当年正是从这一角度，观察巴黎和会中各帝国主义之间的斗争的。首先，他揭露了协约国所谓"平等正义"的虚伪性。在《证明协约国的平等正义》一文中，毛泽东说："德国复文和会，要求德国陆军减少之后，协约国也须同减。这话谁人敢说错了？协约国满嘴的平等正义，我们且看协约国以后的军备如何？就可求个证明。"② 这说明，在帝国主义之间的强权政治中，是没有什么公平、正义可言的。在《和约的内容》一文中，毛泽东引用斯末资将军的话，进一步证实这个道理。斯末资说："新生活，人类大主义的胜利，人民趋向于新国际制度，和优善世界，所抱如此期望的践行，像这样的约言，均没有载上和约。于今只有国民心腔里所发义侠和

---

① 中共中央文献研究室、中共湖南省委《毛泽东早期文稿》编辑组编《毛泽东早期文稿》，湖南人民出版社，2008，第288页。
② 中共中央文献研究室、中共湖南省委《毛泽东早期文稿》编辑组编《毛泽东早期文稿》，湖南人民出版社，2008，第289页。

人道的新真意，乃能解决和会里政治家因难而止的问题。"斯末资又说："我很以和约里取消黩武主义，仅限于敌国为憾。"斯末资站在资产阶级人道主义的立场，对和约的内容表示不满，但和约签订这一事实，又正好说明在帝国主义统治下，是没有什么"人道"和"新国际制度"可言的。所以，毛泽东说："斯末资是英国一个武人，是手签和约的一个人，他于签约后所发议论是这样，我们就可以想见那和约的内容。"① 其次，毛泽东认为，一纸和约无法化解帝国主义之间的矛盾，相反，只会酝酿一场新的矛盾和冲突。在《高兴和沉痛》一文中，他分析了近代德法关系的历史，指出德法之间的矛盾由来已久。先有 1789~1790 年神圣同盟"围巴黎"，继有 1800~1815 年拿破仑蹂躏德意志，后又有 1871 年威廉一世与俾斯麦高踞凡尔赛，接受法国屈服的牒文。据此，毛泽东告诫法国统治者不要高兴太早了。他说："我们执因果而看历史，高兴和沉痛，常相联系，不可分开。一方的高兴到了极点，一方的沉痛也必到极点。我们看这番和约所载，和拿破仑对待德国的办法，有什么不同？分裂德国的国，占据德国的地，解散德国的兵，有什么不同。克雷满沙高兴之极，即德国人沉痛之极。包管十年二十年后，你们法国人，又有一番大大的头痛，愿你们记取此言。"② 这段话初步显示了毛泽东深邃的历史辩证法的眼光，他通过对帝国主义掠夺本质的剖析，已经认识到了帝国主义之间战争的必然性。最后，毛泽东认为，要从根本上避免帝国主义之间的战争，就必须实行社会革命。在《德意志人沉痛的签约》一文中，毛泽东用大量篇幅描述了德国人对巴黎和会屈辱和约的无限沉痛心情，表现了对失败者的同

---

① 中共中央文献研究室、中共湖南省委《毛泽东早期文稿》编辑组编《毛泽东早期文稿》，湖南人民出版社，2008，第 348 页。
② 中共中央文献研究室、中共湖南省委《毛泽东早期文稿》编辑组编《毛泽东早期文稿》，湖南人民出版社，2008，第 329 页。

情。但这种同情并不是赞成德国人发动第一次世界大战，而是同情德国人在失败后的那种不屈精神。所以他说："我们对于德皇，一面恨他的穷兵黩武，滥用强权。一面仍不免要向他洒一掬同情的热泪，就是为着他'高'的精神的感动。德国的民族，他们败了就止了。像这样的屈辱条件，他们也忍苦承受。"毛泽东赞成德国独立社会党"用革命的发展取消和约"的观点。他认为，德国"要想不受和约，惟有步俄国和匈牙利的后尘，实行社会的大革命。协约国最怕的就在这一点。俄罗斯、匈牙利，不派代表，不提和议，明目张胆的对抗协约国，协约至今未如之何"。而毛泽东在分析德国签订和约后的形势时，认为它给德国人民制造了一个好的革命机会。他说："我们且看挡在西方的英法，不是他们①的仇敌吗？英法是他们的仇敌，他们的好友，不就是屏障东方和南方的俄、奥、匈、截（捷）和波兰吗？他们不向俄奥匈截（捷）等国连络，还向何处？他们要同俄奥匈截（捷）连络，必要改从和俄奥匈截（捷）相同的制度。……故我从外交方面的趋势去考虑，断定德国必和俄奥匈截（捷）连合，而变为共产主义的共和国。"毛泽东的这段话，虽然具有逻辑推理的性质，却反映了他的一个新的信念，即相信只有通过社会革命，改变资本主义制度的性质，才能从根本上取消各种不合理的强权。关于这一点，我们在毛泽东下面这段话中看得更加清楚。他说："一千九百一十九年以前，世界最高的强权在德国。一千九百一十九年以后，世界最高的强权在法国、英国和美国。德国的强权，为政治的强权，国际的强权。这回大战的结果，是用协约国政治和国际的强权，打倒德奥政治和国际的强权。一千九百一十九年以后法国英国美国的强权，为社会的强权，经济的强权。一千九百一十九年以后设有战争，就是阶级战争。阶级战争的结果，

---

① 指德国。

就是东欧诸国主义的成功，即是社会党人的成功。我们不要轻看了以后的德人。我们不要重看了现在和会高视阔步的伟人先生们。他们不能旰食的日子快要到哩！他们总有一天要头痛！"①毛泽东当时的这些结论虽然还缺乏科学的论证，但却表明，他已经初步意识到俄国十月社会主义革命在世界历史上的重大意义，即"东欧诸国主义的成功""社会党人的成功"的历史必然性，从而对世界革命的前景，充满了必胜的信念。

第二节　湖南第一师范与湖南驱张运动

所谓驱张运动，就是驱逐当时的湖南督军张敬尧的群众运动。张敬尧是北洋军阀中的皖系军阀。他是1918年直皖联军与湘桂联军混战，打败湘桂联军之后，于当年3月进入湖南任都督的。他在治湘期间，伙同三个弟弟张敬舜、张敬禹、张敬汤，为非作歹，坏事干尽。当时湖南人民中流传这样一句歌谣："尧、舜、禹、汤，虎、豹、豺、狼。"可见对其统治深恶痛绝。在五四运动期间，张敬尧极力压制学生的爱国行动，驱散了5月7日长沙学生的游行。1919年8月，《湘江评论》和湖南省学联被张封闭后，毛泽东便秘密酝酿和组织驱张运动。当时驱张计划的第一步，就是再组湖南学生联合会，并于1919年11月16日开成立会。学联成立后的首要任务，就是检查日货，坚持反日爱国运动。12月2日，当学生在教育会坪中开会，并将收缴的奸商私运至长沙的日货烧毁时，张敬尧遣其弟张敬汤带领军警千余人，包围会场，并将学生诬为"土匪"，枪柄、刺刀、拳足四向纷飞，打伤数十人，造成轰动一时的

① 中共中央文献研究室、中共湖南省委《毛泽东早期文稿》编辑组编《毛泽东早期文稿》，湖南人民出版社，2008，第323~324页。

大惨案，从而导致了驱张运动的正式展开。12 月 2 日惨案发生之后，各校学生连日开会，决定 1919 年 12 月 6 日起实行大罢课，并宣称："张敬尧一日不去湘，学生一日不回校！"[①] 在学联领导下，多个驱张代表团赴各地宣传。其活动重点，主要是北京、广州、衡州、常德、上海、汉口等地。

一 毛泽东等湖南第一师范师生与北京驱张代表团

1919 年 12 月 6 日，毛泽东率请愿团赴北京。12 月 18 日到达北京。当时参加北京代表团的湖南第一师范的师生，除了毛泽东之外，还有陈绍休、罗宗翰、彭先泽、熊光楚、张百龄、刘明俨等。当时在北京的湖南驱张团体有：湖南学生请愿代表团、旅京湘人去张各界委员会、湖南公民驱张请愿团、湖南省城教职员请愿代表团、旅京湖南各界联合会、旅京湖南学生联合会等。赴北京代表团主要采取递呈文与请愿等办法，要求北洋政府撤惩张敬尧。从 1919 年 12 月 23 日至 1920 年 1 月 22 日，先后递了 3 次呈文，7 次往总统府和国务院谒见请愿。至 1 月底，"湖南代表到京已近两月，呼吁无效，愤慨异常，只得作最后之请愿"。于是，在 1 月 28 日各请愿团组织游行到国务院请愿。相持 3 个小时，国务院的人叫请愿团派代表进去，以毛泽东为首的代表进国务院后，被答以总理、秘书长均不在院，代表不得要领而出。"众在门外久候，见代表出，急问情形，大愤，于是决定赴靳氏私宅，效秦廷之哭。"[②]

代表团利用各种手段，大造驱张舆论，争取对湖南驱张运动的同情。其一是通电。这是给一些社会名流的电文，既是为了争取他们的支持，同时也是为了向社会作宣传。例如，1920 年 1 月 18 日

① 湖南省博物馆校编《蒸阳请愿录》，湖南人民出版社，1979，第 9～10 页。
② 《天问》第 2 号，1920 年 2 月 8 日。

发出的为反对张敬尧侵吞湘省米盐公款给熊秉三等的《快邮代电》，即属此类。其二是举办通讯社，迅速地传播信息。毛泽东与张百龄等在北京组织"平民通讯社"，每日发出稿件150余份，送登京、津、沪、汉各报。该通讯社1920年1月2日发出的第十号稿，就是毛泽东等人1919年12月31日写的《湘人对张敬尧运烟种之公愤》。它及时揭露了张敬尧私运鸦片烟种子，这种"显干国禁，冒天下之大不韪，运此毒物，贻祸全湘"的罪行，从而使人们更加看清了张敬尧的反动面目。据《湘潮》春节特刊号1920年2月底统计，两个多月内，北京驱张代表团已发各种文电和印刷物达18种之多。其三是呈文。请愿团不仅向总统府和国务院递呈，而且向报界广泛散发。例如1920年1月19日毛泽东等人所呈《湘人控张敬尧十大罪状》，就历数了张氏从政治、经济到文化等方面的罪恶，对其反动面目进行了比较彻底的揭露。

这十大罪状是：

> 七年（1918）五月之后，醴陵全城万家，烧毁略尽，延及四乡，经旬始息。株洲一镇，商户数千家，同遭浩劫。攸县黄土岭一役，被奸而死者，至于女尸满山……凡此纵兵殃民之结果，以致农不得耕，商不得市。其罪一。
>
> 湘省历设湖南银行，以纸币周转。张督到湘，废湖南银行，改设裕湘银行，吸收现金。其弟敬汤，复设日新银号，操纵市面，运买铜元往汉，获利无算。张督又尽将湖南银行纸币四千余万元，作废不用。……以是湘民往日之现金，既悉被吸收，所藏之纸币，又尽遭废撤，金融枯塞，无以为生。其罪二。
>
> 湖南水口山大铅矿，湘督既盗押外人，又将白铅炼厂，押与美商，得银百四十万。且与英人葛兰特订约，将全省矿产，

抵押三千万元……公私破产，恢复无期。其罪三。

湘省禁烟素严，民国以来，吸种殆绝。张督烟瘾甚深，军署上下，及所部将卒，多数有瘾，相习成风，烟禁大坏。近更勒民种烟，每田百亩，种烟四十亩，每亩抽税二十元。……由此以往，不独湘中烟害无穷，且复牵动外交，毁伤国体，腾笑全球。其罪四。

湖南教育经费，自张督到任，悉行减成，又提谭（延闿）前督任内案定小学教员年功加俸基金，以为抵发，或四折六折不等。至八年（1919）一月以来，至于分文无给。……又自张督到湘，驻兵各校，侵占房屋，毁损仪器，致学生无校可入，无学可求。其罪五。

张督所部军队犯罪，尝经外人拿送，以无辜湘民抵戮，久已喧传报纸。七月间，湘人吴灿煌与其友程鹏，自沪至湘，住船山学校。张督以吴为上海国民大会代表，遣其养子张继忠，率兵夜分闯入，将二人乱刀戮死。暗杀公民，身蹈刑律。其罪六。

长沙《大公报》、《湖南公报》，因主持公论，两次被封。学生联合会发行《湘江评论》，研究学术，同遭封闭。各学校周刊，亦被禁止。湘人衔哀饮恨，无敢出声。言论自由，扫地以尽。其罪七。

张督擅运私盐数千包，经京汉铁路扣留，有部电可证。又湘岸每盐一包，加盐税一元，另加护照包索等费三元，致盐价骤涨，小民食淡。破坏盐法，目无中央。其罪八。

张督勒索省城及各县绅民，供给饷银，动辄数千万。湘乡一县，勒捐军米至五万石，又尝勒民出米百万石私运至津，售与日本……兵复生计萧条，民田所入，不给正供，而张督坐收厚赃不顾民瘝。其罪九。

张督在湘，仅辖二十余县，伪冒称全省七十余县，伪造选民改选省议会，迭经湘民通电反对。又省教育会，本民立机关，当自改选，张督乃委官代办，竟成事实。省农会旧省会长，被其推翻。伪造民意，破坏团体，供一己利用。其罪十。[①]

二 何叔衡等湖南第一师范师生与衡阳驱张代表团

以何叔衡为首的驻衡阳驱张代表团有 33 人，其中一师师生有易培基、何叔衡、匡互生、熊梦飞、蒋竹如、魏显烈等人。何叔衡于 1920 年 3 月 1 日到达衡阳，以湖南公民代表名义，将衡阳的学生发动起来，并以此为核心，组织湘南各界共同战斗。他们一面开展宣传攻势，揭露张敬尧的祸湘罪行，在雁塔寺召开万人驱张大会，举行声势浩大的示威游行。一面充分利用军阀之间的矛盾。当时北洋军阀在湖南存在着两支相对抗的势力：张敬尧属皖派军阀段祺瑞的部下，而吴佩孚则属直系军阀曹锟的部下。1918 年南北战争时，冯国璋任总统，段祺瑞任国务总理。当年春，南方护法军攻克岳阳。由于皖系军阀的压力和形势所迫，冯国璋不得不下令派曹锟为两湖宣抚使，张敬尧为攻岳前敌总指挥，反攻湖南。当时，吴佩孚率领第三师及王承斌等三个混成旅，由湖北出发，连陷岳阳、长沙等地，打了几场胜仗。吴佩孚满以为凭他的"战功"便可以得到湖南督军这个肥缺，没想到这个地盘竟被段祺瑞交给张敬尧了，他自己却只得了个"援粤军副司令"和"孚威将军"的空衔。对此，吴佩孚十分气愤，所以他攻占衡阳后，即按兵不动，并于耒阳

---

① 中共中央文献研究室、中共湖南省委《毛泽东早期文稿》编辑组编《毛泽东早期文稿》，湖南人民出版社，2008，第 591～593 页。

与湘军谭延闿、赵恒惕所派代表洽商停战。段祺瑞屡次急电饬令他进攻两广，他都不予理睬。8月21日，他还公开通电主张"罢战主和"，鼓吹南北议和。在张敬尧督湘期间，吴佩孚一直驻守衡阳。五四运动时期，段祺瑞控制的亲日卖国政府成为众矢之的，吴佩孚乘机接连发出通电，反对在巴黎和会上签字，主张取消中日密约，支持学生运动，摆出一副"爱国军人"的姿态，颇得一般舆论好评。正是基于这个原因，何叔衡等人便把吴佩孚当作重点争取对象，在衡阳部署了众多人力。据《蒸阳请愿录》记载，驻衡驱张请愿代表团以各种形式致吴佩孚的书牍有13种。据代表团日记所载，半年之内以各种方式与吴佩孚当面交涉达10次以上。

何叔衡与匡互生还联名写了一个《湖南公民代表何叔衡、匡日休等上吴将军请愿书》。书称：

山东问题，主权所在，既经拒绝签字于前，安得承认直接交涉于后？自日使对中央提出通牒以来，安福蘗党欲达其卖国仇民之目的，力主直接交涉。……乃张氏（敬尧）仰安福首领之鼻息，秘造民意，召集二三无赖痞绅，以其私组公团之名义，署名通电，主张缓和，以便达到直接交涉之目的，抹煞各方面之公意，陷国家于绝地，其罪不容诛。将军素以先靖内奸以弭外侮为帜志，当此外交危急之秋，似宜一本素愿，兴师讨贼。首剪安福之爪牙，次及卖国之罪魁，庶国权不至外丧，内政可以肃清，此不能不亟请命于将军者一也。

长沙市上，白日发生奸抢之案，犯人皆其部下之兵；长宝道中，军队极其淫掠之惨，长官从无禁止之令。其纵容骚扰之事，笔不胜书。近复大开鬻官之门，穷其搜括之术，一禁烟委员之缺出，索洋在三千元以上，一泥木工人之定价，纳贿至万元有奇。至于盐斤之加价，金库券之苛派，房捐米捐纸捐鱼捐各种落地税之加征，则尤明令发表。人民之被苛逼而或溺或缢以死者，在在皆有。其于小民生计之枯竭，张氏更何曾尝一盼哉？长此以往，三千万湘民势必悉死于虐政之下。湘局前途，何堪设想。此不能不亟请命于将军者二也。

长沙学生被迫解散，奔走呼吁，迄今三月。彼等愤虐政之难堪，而为此消极之抵制。曾经一再宣言，张氏一日不去湘，彼等即一日不返校，其情其志，实堪悲悯。夫一国文明之进步，端赖教育，教育停涩，即不为功，况荒废至半年之久乎？且以一夫残贼之故，至令万三千莘莘学生牺牲其宝贵之光阴，夫岂国家前途之福？此不能不亟请命于将军者三也。

夫国势已危亡急矣！湘民之疾苦深矣！自将军以战胜之师，首倡和义，次争外交，继斥安福之祸国，信义昭于中外，威望洽于全湘，而今近则湘人，远则国人，其视线已集尽于将军之一身。时至势迫，以待枢机之潜运。倘将军于斯时而以救国救民为己任，则国贼可除，国权可争，倒悬之湘民可救矣。某等疮痛之余生，急不择言。谨代表三千万湘民一诉颠困之情，惟将军幸垂听之，无任涕泣待命之至！①

吴佩孚当时虽同情驱张运动，但其反张的真实原因，除了他们个人之间的权力之争外，根本的还在于直系与皖系军阀之间矛盾的加剧。1920 年 4 月 9 日，曹锟在保定召开直、苏、赣、鄂、豫、奉、吉、黑 8 省代表会议，组成反段同盟，直皖战争一触即发。正是在这种背景下，吴佩孚 5 月从湖南前线撤兵北上。抵汉口时，他赋诗言志，斥皖系为"妖孽乱京畿"，自己要"摧狂虏""扬国威"。这说明他当时一心所想的是与皖系逐鹿中原。但吴佩孚的撤军，却

---

① 湖南省博物馆校编《蒸阳请愿录》，湖南人民出版社，1979，第 47～48 页。

促使了张敬尧的垮台，在客观上帮助了湖南人的驱张运动。

吴佩孚的军队大量北撤是在 1920 年 5 月 25 日前后，但是在衡阳以南的撤军，早在 3 月下旬即已开始。当时吴佩孚与南军达成默契，直军撤防之后，即由南军接管。据驻衡驱张请愿代表团 3 月 20 日的日记记载："耒阳、安仁各处南军，与直军相距只五里。直军撤退一步，南军即前进一步。"5 月 14 日日记又载："闻耒阳一带，直军已退，南军已到少数。"① 在吴佩孚从衡阳撤兵过程中，张敬尧虽曾派手下大员去衡阳、宝庆等地防守，但无法阻挡紧随吴佩孚北进的湘军。6 月 5 日湘军占永丰，6 日下湘乡，11 日又向湘潭、宁乡两路进攻。张敬尧即在当晚逃出长沙，结束了他督湘两年多的罪恶历史。

第三节　湖南第一师范与湖南自治运动

张敬尧被驱逐出湖南后，毛泽东等人试图利用这一机会，进一步革新湖南政治，遂于 1920 年夏，参与发动了湖南自治运动。当时新民学会的主要负责人何叔衡及彭璜、匡互生等师生，也都在不同程度上参加了这场运动。在自治运动中，毛泽东虽然强调要依靠广大民众，但在现实中，军政大权掌握在新督军谭延闿手中，又由于谭延闿驱张有功，并主张湖南自治，因此以谭延闿为首领所组织的政府，成了湖南自治运动的组织者和实施者。然而谭延闿作为一个新军阀，本无意建立民主政治，所以他坚持以他所掌握的省议会来起草湖南宪法，否定毛泽东等人提出的召开湖南人民宪法会议的主张，从而使自治运动陷入困境，实际上成为谭延闿的工具。1920 年 10 月，毛泽东不得不愤然退出了自治运动。虽然湖南自治运动

---

① 湖南省博物馆校编《蒸阳请愿录》，湖南人民出版社，1979，第 81、91 页。

以失败而告终，但给毛泽东等人以深刻教训，即以"温和的"方式来革新中国是行不通的。湖南自治运动的失败，让毛泽东彻底放弃了和平改良社会的尝试，最终选择了马克思主义的革命道路。之后，毛泽东对驱张运动和湖南自治运动进行了批判性的总结，湖南建党被提上了日程。

一　毛泽东地方自治思想的发展

驱逐军阀张敬尧运动，是毛泽东、彭璜等人领导湖南省学生联合会等团体，于 1919 年 12 月份开始发起的。在驱张过程中，毛泽东等人就在考虑驱张之后湖南如何建设的问题。1920 年 3 月 12 日，他在致黎锦熙的信中说："弟于吾湘将来究竟应该怎样改革，本不明白。并且湖南是中国里面的一省，除非将来改变局势，地位变成美之'州'或德之'邦'，是不容易有独立创设的。"[①] 说明这时毛泽东关于整个湖南自治的思想还没有完全形成。附此信所寄的《湖南建设问题条件商榷》中关于"自治"问题放在第四条，内容是："（1）恢复并建设县、镇、乡自治机关。（2）成立并公认县、镇、乡工会。（3）成立并公认县、镇、乡农会。"[②] 可见，这里所讲的自治，还不过是孙中山讲的县及县以下的地方自治。1920 年 6 月 11 日，张敬尧被迫逃离湖南，驱张运动取得胜利。6 月 14 日，毛泽东和彭璜等在上海《申报》发表《湖南改造促成会发起宣言》，同时公开发布《湖南建设问题条件商榷》。这个《宣言》与《商榷》和 3 月 12 日毛泽东致黎锦熙的信和《商榷》相比，有两处显著的不同。其一，致黎锦熙信中谈到"邦"时，还是寄希望于"改变局

---

① 中共中央文献研究室、中共湖南省委《毛泽东早期文稿》编辑组编《毛泽东早期文稿》，湖南人民出版社，2008，第 424 页。

② 中共中央文献研究室、中共湖南省委《毛泽东早期文稿》编辑组编《毛泽东早期文稿》，湖南人民出版社，2008，第 425 页。

势"的可能性,《宣言》虽没有明确提出"湖南自治"的概念,但以湖南全省为范围保境自治的思想却是十分明确的。其二,是 6 月 14 日所公布的《商榷》与 3 月 12 日寄黎锦熙的《商榷》相比,关于自治问题有一处重要修改,3 月 12 日的《商榷》是"恢复并建设县、镇、乡自治机关",而 6 月 14 日的《商榷》则改为"筹备建设各县最小区域之真正人民自治机关"①。这一修改,显然是受了陈独秀《实行民治的基础》一文的影响。陈独秀在此文中认为,地方自治应该从"最小范围的组织"入手。

1920 年 6 月 28 日,毛泽东在上海《申报》上发表的《湖南改造促成会复曾毅书》表明,毛泽东的湖南自治思想已基本形成。首先,他第一次明确提出了"湖南自治"的概念:"以现状观察,中国二十年内无望民治之总建设。在此期间内,湖南最好保境自治,划湖南为桃源,不知以外尚有他省,亦不知尚有中央政府,自处如一百年前北美诸州中之一州。"毛泽东还特别声明,他讲的"湖南保境自治",并非他一年前在《〈湘江评论〉创刊宣言》中所批评的湖南人的"部落主义,又非割据主义,乃以在湖南一块地域之文明,湖南人应自负其创造之责任,不敢辞亦不能辞"。毛泽东这种湖南自治的理论基础,认为如果只注重中央政府的建设,不注重地方自治,就是"空架子,大规模,大办法,结果外强中干,上实下虚,上冠冕堂皇,下无聊腐败。……建层楼于沙渚,不待建成而楼已倒矣。"②为了解决这个矛盾,使自治的"基础"立得更加扎实,他提出了以下两条措施。措施之一,实行"湘人自决主义"。他说:"湘人自决主义者,们罗主义也。湖南者湖南人之湖南。湖南人不

---

① 中共中央文献研究室、中共湖南省委《毛泽东早期文稿》编辑组编《毛泽东早期文稿》,湖南人民出版社,2008,第 612 页。
② 中共中央文献研究室、中共湖南省委《毛泽东早期文稿》编辑组编《毛泽东早期文稿》,湖南人民出版社,2008,第 440~441 页。

干涉外省事，外省人亦切不可干涉湖南事，有干涉者仍抵抗之。"毛泽东在 1916 年还是反对"湘人取们罗主义"的，可是现在却公开宣称他赞成"们罗主义"，这不能不说是他思想的一大转变。而导致这一转变的原因，就是民国成立以来，各派封建军阀势力将湖南变成他们争夺的战场，湖南人民饱受战乱蹂躏之苦。诚如毛泽东在这封信中所说："桂、粤窥其南，滇、黔窥其西，北洋派窥其北，岳阳沦为北派驻防者六年，长沙则屡践汤（芗铭）、傅（良佐）、张（敬尧）之马蹄。"①因此，毛泽东等人企图通过湖南自治，摆脱各派军阀势力对湖南的蹂躏，这在一定程度上反映了湖南人民希望获得一个休养生息的相对和平环境的愿望。措施之二，实行民治主义。不过这时毛泽东等人的民治主义范围还比较狭隘，即还只停留在如《湖南改造促成会发起宣言》中所说的"银行民办、教育独立、自治建设和保障人民权利、便利交通"②等方面。毛泽东在《复曾毅书》中所讲的"民治主义"也没有越出这个范围，而且他当时对谭延闿和赵恒惕还有幻想。往后，随着湖南自治运动的深入发展，毛泽东的自决主义与民治主义思想均有进一步发展。

如果说，在 1920 年 6 月底以前，湖南自治运动还只限于民间鼓吹的话，那么随着 1920 年 7 月 22 日谭延闿的"祃电"发布，湖南自治便转入实际运行阶段。谭氏"祃电"得到很多地方军阀的喝彩，更为一些政客所支持。熊希龄等以湘绅名义复电谭延闿，表示极力主张湖南自治。熊还请梁启超代拟了一个《湖南省自治法大纲及自治法大纲说明书》寄湘。9 月 13 日，谭延闿邀请在省官绅开自治会议，提出由省政府 10 人和旧省议会 11 人共同起草《湖南自

① 中共中央文献研究室、中共湖南省委《毛泽东早期文稿》编辑组编《毛泽东早期文稿》，湖南人民出版社，2008，第441~442页。
② 中共中央文献研究室、中共湖南省委《毛泽东早期文稿》编辑组编《毛泽东早期文稿》，湖南人民出版社，2008，第611页。

治法》，企图包办自治制宪工作。这时，湖南自治运动中便出现了两派对立的势力：一派是以谭延闿为代表的官办自治，一派则是以毛泽东、彭璜等人为代表的民办自治。斗争的焦点，实质上是争夺湖南自治运动的领导权。在这场斗争中，毛泽东的湖南自治思想得到了进一步发展，这主要表现在两个方面。

其一，是毛泽东的"自决主义"思想进一步明确为"湖南共和国"思想。在1920年9月掀起的湖南自治运动高潮中，毛泽东发表的第一篇文章的标题就是《湖南建设问题的根本问题——湖南共和国》。这个"湖南共和国"，实际上是毛泽东等人试图将辛亥革命未曾建成的资产阶级共和国方案，在湖南变成现实。关于这一点，毛泽东在和斯诺谈话时也是承认的。他说："那时新民学会的纲领要争取湖南'独立'，所谓独立，实际上是指自治。我们的团体对于北洋政府感到厌恶。认为湖南如果和北京脱离关系，可以更加迅速地现代化，所以主张同北京分离。……我们的团体曾经要求实行男女平权和代议制政府，一般地赞成资产阶级民主纲领。"①

对于毛泽东"湖南共和国"方案的资产阶级共和国性质，萧延中在《巨人的诞生》一书中作过比较具体的分析，他将其政治目标归纳为六个方面，即"第一，国家权力的实质在于独立的主权""第二，人民是政权的主宰""第三，以普选制为标志的民主共和政体""第四，政权中党派关系的相互制衡""第五，军队是国家政权的支柱""第六，发展经济，繁荣文化是国家的重要职能"。最后，萧延中指出："显然，展现在我们面前的这一理想的国家模式，基本上是一个西方资产阶级民主共和国。因为，在理论上回避国家的阶级本质，以议会政治构成其政体，普遍地采取选举方式、按分治原则设置政权机构，两党制或多党制的党派政治，军队隶属国家并

---

① 〔美〕埃德加·斯诺：《西行漫记》，董乐山译，东方出版社，2010，第130页。

在政权中保持中立，等等，这些西方民主共和国所具有的显著特征，在'湖南共和国'模式中都有着不同程度的体现。因而，这一模式并没有超出一般资产阶级民主共和国理论所能允许的范畴。"① 这一分析基本上是符合实际的。

其二，是"民治主义"思想进一步发展为人民主权思想。这一点恰恰又是"湖南共和国"超出一般资产阶级民主共和国范畴的显著特点。陈独秀在《实行民治的基础》一文中，突出强调"就是打破治者与被治者的阶级，人民自身同时是治者又是被治者"。其实质是企图通过政体的改变达到改变国体的目的。这一思想显然影响到毛泽东，所以在湖南自治运动中，他突出地强调人民主权思想。

第一，他反复强调人民自治的必要性。在《"湖南自治运动"应该发起了》一文中，他说："湖南自治运动是应该由'民'来发起的。假如这一回湖南自治真个办成了，而成的原因不在于'民'，乃在于'民'以外，我敢断言这种自治是不能长久的。"②

第二，是将"自决主义"与"民治主义"紧密联系起来，将两者视为不可分割的统一整体。因此，他坚决反对谭延闿的"湘人治湘"而力主"湘人自治"。他指出，所谓"湘人治湘"，"仍是一种官治，不是民治"；是"把少数特殊人做治者，把一般平民做被治者，把治者做主人，把被治者做奴隶"。③ 这一思想与陈独秀主张的"打破治者与被治者的阶级"是一脉相承的。

第三，他一反资产阶级国家以财产或性别限制人民选举权的做法，而强调以有无正当职业作为决定选举权的唯一标准。在《释

① 萧延中：《巨人的诞生》，国际文化出版公司，1988，第 123~126 页。
② 中共中央文献研究室、中共湖南省委《毛泽东早期文稿》编辑组编《毛泽东早期文稿》，湖南人民出版社，2008，第 464 页。
③ 中共中央文献研究室、中共湖南省委《毛泽东早期文稿》编辑组编《毛泽东早期文稿》，湖南人民出版社，2008，第 470 页。

疑》中，他说："议政法，办政法，要有职业的人才配议，才配办，无职业的人，对于政治法律，简直没有发言权。"① 这样，便将军阀、政客统统排斥在"人民"之外。

第四，坚决主张人民直接参政。在《释疑》中他说："大战②而后，政治易位，法律改观，从前的政治法律，现在一点都不中用。以后的政治法律，不装在穿长衣的先生们的脑子里，而装在工人们农人们的脑子里。他们对于政治，要怎么办就怎么办。他们对于法律，要怎么定就怎么定。"又说："'法律学'是从'法律'推究出来的。'法律'又是从'事实'发生的。……这自治法也是大多数人能够制能够议的，并且要这么大多数人制出来议出来的才好。"③ 陈独秀在《实行民治的基础》一文中说："社会上先有一种已成的事实，政府承认他的'当然'就是法律，学者说明他的'所以然'就是学说。一切法律和学说，大概都从已成的事实产生出来的，譬如英、美两国的自治制度，都是先由他们的人民创造出来的这种事实，后来才由政府编成法典，学者演成学说，并不是先由政府颁布法典，学者创出学说，他们人民才去照办的。所以我觉得时局纷乱不纷乱，政府提倡不提倡，国会有没有议决法案，都和我们人民组织地方自治、同业联合不生关系。"④ 毛泽东的人民自治、人民立法思想，显然也是对陈独秀思想的吸取和发挥。

第五，毛泽东认为，人民直接参政的形式，就是直接选举，进行全民"总投票"，即他在《绝对赞成"湖南们罗主义"》一文中所

① 中共中央文献研究室、中共湖南省委《毛泽东早期文稿》编辑组编《毛泽东早期文稿》，湖南人民出版社，2008，第466页。
② 指第一次世界大战。
③ 中共中央文献研究室、中共湖南省委《毛泽东早期文稿》编辑组编《毛泽东早期文稿》，湖南人民出版社，2008，第466~467页。
④ 《陈独秀文章选编》（上），生活·读书·新知三联书店，1984，第433页。

说："将票匦拿到我们'最大多数党'的手里来。"① 总之，毛泽东在湖南自治运动中表述的人民主权思想，较之五四时期的"民众大联合"思想，又有了一个新的进步，它已经由一般地号召人民联合起来进行"呼声革命"，转变为坚决主张人民自己起来当家作主，成为"治者"。

二 毛泽东世界观转变的关键

毛泽东在湖南自治运动中的经历，是促使他的世界观向马克思主义转变的关键。

在五四时期，毛泽东由于受无政府主义思想影响，反对一切强权，所以他在《民众的大联合》中，明确表示不赞成马克思派的"即以其人之道还治其人之身"的"激烈的"办法。这表明，他当时对马克思主义基本原理已有相当的了解，否则无法用朱熹的这句话来概括马克思主义关于无产阶级专政的学说。毛泽东当时不仅不赞成无产阶级专政学说，而且反对暴力革命，主张"呼声革命"。因此当1920年毛泽东要实现其世界观和政治立场的根本转变时，关键的问题不是知不知道无产阶级专政学说和通过什么途径（即是否读了《共产党宣言》《阶级斗争》《社会主义史》）知道无产阶级专政的问题，而是如何彻底摆脱无政府主义否定一切国家的观点，转而承认国家的必要性和无产阶级专政的必要性的问题。一般认为，正是湖南自治运动在他对这个问题的认识上，起了决定性的作用。这种作用，主要表现在两个方面。

第一个方面，是在湖南自治运动中，他逐步认识到了国家的必要性，并进而认识到了无产阶级专政的必要性。早在1920年3月12日，毛泽东在寄给黎锦熙的《湖南建设问题条件商榷》中，就不仅

---

① 中共中央文献研究室、中共湖南省委《毛泽东早期文稿》编辑组编《毛泽东早期文稿》，湖南人民出版社，2008，第459页。

承认省长、县知事、军务督办、议会存在的必要性，而且承认军队、警察存在的必要性，这些都是构成国家的基本因素，也正是无政府主义坚决否认的"法定权力"。这个《商榷》表明，毛泽东已开始抛弃无政府主义否定一切强权的观点，转而承认国家的必要性。至于毛泽东后来在湖南自治运动的高潮中关于"湖南共和国"方案的提出，则正如上一节所论述的，基本上是一个资产阶级共和国方案。从毛泽东对"湖南共和国"方案基本内容的论述中，可以看出他对国家的基本要素都作了全面肯定，这也就标志着他对无政府主义否定一切国家观念的全面抛弃。导致这种转变的原因，就在于无政府主义只能停留在口头上空谈，而无法付诸实践。一旦进入实际政治斗争，就离不开政权问题，而政权问题中，不涉及国体问题，也要涉及政体问题。湖南自治运动虽然是以政体问题形式提出的，但如前所述，人民主权这个问题已超越了政体问题而进入了国体问题。

湖南自治运动不仅促使毛泽东抛弃无政府主义否定国家的观点，转而承认了国家的必要性，而且随着运动的深入，他已明确表示赞成无产阶级专政的学说。1920 年 9 月 5 日，毛泽东发表的《打破没有基础的大中国建设许多的中国从湖南做起》中指出："以政治组织改良社会组织，以国家促进地方，以团体力量改造个人，原是一种说法。但当在相当环境相当条件之下，如列宁之以百万党员，建平民革命的空前大业，扫荡反革命党，洗刷上中阶级，有主义（布尔失委克斯姆），有时机（俄国战败），有预备，有真正可靠的党众，一呼而起，下令于流水之原，不崇朝而占全国人数十分之八九的劳农阶级，如响斯应。俄国革命的成功，全在这些处所。中国如有彻底的总革命，我也赞成，但是不行（原因暂不说）。"① 过

---

① 中共中央文献研究室、中共湖南省委《毛泽东早期文稿》编辑组编《毛泽东早期文稿》，湖南人民出版社，2008，第 456 页。

去在讨论毛泽东世界观转变时，认为他当时全身心地在进行湖南自治运动，又明确表示"彻底的总革命"还"不行"，所以对这段话重视不够。而笔者认为，如果将这段话与 1919 年他在《民众的大联合》中不赞同马克思派的"即以其人之道还治其人之身"那段话相比，则表明他的政治观来了一个一百八十度的大转弯。因为他在这里已明确表示赞成"彻底的总革命"，只不过认为时机还不成熟，所以目前还"不行"。而他所说的"彻底的总革命"，就是列宁领导的俄国十月革命那样的社会主义革命。而他讲的"建平民革命的空前大业，扫荡反革命党，洗刷上中阶级"，正是指的无产阶级专政。1919 年，他在《〈湘江评论〉创刊宣言》中还在说："我们承认强权者都是人，都是我们的同类。……用强权打倒强权，结果仍然得到强权。不但自相矛盾，并且毫无效力。"① 可是一年之后，他却肯定用革命手段"扫荡反革命党，洗刷上中阶级"的必要性。值得注意的是，毛泽东这篇全面谈到俄国十月革命经验文章的发表，是在他和彭璜等人发起成立俄罗斯研究会（8 月 22 日）之后的 13天，而在他这篇文章发表前几天，彭璜在湖南《大公报》上发表过一篇《对于发起俄罗斯研究会的感言》，明确肯定了无产阶级专政的必要性。彭文说："劳农的政府，是俄人革命不能避免的手段，也恐怕是全世界革命必经过的阶级。"② 彭璜是毛泽东最亲密的战友之一。从上述两人同一时期发表的论述俄国十月革命的文章中可以看出，他们观点也是完全一致的。因此，毛泽东 1936 年和斯诺谈到他世界观转变时说的话是符合实际的，即"到了一九二〇年夏天，在理论上，而且在某种程度的行动上，我已成为一个马克思主

① 中共中央文献研究室、中共湖南省委《毛泽东早期文稿》编辑组编《毛泽东早期文稿》，湖南人民出版社，2008，第 271 页。
② 湖南《大公报》1920 年 8 月 27～30 日。

义者了"①。

第二个方面，湖南自治运动的失败，促使毛泽东在行动上也成为一个马克思主义者。在上述与斯诺谈话中，毛泽东虽然肯定自己"在理论上"成为马克思主义者，但又说还只是"在某种程度的行动上"成为马克思主义者，这说明他对自己世界观转变要求的严格。分析他与斯诺的谈话，可以知道他所以认为自己还只是在"某种程度的行动上"成为马克思主义者，一是因为他当时从事的湖南自治运动还是"一般地赞成资产阶级民主纲领"，二是到"一九二〇年冬天，我第一次在政治上把工人们组织起来了，在这项工作中我开始受到马克思主义理论和俄国革命历史的影响的指引"。② 过去有的论者就是因为在湖南自治运动中，毛泽东还赞成资产阶级民主纲领，而不承认他在 1920 年夏天完成了世界观转变。前文已经指出，他在 9 月 5 日的文章中已表示赞成"彻底的总革命"，只不过认为目前还行不通，因此笔者认为毛泽东自己说他在 1920 年夏天，"在理论上"已成为马克思主义者，是比较客观的。湖南自治运动的失败，使他彻底认识到，在中国任何政治改良的道路都行不通。1920 年 11 月 25 日，毛泽东致向警予信中说："湖南人脑筋不清晰，无理想，无远计，几个月来，已看透了。政治界暮气已深，腐败已甚，政治改良一途，可谓绝无希望。吾人惟有不理一切，另辟道路，另造环境一法。"③ 所以这时他开始着手社会主义青年团和共产主义小组的建设，即他和斯诺谈话中所说的"第一次在政治上把工人们组织起来了"。同年 12 月 1 日，他在致蔡和森、萧子升并在法诸友信中，"表示深切的赞同"蔡和森关于"打倒有产阶级

---

① 〔美〕埃德加·斯诺：《西行漫记》，董乐山译，东方出版社，2010，第 131 页。
② 〔美〕埃德加·斯诺：《西行漫记》，董乐山译，东方出版社，2010，第 131 页。
③ 中共中央文献研究室、中共湖南省委《毛泽东早期文稿》编辑组编《毛泽东早期文稿》，湖南人民出版社，2008，第 493 页。

的迪克推多，非以无产阶级的迪克推多压不住反动"的观点，并明确指出："共产党人非取政权，且不能安息于其①宇下，更安能握得其教育权?"② 这时，毛泽东就不仅在理论上，而且在行动上都成为一个马克思主义者了。

---

① 指资产阶级。

② 中国革命博物馆、湖南省博物馆编《新民学会资料》，人民出版社，1980，第150、147、148 页。

第六章

湖南第一师范与五四时期
湖南的文化运动

五四时期湖南的文化运动突出地表现在以下四件事：一是赴法勤工俭学，二是创办文化书社，三是罗素、杜威、蔡元培等国内外名人在长沙讲学，四是创办湖南自修大学。在这些重大的文化事件中，湖南第一师范师生都发挥了重要的作用。

第一节　湖南第一师范与赴法勤工俭学

赴法勤工俭学是五四时期一次重要的社会和教育运动。在湖南学生赴法勤工俭学过程中，湖南第一师范的师生发挥了巨大的作用。

一　杨昌济全力支持赞助

据《新民学会会务报告》（第一号）记载，1918年6月底，新民学会在第一师范附属小学陈赞周、萧三处召开会议，参与会议者包括何叔衡、萧子升、萧三、陈赞周、周世钊、毛泽东、蔡和森、邹彝鼎、张昆弟、陈启民、李维汉等10余名会员。会议集中讨论了"'会友向外发展'一点，对于留法运动认为必要，应尽力进行。

是日聚餐。自此，留法一事，和森和子昇专负进行之责。"① 会后，萧子升便给杨昌济写信，询问有关赴法勤工俭学的问题，萧氏说："在那次集会的大约一星期之后，我接到杨怀中老夫子的回信。这是一张给我个人的明信片。他很喜欢写明信片，内容简洁扼要。他写道：'昨天接到你的来信，今天即去拜访蔡子民（元培）校长。他说他正是华法教育学会会长。留法勤工俭学学生已经组成一个学会，你们希望去法国勤工俭学之事可望成功……"② 于是蔡和森6月23日从长沙乘轮船到汉口，转乘火车于6月25日晚到北京。抵京后他立即去北大拜晤杨昌济，又通过杨的介绍，与华法教育会取得联系。7月底蔡和森致陈绍休、萧三、萧子升、毛泽东的信表明，他不仅知道25人的名额，而且通过当天杨昌济给他看的熊希龄的来信，知道"侨工局允各借二百元，请同为保证，又恐来者逾限，祈另组一款，以辅助之云云"。所以蔡和森对筹款一事，比较乐观，正是由于蔡和森等人的这种大力宣传和鼓动，湖南青年赴法勤工俭学的积极性不断高涨。8月15日，毛泽东率领留法学生25人离开长沙，19日抵京。以后，赴京的湖南学生日臻增多。至1919年2月，已达300人。

杨昌济在毛泽东、蔡和森组织赴法勤工俭学工作开始，就投入到这场运动之中。据《留法勤工俭学会湖南会员纪事录》记载，华法教育会的负责人李石曾"亟亟以得人经理借款（向侨工局）为谋。先是，李先生闻蔡君林彬与杨怀中先生有师生之谊，欲杨先生出为经理，遂请蔡子民先生函商杨先生，杨又函商王少荃、胡子靖两先生，均慨然允诺。（1918年）七月二十六日，下午集会于华法教育会，除蔡子民、李石曾、彭志云三先生外，湖南则有胡子靖

---

① 中国革命博物馆、湖南省博物馆编《新民学会资料》，人民出版社，1980，第4~5页。
② 肖瑜：《我和毛泽东的一段曲折经历》，昆仑出版社，1989，第139页。

（元俶）、杨怀中（昌济）、王子刚（毅）、王少荃（文豹）四先生，是日所磋商者学生分校之办法（是时分长辛店、保定、天津三处），借款经理之手续，各先生均出席演说，历三点钟始散，湖南经理借款之干事会遂雏形于此时。……开会后，胡、杨、王、王四干事在熊（希龄）公馆会议，所议决之事，即成立湖南华法教育分会（一在长沙，一驻北京）及学生借款保证之办法。侨工局方面由熊先生接洽后，八月二十九日，李先生又邀集侨工局局长张弧先生与湖南各干事先生，在华法教育会为初之接洽，借款额遂扩充至七十余名。"①黎锦熙亦参加了 8 月 29 日的会议，据他当日的日记："至石附马大街督办河工处赴'华法教育会湖南分会'之筹备会。晤怀中、振翁、陈蔗青、李偶君、子靖……等。议决先起草章程、函件等，为工读学生赴保（定）预备者四五十人筹资三千元，拟向侨工事务局函借也。"11 月 2 日，黎氏日记又记："至北京大学赴'湖南留法预备科'学生欢迎会之约。晤子靖、怀中、少潜。先照相。余演说东西哲学文化之关系及国语之重要。"②

杨昌济担任湖南华法教育分会干事之后，他所负的责任就更加沉重了。侨工局的借款虽经过了许多手续，却迟迟不发，后来因为发生意外问题，此项借款竟成为空头支票，使湖南待款赴法学生失望之极。例如，贺果 1918 年在保定育德中学留法高等工艺预备班学习时，于 9 月 20 日的日记说："余等来此已二十日，下月膳费尚无着落，各人搜求数枚铜元而不可得，恐难免起绝粮之恐慌也。"③可见，杨昌济所承受的压力有多大。对此情况，杨开慧在《先父事

---

① 清华大学中共党史教研组编《赴法勤工俭学运动史料》（第 2 册），北京出版社，1980，第 51～52 页。
② 张允侯、殷叙彝、李峻晨：《留法勤工俭学运动》（一），上海人民出版社，1980，第 160 页。
③ 清华大学中共党史教研组编《赴法勤工俭学运动史料》（第 2 册），北京出版社，1980，第 33 页。

略》中有具体的说明:"在湖南五年,得高弟十余人,均极寒困,虽有大志,境遇限之,不能上趋,吾父不能不为之谋。适法国招募华工,吾父乃为之筹借预备费、旅费,后又得华法教育会干事之职,乃召学生来京。而湖南学生穷困者多,来者亦夥,款不敷用,吾父为之焦急,又款虽经侨工局局长允诺而久不发给,学生须膳宿费急,纷纷来信,极言其苦。吾父闻学生苦况,较身受犹为难堪,致不成寐,通宵达旦,百思方法,致疾又益增。延至八年(1919)四月,病甚深重,犹日往大学授课。吾辈忧之,劝入医院,不听。其高弟蔡君和森等亦忧甚,劝往西山静养,请蔡校长致函吾父劝之,始听。在西山半年,病时发时愈。九月间自觉其病已愈,因不忘大学职务,乃返京寓,预备授课。"①

杨昌济在极度困难的情况下,仍然不断努力,解决学生的困难。经他推荐,新民学会总干事萧子升出任华法教育会秘书,并与李石曾先期赴法;毛泽东到北京大学图书馆工作。在侨工局借款落空的情况下,杨昌济又与熊希龄、范源濂商量,从湖南善后协款中拨出 16000 元,作为湖南学生赴法经费贷款,每人发 400 元(包括留法预备费 200 元,赴法船位费 100 元,治装费、杂费 100 元),并代办护照、定舱位等,这样第一批共 40 名学生领用借款赴法。杨昌济等人还发动一切可以发动的力量进行筹款。据贺果 1918 年 9 月 12 日的日记记载:"闻长沙近日有留法协助会之组织,发起人为陈凤芳、孔昭绶、徐特立、彭国钧、王邦模等。原动力本为在京之华法教育湘分会干事杨怀中、胡子靖等之首倡,以补助留法学生

---

① 《北京大学日刊》11 月 17 日和 18 日的 488 期、489 期,连载"本校布告·教务处布告":"哲学系教授杨昌济先生刻已病愈,自西山回京,定于本星期起来校授课。"1919 年 11 月 22 日和 24 日的 493 期、494 期连载"本校布告·教务处布告":"哲学系教员杨华生先生因病请假,所任伦理学及伦理学史二科,自本星期暂停讲授。"

为宗旨。闻现正在联络湘中各大资本家，苟能将经费大加扩充，将来改为留学协助会专补助留学界。"① 如此等等，可谓费尽心力。杨昌济等人的这些工作，使留法预备生颇为感激。罗学瓒于 1918 年 11 月 19 日致其叔祖父信中说："此次为侄孙等筹款出力之人为杨怀中（长沙人，曾留学日本及英、德诸国。为第一师范教员四年，现为北京大学教授。学通今古，精研哲理，且道德称重一时。此次招致湖南学生、筹借款项皆先生之力）、胡子靖、王少筌诸先生，然非李石曾先生之介绍，亦不能有此结果，皆侄孙等所当感激者也。"②

杨昌济西山养病出院后，"阅伦理学书，稍劳，病遂又发。次日有课，吾辈劝勿往，不听，卒往授课，一点钟而归。后实不能胜，吾辈劝入医院，始听。而病已过深，医药无效，卒至不起焉"③。杨昌济为教育、为学生而耗尽了他的全部精力，于 1920 年 1 月 17 日在北京病逝。

二 毛泽东、蔡和森积极发起组织

蔡和森于 1918 年 6 月 23 日到北京后，经过一个多月的调查和努力，使留法勤工俭学的工作有了头绪。于是他于 7 月底给毛泽东等人写信，建议毛泽东早日到京，"吾辈须有一二人驻此，自以兄在此间为最好"④。8 月 15 日，毛泽东与萧子升、罗学瓒、罗章龙、

① 张允侯、殷叙彝、李峻晨：《留法勤工俭学运动》（一），上海人民出版社，1980，第 171～172 页。
② 张允侯、殷叙彝、李峻晨：《留法勤工俭学运动》（一），上海人民出版社，1980，第 154 页。
③ 李泽忠：《新发现的杨开慧三篇短文浅析》，《船山学刊》2015 年第 3 期，第 28～33 页。
④ 中共中央文献研究室编《毛泽东年谱》，人民出版社、中央文献出版社，1993，第 37 页。

陈赞周等二十多准备赴法勤工俭学的青年离开长沙去北京。途中因洪水阻隔，于 8 月 19 日才到北京。到北京后他和蔡和森、萧子升商量制定了湖南学生留法勤工俭学计划，有步骤地开展勤工俭学活动。① 这样，就一改先前湖南勤工俭学的冷清局面。

据署名"湖南学生"的作者所作的《留法勤工俭学会湖南会员纪事录》，早在 1917 年 10 月，湖南华容县人罗承鼎（喜闻）、戴勋二人在广州认识广东留法勤工俭学会会长黄强，遂起留法勤工俭学之念。黄强时任广东工艺局局长总办兼援闽总司令部副官长及兵站部长之职。他以广州军事正急，无暇筹备留法预备学校为由，介绍罗、戴二人到北京进预备学校。罗、戴二人回到湖南之后，一方面将从广东带回的留法勤工俭学章程发往湘中各校，另一方面致信蔡元培和李石曾询问留法预备学校的情形。蔡、李在复函中称，如果湘省人数众多，可与湘教育会商议，就省组织预备学校，教员可由华法教育会介绍。罗、戴于是持蔡元培的函找湖南省教育会会长陈润霖，陈以大兵驻省，经费、校舍均难设法，未允所请。罗又退而至南县，组织赞成者，响应者虽有数十人之多，终以无款而止。1918 年 2 月，北军入长沙，罗在省城组合预备赴京之数十人，皆星散避命。罗遂与段振襄、戴勋、周楚善、高风四人来到北京。他们首先找李石曾，李对他们说，本来是要你们暑假之后来，因为保定留法预备班尚未毕业。你们现在只好先到大学旁听，晚上再入法文班学习法文。蔡元培则说，章程中所定借款一条，只不过是一个计划，现在尚未实现。罗、戴等人又通过李石曾找了湘籍寓京名人熊希龄、章士钊，他们虽然热情接待，但要筹款也一时难以凑效。而罗等居京数月，客囊久空，举火为奇。他们找李石曾想到国内一

---

① 中共中央文献研究室编《毛泽东年谱》，人民出版社、中央文献出版社，1993，第 38 页。

间工厂勤工俭学，也难以做到。正是在这样一个困难时刻，"六月底，湖南省立第一师范学生蔡君林彬（和森）至，初谒先生，李遣人引至罗君处接洽，罗以经过一切情形相告，并嘱其速函至湘，招邀同学。蔡君居省城久，对于各校学友认识甚多，一纸至湘，影响颇大，未几鲁君其昌、张君宪武、郭君兴汉等十四人，自沪以欲入预校之意，函告罗君。不数日熊君麟等七人至，又数日张君宪武至保定，鲁君其昌、郭君兴汉自沪至京。七（八）月十九日毛泽东等十二（二十五）人亦自湘来京，而留法之形体遂具"。[①]

毛泽东、蔡和森到京之所以能够迅速改变勤工俭学的局面，除了上文所说他们"影响颇大"之外，还在于他们善于发动组织。他们采取了三方面的措施。

其一，大造舆论。在给毛泽东、萧三、陈绍休等人的信中，蔡和森强调，希望能够把更多的青年发动起来，组织他们赴京，他"大放浮词"："将青年界全体煽动，空全省之学子以来京，此在旁人视之，必以为不好下台，不知此正是好下台处；在正面言，形势愈大愈好着手，退一步言，湖南学子竟大多数患了一个勇猛轻率的神经病，此病甚于此回之水灾，而赈济之效亦大于水灾之赈济；则熊（希龄）氏等自不得不负维护之责，自不得不乐于维持；亦要如此始可以责人维持，始好责人维持也。"[②] 对于萧子升，他既赞赏其赴法决心和（赴京）"行得快"的表现，又毫不客气地批评其过于老成审慎以致"持重难发"（到7月中旬才组织6名湖南青年到京），他说："此回所来分子，主体太少，六人中尚有三人要考军官学校，令我寒心！升兄坐误事机，弟对之殊不欲再发一言，所最可感者，闹成一事机非常之不易，而赴事机者愈亲切愈熟知之人，则

① 清华大学中共党史教研组编《赴法勤工俭学运动史料》（第2册），北京出版社，1980，第47~51页。
② 《蔡和森文集》（上），人民出版社，2013，第5页。

愈漠视愈犹夷而不可动。"①

　　毛泽东、蔡和森为了促使女界同时进步，倡导女子赴法勤工俭学。蔡和森动员其胞妹蔡畅邀友自读；发起组织周南女校赴法勤工俭学会；联络其他女校学生组织成立了湖南女子留法勤工俭学会，负责筹备关于赴法勤工俭学一切事务；筹措出发川资及助学金，且将所订简章印刷多份，分送全湘各女校查照、使有志者可以随时加入。据统计，湖南女青年赴法勤工俭学居全国之最，仅1919年5月至1920年8月，各省女子到法国共21人，其中湖南有10人。

　　其二，积极筹措经费。当时，拟赴法的青年家庭大都不富裕，所以到法国之前，首先要解决的是路费和生活费等问题。1918年7月底，蔡和森在致萧子升的信中说："弟今天会见李石曾先生，除以前所闻皆得证实外，又知借款机关亦已组织，我省为熊秉三（希龄）、张秋桐（士钊）二氏担此义务，筹有的款，以辅助绝无自借能力之士。"② 蔡和森到京以前，李石曾与侨工局联系，取得25人的借款额度，但"付款手续必须湖南在京任事之人经理，侨工局不与学生直接交涉"。李请王子刚经理，王欣然诺之。③ 这一结果，无疑为新民学会会员和湖南青年赴法奠定了一个相对可靠的基础。但当时湖南有许多希望向外发展的学子，于是蔡和森与李交涉，并通过李与侨工局接洽，希望争取更多的借贷名额。他对长沙的新开学会会员说："即于二十五名之外，隐示可来额外之多数，此等弟筹之熟，思之深，而且身经其间已久，极悉此事之性质，原属不拘一定，可靠不可靠，有把握没有把握，全在自己创造。"④ 只要来

① 《蔡和森文集》（上），人民出版社，2013，第5页。
② 《蔡和森文集》（上），人民出版社，2013，第2页。
③ 清华大学中共党史教研组编《赴法勤工俭学运动史料》（第2册），北京出版社，1980，第50页。
④ 《蔡和森文集》（上），人民出版社，2013，第4页。

京的人多，还可以设法争取更多的名额。所以蔡和森先是通过华法教育会、侨工局来解决赴法旅费问题："侨工局借得二十五分款，就可额外容纳得几个至十个；因为我们有最简单之生活，得节省借款几分之几也。"此外，发动少数有钱的学生一同赴法，组织各种财团，以团体名义借款，实行混合分配，也是他促成大形势的一种手段。他设想，"如有三十人来，就要夹三分之一之有钱者及有借贷力者。如有四十人来，就要夹十几个之有钱者及（有）借贷力者"，循此以推，"则来八十人，虽六七个是穷措大不妨也"[①]。很显然，组织财团作为一种手段，是为了鼓动更多的人来京。

毛泽东对于筹款也很努力。他通过杨昌济的介绍，到上海找到杨氏当年在英国留学的老同学章士钊，通过募捐筹得二万银元，解决了五十个学生的经费问题。

其三，组织预备学校。李石曾向罗喜闻建言，"欲乘此机会为湘专开一班，人数须在三十以上，君可一面函湘邀集学生来京，一面上书熊、章二先生要求代筹川资借款"。这就为随后蔡、罗各自邀集同志30名以开办预备留法湖南班创造了有利条件。到1918年8月中旬，从长沙、上海等地抵京的湖南学生达80人，但当时预备学校只有保定育德中学一个可容纳四五十人的教室，不能完全容纳湖南来的人。按李石曾的意见，要优先安排最早来京的罗喜闻等人去保定，剩下位置让蔡和森那一部分人去补充，而蔡和森提出他们一部分人完全想去保定，罗喜闻等决定让蔡和森那部分人先去保定，他们中间八九人愿去保定的也同他们一起去，其余的愿在北京等候；他们中间也有10多人不愿去保定的，也一同在北京等候。得到李石曾同意。在学生分校困难的情况下，蔡和森通过杨昌济与华法教育会进行交涉，希望开办其他预备学校接收湖南来的青年。

① 《蔡和森文集》（上），人民出版社，2013，第4～5页。

1918年8月长辛店铁路工厂开办了留法预备班，北大和保定的育德中学以及布里村工艺学校也开设预备班。罗喜闻主动带7名华容同学到条件最为艰苦的长辛店铁路工厂预校。蔡和森与毛泽东等研究决定，在筹备旅费与争取办理出国护照的同时，到京的新民学会会员和同来的湖南青年分别进入北京、保定、布里村三处的留法预备班，既争取华法教育会的资助，也可边学法文边劳动，为出国作准备。

毛泽东、蔡和森等对在预备班学习的学员很关心。例如，1918年10月6日，毛泽东和蔡和森、萧子升从北京到保定，迎接由陈赞周、邹鼎丞带领的第二批准备赴法勤工俭学的30多名湖南青年。7日下午在莲花公园同已在育德中学附设留法高等工艺预备班学习的张昆弟、李维汉、李富春、贺果等聚会，并同湘籍全体同学合影留念。①

萧三在《时事新报》1919年4月19日发表《留法勤工俭学预备学校近况》一文中指出，这些预备学校"学生以湖南为最多，自去年秋截至今年二月，已来三百人，而为八班。有全系湖南学生为一班者，有合少数他省学生为一班者。固由该省政象不宁，教育停滞，莘莘学子，无校可入，遂相率外走，组求学之团体，而为教育之运动也。此等预备学校，分为初级、高级两种，蠡县布里村乃初级也，高小毕业生入之；其余均为高级，中等学校以上者入之"②。

1919年3月至1921年2月，湖南的学生大批涌入法国，留法勤工俭学运动进入高潮。湖南赴法勤工俭学的学生为413人（全国留法勤工俭学总人数，一说为1549人，另一说为1594人）③。

① 中共中央文献研究室编《毛泽东年谱》，人民出版社、中央文献出版社，1993，第38页。
② 清华大学中共党史教研组编《赴法勤工俭学运动史料》（第1册），北京出版社，1979，第193页。
③ 谢建明：《湖南留法勤工俭学人员略考》，《湖南师院学报》（哲学社会科学版）1983年第4期，第67~71页。

第二节　湖南第一师范与文化书社

长沙文化书社是由毛泽东、易礼容、彭璜等新民学会会员联合教育界、新闻界、工商界的进步人士发起的以传播新文化、新思想为主要任务的书报发行机构。1920 年 9 月 9 日开始营业，到 1927 年 7 月 15 日被政府当局查封停业。在这七年里，它先后与全国各地多家出版机构和书局建立业务往来关系，在湖南发行大量关于新文化、新思想特别是马克思主义思想的书籍，为长沙甚至全湖南提供研究新文化、新思想的新材料。

一　传播新文化的文化书社

1920 年 7 月初，毛泽东离开上海返回长沙，经过武汉，动员易礼容回湘，从事新思潮的传播。在武汉，经易礼容介绍，毛泽东会见了恽代英，参观了利群书社，并请恽代英传授了开办书社的经验，商谈在长沙开办文化书社的问题。

毛泽东回长沙后，便开始着手联络驱张代表、进步人士，以及教育、新闻和工商各界知名人士，包括老同盟会会员仇鳌，新任湖南省长公署秘书长、教育厅长兼湖南第一师范校长易培基，周南女校校长朱剑凡，长沙商会会长左学谦，湘雅医学专科学校秘书赵运文，新闻界的龙兼公、张平子、杨绩荪、朱矫、李抱一，教育界的王正枢、王季范，取得他们的支持，同意列名发起长沙文化书社，成为书社的社员。书社中的易培基、姜济寰，都是谭延闿政府的实权人物，这使长沙文化书社披上了合理合法的光环，保证书社能够顺利进行经营。

1920 年 7 月 31 日《大公报》发表毛泽东起草的《发起文化书社》，文中指出："新文化，严格说来，全体湖南人都不和他相干。……澈底些说吧，不但湖南，全中国一样尚没有新文化。全世界一样尚没有新文化。一枝新文化小花，发现在北冰洋岸的俄罗斯。几年来风驰雨骤，成长得好，与成长得不好，还依然在未知之数。"五四新文化运动是从 1915 年 9 月《青年杂志》出版开始的。青年毛泽东从一开始就是新文化运动的积极追求者和支持者，为什么现在他又说"没有新文化"了呢？这是因为毛泽东在 1920 年夏天完成了世界观的转变，他对新文化的认识发生了改变。原来所谓的"新文化"是相对中国封建主义旧文化的西方资本主义文化，现在他所谓的"新文化"则是相对资本主义文化的无产阶级文化。所以他力图倡导这种"真正的新文化"。故他在《发起文化书社》中接着说："诸君，我们如果晓得全世界尚没有真正的新文化，这倒是我们一种责任啊！什么责任呢？'如何可使世界发生一种新文化，而从我们住居的附近没有新文化的湖南做起。'这不是我们全体湖南人大家公负的一种责任吗？文化书社的同人，愿于大家公负的责任中划出力所能胜的一个小部分，因此设立这个文化书社。我们认定，没有新文化由于没有新思想，没有新思想由于没有新研究，没有新研究由于没有新材料。湖南人现在的脑子饥荒实在过于肚子饥荒，青年人尤其嗷嗷待哺。文化书社愿以最迅速、最简便的方法，介绍中外各种最新书报杂志，以充青年及全体湖南人新研究的材料。也许因此而有新思想、新文化的产生，那真是我们馨香祷祝、希望不尽的！"[①]

8 月 2 日，文化书社在楚怡学校召开发起人会议，毛泽东、彭璜、易礼容、陈子博、何叔衡、周世钊、陈书农、陶毅等新民学会会员都是主要发起人。会议推选彭璜、毛泽东、易礼容三人为筹备

---

① 中共中央文献研究室、中共湖南省委《毛泽东早期文稿》编辑组编《毛泽东早期文稿》，湖南人民出版社，2008，第 449～450 页。

员，并通过了毛泽东起草的《文化书社组织大纲》。大纲规定，"本社以运销中外各种有价值之书报杂志为主旨。书报杂志发售，务期便宜、迅速，庶使各种有价值之新出版物，广布全省，人人有阅读之机会"①。同时还规定了财务制度、投资途径、管理办法、服务事项、机构设置、办社原则等。会议还起草议事细则和营业细则，觅定房屋，联系外埠订购书报等事项。8月20日，书社租用潮宗街56号湘雅医学专科学校的仓库3间房子为营业门面。从《文化书社第一次营业报告》可知，从8月2日成立会起到10月22日第一次议事会止，投资者有姜济寰、左学谦、朱矫、杨绩荪、毛泽东、朱剑凡、周世钊等27人，共收银519元。长沙文化书社于9月9日在长沙潮宗街正式开业。

文化书社社员主要有：方维夏、仇鳌、王林苏、王邦模、王正枢、毛泽东、左学谦、左式民、朱剑凡、朱矫、任慕尧、李景侨、匡日休、何瞻岵、吴毓珍、易培基、易礼容、林韵源、周世钊、姜济寰、陶毅、唐吉杰、陈书农、郭开第、张启汉、彭璜、邹蕴真、杨绩荪、赵运文、潘实岑、熊楚雄、熊梦非、刘驭皆、龙兼公、吴小山、贺民范。②这36人中，第一师范的有方维夏、毛泽东、王邦模（季范）、王正枢（立庵）、匡日休（互生）、何瞻岵（叔衡）、易培基、周世钊、陈书农、邹蕴真、熊楚雄、熊梦非等12人。

1920年10月22日文化书社召开第一次议事会，推举正式经理后，书社步入正式营业的轨道。第二期《文化书社社务报告》（第二期）中呼吁有能力的同志为书社集资，计划扩增资本到3000元。

---

① 中共中央文献研究室、中共湖南省委《毛泽东早期文稿》编辑组编《毛泽东早期文稿》，湖南人民出版社，2008，第451页。
② 张允侯、殷叙彝、洪清祥等：《五四时期的社团》（一），生活·读书·新知三联书店，1979，第47页。

从 1920 年 9 月文化书社开业到 1921 年 3 月，仅半年多时间，就售出《马格斯资本论入门》200 本、《社会主义史》100 部、《社会改造原理》100 部、《新俄国之研究》80 本、《劳农政府与中国》80 本。一些"重要的杂志"销量之大尤其令人吃惊。陈独秀主编的《新青年》售出 2000 本，上海共产党早期组织以工人为服务对象宣传马克思主义的通俗周刊《劳动界》销量达 5000 本，由李大钊、陈独秀等人经常为其撰稿的《新生活》周刊，销量达 2400 本，其他一些进步刊物如《新潮》《少年中国》《新教育》等，销量也达数百本。

文化书社在做好新书刊发行的同时，还采取随书附送传单的方式，给读者以指导。如《文化书社敬告买这本书的先生》写道："先生买了这一本书去，于先生的思想进步上一定有好多的影响，这是我们要向先生道贺的。倘若先生看完了这本书之后，因着自己勃不可遏的求知心，再想买几本书看——到这时候，就请先生再到我们社里来买，或者通信来买，我们预备着欢迎先生哩！我们社里所销的东西，曾经严格的选择过，尽是较有价值的新出版物（思想陈旧的都不要）……我们的目的——湖南人个个像先生一样思想得了进步，因而产生出一种新文化。我们的方法——至诚恳切的做介绍新书报的工作，务使新书报普播湖南省。"[1]

《读书会的商榷》写道："近来有许多人提倡'读书会'，我们觉得这个办法实在很好。其好处有三：1. 一个人买书看，出一元钱只看得一元钱的书。若合五个人乃至十个人组织一个读书会买书看，每人出一元钱便可以看得十元钱的书，经济上的支出很少，学问上的收入很多。2. 中国人的'关门研究法'各人关上各人的大

---

[1] 中共中央文献研究室、中共湖南省委《毛泽东早期文稿》编辑组编《毛泽东早期文稿》，湖南人民出版社，2008，第 488 页。

门躲着研究，绝不交换，绝不批评，绝不纠正，实在不好。最好是邀合合得来的朋友组织一个小小读书会，做共同的研究。就像你先生看完了这本书，一定有好多的心得，或好多的疑问，或好多的新发明，兀自想要发表出来，或辨明起来，有了一个小小的读书会，就有了发表或辨明的机关了。3. 报是人人要看的东西，是'秀才不出门，全知天下事'的好方法。现在学校里的学生诸君，也有好多不看报的，是因为学校不能买许多报，报的份数太少的原故。最好是'每班'组织一个读书会，每月各人随便出几角钱，合拢起来钱就不少。除开买书之外便可多定几份报，至少也可以定一种。那么，便立刻变成不出门知天下的'秀才'了，岂不很好。"①

1920 年至 1923 年，文化书社陆续成立了平江、浏西、衡阳、宁乡、宝庆、武冈、溆浦、岳阳、嘉禾 9 个分社。另外在长沙城内的学校如第一师范、楚怡学校、修业学校等设立了书报贩卖部。为了更好地发展业务，后来书社搬迁至贡院西街 11 号。随着书社扩大，业务更发达，1926 年 7 月又迁至水风井。

同时，文化书社还为湖南自修大学学员提供阅读书籍，据现存湖南自修大学学员阅读的书刊目录可知，《共产党宣言》《科学的社会主义》《社会主义史》《达尔文物种原始》《新俄国之研究》《劳农政府与中国》《马克思资本论入门》《新青年》《少年中国》《晨报》《中国青年》等，大都是文化书社经销的书刊。

1924 年书社开始出现亏损。因此中共湖南省委书记李维汉曾拨800 元为书社清理债务。1926 年初，毛泽东、夏曦、易礼容出席在广州召开的国民党第二次全国代表大会时，请求国民革命军第二军军长谭延闿拨款维持文化书社业务，得到 400 毫洋作为书社经费。

---

① 中共中央文献研究室、中共湖南省委《毛泽东早期文稿》编辑组编《毛泽东早期文稿》，湖南人民出版社，2008，第 490 页。

二 开创新体制的文化书社

毛泽东还拟定了《文化书社组织大纲》（以下简称《大纲》），为文化书社制定了一套民主管理制度。这些制度很有创造性，过去人们只是从民主管理的一般意义上进行评论，而葛长银却从账簿制度设计的创新的角度，对此作了很高的评价。因此在本节，有必要将葛长银在《长沙文化书社的账簿制度设计——兼论毛泽东对会计思想和方法的贡献》[①]一文中提出的主要观点予以介绍。

在此文开头，作者指出文化书社是毛泽东和易礼容具体负责和组织。易礼容是湖南省商业专门学校科班出身，专门学过系统的企业管理知识包括会计专业知识，也在1920年毕业。但撰写文化书社文案都是毛泽东亲自动手，这证实毛泽东当时的知识体系里，具备开办一个书店的系统实用知识，尤其是核心的账簿实践技能。这是毛泽东的"童子功"，较刚毕业的易礼容从书本上学到的专业理论知识管用。因为不通晓账簿实践，是很难写出账簿核算实用文案的，遑论撰写到位的营业分析报告。由此推断，当时毛泽东和易礼容在会计知识方面的差别就犹如一个"老会计"和一位刚走出校门的学生之间的差别，这也是毛泽东能"大包大揽"承担书社管理文案拟定的底气和功夫。

《大纲》第二条指出："本社资本金额无限。先由发起人认定开办费，从小规模起，以次扩大。以后本社全部财产为各投资人所公有。无论何人，与本社旨趣相合，自一元以上均可随时投入。但各人投入之资本，均须自认为全社公产，投入后不复再为投资人个人

① 葛长银：《长沙文化书社的账簿制度设计——兼论毛泽东对会计思想和方法的贡献》，《广东技术师范大学学报》2021年第5期，第83～90页。

所有，无论何时不能取出，亦永远不要利息。"① 对此，葛长根指出，"旨趣相合"体现了毛泽东的交友品位，"物以类聚、人以群分"，文化书社的投资人，必须志趣相同，这应是毛泽东当时交友的基本原则。最具创造性的一个规则是投入的资本"无回报"。准确地说，这种"无回报"的宣言是对股东的筛选，也只有热衷新文化传播事业的志同道合者，才能成为文化书社的股东。这条规则实质上是把文化书社"股本公益化"了。

《大纲》第四条规定，"经理每日、每月均须分别清结账目一次，每半年总清结一次，报告于议事会"。② 葛长银认为，这条规定的先进性在于，"半年算"是"总清结"，即结算总账，这比当时通行的总账"年结"会计制度提前了半年。1920 年的民国会计，结账方法除"日清月结"外，就是"年结"，即年终算总账。葛长银在民国的其他相关文献中尚没看到"半年算"或"半年结"的提及。1931 年出版的《簿记学》里，通篇不见"半年结"之表述，均为"期末结账"的讲解，且表格注明的结账日期也都是"19 年12 月 31 日"，显然都是年结。这证实在文化书社开办 11 年后，会计教材中尚无"半年结"或"半年算"的概念；同时也证明当时的会计理论跟现在一样落后于会计实践。从年结到半年结就是会计方法的重大改进。从这缩短 50％时间结算总账的举措，可以窥见当时毛泽东为办好文化书社，想尽早掌握经营信息的迫切心情；也正是这种时不我待的管理心态，促成"半年算"会计方法的改革。毛泽东在 1921 年 4 月亲自撰写的《文化书社社务报告》（第二期），也是"半年算"会计方法落地的一个明证。在这篇翔实的经营报告

① 中共中央文献研究室、中共湖南省委《毛泽东早期文稿》编辑组编《毛泽东早期文稿》，湖南人民出版社，2008，第 451 页。

② 中共中央文献研究室、中共湖南省委《毛泽东早期文稿》编辑组编《毛泽东早期文稿》，湖南人民出版社，2008，第 451 页。

中，毛泽东又把账簿的重要作用和结账规则予以强调："要社务发达，务必要账目清楚。我们社内的账目，有'日算''月算''半年算'三种。'日算'是每日晚上将营业的账算出结果；'月算'是每月一号将上月全月内的账算出结果；'半年算'是将半年的账算出结果。这本社务报告里面所列的'营业情形'就是'第一个半年算'的结果。我们有了这一算，手续既到，观念乃明，改正旧的失误，定出新的方案，便容易的求进步了。"

《大纲》第七条规定："本社营业公开。每月将营业情形宣告一次。平时有欲知悉本社情形者，可随时来社或投函询问，当详举奉告。"① 葛长银指出，在那个"看账如抄家"的年代，公开账簿秘密，实属"匪夷所思"。这种大刀阔斧的改革，除了证实毛泽东"心底无私天地宽"外，还跟毛泽东青少年的记账经历和经验有关。毛泽东青少年时期为父亲记录的是家庭账簿，因核算主体"没有外人"，就没有造假的动机，也无假账之说，所以没有不公开的理由，这应是毛泽东对账簿记录的基本认识。他在《文化书社社务报告》（第二期）中也充分阐述了账簿公开的理由："中国人营业，总是秘密主义，除开他窝子里的人以外，谁都不能讨出他的消息。这种秘密主义，实在是一种罪过，一个人光明正大做事，为甚么不能将底子宣布出来呢？文化书社是一个社会公有机关，并不是私人营利，我们为避免这种罪过，乃反秘密而采彻底的公开，将社里一切情形，彻底宣布于社员以外。"从中可以看出，毛泽东把账簿不公开定义为"秘密主义"或自私。将书社秘密彻底公开也是毛泽东民主主义思想的直观体现。在《文化书社社务报告》（第二期）中，毛泽东特别强调了这一点："因此也得把社务公开起来，才可邀大家

---

① 中共中央文献研究室、中共湖南省委《毛泽东早期文稿》编辑组编《毛泽东早期文稿》，湖南人民出版社，2008，第452页。

的同情和注意。"

《发起文化书社》规定："文化书社由我们一些互相了解完全信得心过的人发起。不论谁投的本永远不得收回，亦永远不要利息。此书社永远为投本的人所共有。书社发达了，本钱到了几万万元，彼此不因以为利；失败至于不剩一元，彼此无怨，大家共认地球之上，长沙城之中，有此'共有'的一个书社罢了呵！"《文化书社组织大纲》第二条也明确规定资本投入后即为公有，"亦永远不要利息"①。在《文化书社第一次营业报告》中，毛泽东又进一步强调股本的性质及其股东的范围："本社既为公共组织，出资作为公产，亦无利息，则股本收入，事势上只能以同情于本社宗旨，并互相了解之人为限。"②葛长银认为，从这些文献来看，长沙文化书社吸收的股本，更像吸收同仁资助，开办的也是一个非营利组织——不以营利为目的而以传播新文化为重任的经营组织。除了股本不分红之外，"非营利组织"的另一个特征就是"不以获取利润为目的"。书社在经营方面让利太多或不计成本，也证实了这个特征。比如毛泽东特别重视向工农群众推销新书刊。根据他的提议，书社规定："凡来社贩运小册子卖给劳动界的，一律照进价转售，不赚分文"，有些书的售价甚至比原价还低。为了保障这个"非营利组织"的运行，就必须获取无私的资助，所以"化缘"就成了"特别交涉员"毛泽东的一个重要任务。毛泽东在参加中国共产党第一次全国代表大会后，工作重点逐步转移，但为书社"化缘"的重任一直没有卸下，甚至动用家产资助文化书社。据毛家账册《清抵簿》记载，1924年上半年记录的28笔支付条目中，最大的一笔是"付文化书

---

① 中共中央文献研究室、中共湖南省委《毛泽东早期文稿》编辑组编《毛泽东早期文稿》，湖南人民出版社，2008，第450~451页。
② 中共中央文献研究室、中共湖南省委《毛泽东早期文稿》编辑组编《毛泽东早期文稿》，湖南人民出版社，2008，第480页。

社花边叁佰元"①。这 300 大洋在当时可谓是一笔巨款，占了毛家上半年 28 笔支出总计的 45％。这笔账也证实毛泽东用家产支持革命事业的力度。

第三节　湖南第一师范与罗素、 杜威等名人讲学

1920 年 10 月 28 日至 11 月 2 日，长沙举行了 8 天的名人讲演，这是近代长沙一场隆重的文化盛宴。

一　名人讲学的盛大场面

关于名人讲演会的发起，1920 年 10 月 15 日的长沙《大公报》有这样的报道："省教育会陈君凤荒、孔君竞存等因教育会改选，各县选人皆来省，拟趁此时机，开一讲演大会，邀请中外名人来会演讲。适杜威尚在北京，罗素将到上海，乃函商在北京之熊知白，在上海之李石岑，熊李等均甚赞成，各方交涉，均已得有圆满结果。除杜威罗素外，北京之蔡子民胡适之，上海之陈独秀张东荪，南京之陶行知刘伯明，均拟分途同来。"② 由此可知，长沙名人学术讲演会是由湖南省教育会陈凤荒、孔竞存等发起的。陈凤荒即陈润霖，湖南著名教育家，1918 年当选湖南省教育会会长；孔竞存即孔昭绶，他于 1913 年 4 月至 1914 年 1 月、1916 年 9 月至 1918 年 9 月两度出任湖南第一师范学校校长，时任湖南省教育会副会长。陈润霖、孔昭绶等教育会领导提议发起讲演会后，得到了教育

---

① 龙正才：《毛泽东家一本 90 多年前的老账簿》，《档案时空》2016 年第 3 期，第 24～28 页。
② 《英美两大哲学家定期来湘详志》，长沙《大公报》1920 年 10 月 15 日，第 6 版。

会各成员、各校校长及湖南政界的广泛支持，同时也得到了旅居京沪湘籍学者熊知白、李石岑的赞成。熊为北京女高师校长，李为商务印书馆编辑兼中国公学教授。他们对于湖南讲演会不仅仅是赞同，而且还受湖南教育会之托，负责北京、上海方面讲演员的联络和邀请事宜。

对于发起名人讲演的缘由，湖南省教育会在给省长拨给教育经费的呈文中说得很明白："自欧战后，各国教育思潮，划然大变，湘省僻居内地，自应急顺世界之潮流，藉促学界之进步。前日由教育委员会建议钧署，召集全省办学人员分期讲演，以促地方教育，业经实案呈核在案。兹本会职员会议，以本会改选期届，各处会员及各县教育会劝学所等办学人员均将到会与选。拟趁此时机，暨海内外知名人士来湘，从本月底起，分讲哲学教育社会经济等科，俾吾湘学界获聆名人讲演，咸晓然于教育潮流，并唤起其研究兴味，其有裨教育必非浅鲜。"①

10 月 14 日特别组织了讲演筹备会，由陈润霖、孔昭绥、朱剑凡、彭泉舫等人组成。其中，朱剑凡为教育会干事及周南女校校长，彭泉舫为武昌旅鄂湖南学校校长。后又邀请艺芳女校校长曾宝荪、通俗教育馆馆长何叔衡、湖南第一师范教员余家菊和舒新城等人加入筹备。②

所请讲演员为：

杜　威　　美国哥伦比亚大学哲学系及教育学院教授
罗　素　　英国剑桥三一学院教授
蔡元培　　北京大学校长

---

① 《呈请省长拨给各费文》，长沙《大公报》1920 年 10 月 17 日，第 6 版。
② 《杜罗来湘演讲筹备记》，长沙《大公报》1920 年 10 月 17 日，第 6 版。

蒋梦麟	北京大学总务长
张东荪	《时事新报》主编
李石岑	商务印书馆编辑兼中国公学教授
章太炎	国学大师、民国元勋
张溥泉	广州军政府顾问
吴稚晖	唐山路矿学校国文教员

湖南教育会特派孔昭绶前往上海迎接罗素。孔氏还于 10 月 18 日往南京高师邀请陶行知、刘伯明两位来湘，当时商定一人来湘。后因南京高师校事不能来湘讲演，答应过两月再来。①

《大公报》特地邀请李济民、毛泽东、唐汉三、金缄三担任讲演记录，并在 26 日公布了特约记录员名单："此次国内外名人来湘讲演，于学术改进、文化宣传，所关甚巨。本报为谋各界快睹起见，特请北京大学哲学士李君济民专记杜威罗素两先生演辞，唐君汉三、金君缄三、毛君泽东分记蔡章张吴先生演辞，务期记载翔实，刊布迅速，以副阅者雅意。"② 金缄三和毛泽东共同记录了吴稚晖的讲演《勤工俭学》。毛泽东还记录了吴稚晖的讲演《女子勤工俭学》《都市文明》《劳动问题》，蔡元培的讲演《对于学生的希望》《美术的价值》，以及杨端六的讲演《和罗素先生的谈话》。

讲演以遵道会为正会场，以湖南第一师范为分会场。正会场初步定为罗素、杜威、蔡元培讲演，分会场主要安排章太炎、张溥泉、吴稚晖、张东荪等人讲演。

正会场听讲者持券入场，以各县代表及教育会会员为主，其他各校教师三人中发一券，各机关发一、二券。其中罗素讲演听讲者

① 《演讲名人来湘纪程》，长沙《大公报》1920 年 10 月 26 日，第 6 版。
② 《编辑部特别启事》，长沙《大公报》1920 年 10 月 26 日，第 2 版。

以政界、军界及其他各界为主体，杜威讲演听讲者以教育界为主体。① 分会场以长沙各校学生为主，各界想听讲演者也可加入。因学生人数太多又分六组听讲，具体为：各专门学校组、各师范学校组、各甲种实业学校组、中学一组、中学二组、中等以上学生代表组。

1920 年 10 月 14 日下午 4 时，杜威在谭延闿特派去沪迎接代表湖南图书馆馆长、湖南第一师范校长易培基的陪同下抵达长沙。谭延闿、赵恒惕亲自迎接。各界代表迎接人员不下数百，车水马龙，盛况空前。

罗素于 10 月 26 日、27 日接连讲演 4 次。26 日下午，在谭延闿的介绍下罗素登台讲演《俄国布尔什维克与世界政治》，杨端六任翻译。晚上 7 时至 8 时半，罗素继续讲演，由赵元任翻译。② 在讲演中，罗素谈到他游俄的经历以及对布尔什维克主义的反思。

在为期 8 天的讲演会中，各讲演名人在正、分会场讲演 40 多场。其中罗素讲演 4 场，讲演政治问题；杜威讲演 8 场，主要谈到教育问题；蔡元培讲演 7 场，讲演内容涉及教育及文化；章太炎讲演 3 场，演讲内容主要谈到文化方面；吴稚晖讲演 4 场，内容围绕勤工俭学问题展开；张东荪讲演 3 场，多谈到政治问题；张溥泉讲演 4 场，其讲演内容涉及政治及经济方面。作为讲演会的特邀联络者，李石岑也被邀参与讲演哲学问题。杨端六除担任翻译工作外，还就政治问题发表讲演。

湖南第一师范邀请蔡元培、吴稚晖、张溥泉、李石岑、杨端六来校研究讨论教育问题，主要讨论问题有：学科制应如何实行、考试方法应如何改良、学生应如何与社会联络、学生自治问题、男女

---

① 《长沙筹备大演讲续讯》，《民国日报》1920 年 10 月 24 日，第 6 版。
② 《昨日杜罗演讲记》，长沙《大公报》1920 年 10 月 27 日，第 6 版。

共学、师范学生的修养、师范生的服务，学校行政组织等。①

章太炎在 10 月 25 日应湖南第一师范校长易培基的邀请，讲演题目为《研究中国文学的途径》。

二 毛泽东对罗素在长沙讲演的批评

罗素在湘讲演，教育会原定为讲演一周，但因他多日旅途奔波，精神疲倦，急需赴京修养，故不能在湘久留，且拟定于 27 日晚起程赴京。罗素讲演的题目是《布尔什维克与世界政治》，因为1920 年 5 月、6 月间，罗素以英国工党代表团团员身份访问考察了苏俄。他这个讲演在当时最受欢迎，影响最为深远，引发了湖南进步青年关于社会改造问题的争论。

罗素说，现在世界上最要紧最有趣的东西是布尔什维克，所以他向中国人介绍布尔什维克情形：

> 布尔札维克是应世界的潮流而生的，无论赞成者和反对者持怎样的态度，但这主义在近日已实现出来了。布党的意思以为世界可采用这主义造成一最好的世界，他们有一新希望，使世界达到他们所希望的标点。我自己并不十分赞成布尔札维克。

> 布尔札维克好像宗教一样。倘若人人把布尔札维克当宗教看待，可以发生几种利益：（一）可以使社会上经济的分配很平均。社会上决不致像现在一样，贫富的程度相隔太远。（二）财富归国家所有。分配全体人民，使国家得着财产权，以平民执政权，谋经济上的调和。（三）免除战争。布尔什维克想把世界变成共产主义的世界，没有战争发生。（四）铲除

① 《昨日各处演讲纪略》，长沙《大公报》1920 年 10 月 30 日，第 6 版。

重商主义。商务发达，富者越富，贫者越贫，是贫富更相悬殊，贫富的阶级更加显明了。

他们（指布尔札维克）这种办法最不好的结果就是平民专制。平民专制可以发生几种弊端：（一）人民常受压制，难恢复自由，以致虽想不用专制也很困难。（二）手段太激烈会发生战争，布党以严酷的手段压制反对党，必发生反抗力，或由内部的变化激成战争，或由外部激成战争。

我虽信共产主义是一种好学说，我虽信他是文化的进步，我想我必用循序渐进的方法来实行这主义，必用别的方法开导人民，不必用强硬手段压迫他们。

共产主义宜于工业国，不适于农业国。布党想达到他们的目的，非振兴实业，像美国那样有大农业组织，有大工业发展不可。

世界上粮食充足，工业很发达的国家只有美国。这样看来，美国应该可行共产主义。但实行共产主义，必有倡这主义的人，美国倡此主义者极少。总而言之，教育是根本问题，没有教育，则人人不肯牺牲自己为共产主义做事。一般人说共产主义使人无幸福，其实不然，共产主义使有幸福的人更有幸福。

我觉得共产主义在五十年内没有实现的希望，如想成功，必须美国变为共产主义，或美国不反对共产主义。但在美国暂时看来，恐怕是很难做到的。

讲演的结束语为："中国的工业还是幼稚时代，恐怕多不知道共产主义的坏处。在工业制度之下，须减少工作时间，照共产主义做下去，工作时间，每日将不过四小时，其余的时间，可使他们去求工作以外的幸福。在工业没发达的国家内，只有实行科学的共产主义，才能使人民享受幸福。俄国没有实行科学的共产主义，所以归于失败。"①

毛泽东所记的、杨端六的《和罗素先生的谈话》讲演中谈道："罗素所以反对布尔失委克，就是为他不自由，布党的目的是共产主义，是罗素所赞成的；以共产为目的，而要以专制为手段，一往难收，将使自由丧尽，是罗素所不赞成的。罗素谓人类的理想社会，是自由的充分发展个性。布党用强力灌输其主义于青年，不管他任受与否而一味强注，此与宗教家之只要人信其宗教不许人质问理由者同，故罗素谓布尔失委克有宗教的性质。""罗素是最主张调和的，罗素反对法国之工团主义而赞成英国之基尔特主义，则因基尔特主义具有调和性质。"②

在罗素讲演前后，新民学会内部正发生改造中国与世界的方法论之争。1920 年 7 月 6 日至 10 日，留法新民学会会员在蒙达尼开会，讨论学会方针。会上蔡和森"以为应用俄国式的方法去达到改造中国与世界，是赞成马克斯的方法的"。萧子升"主张温和的革命，以教育为工具的革命，为人民谋全体福利的革命。以工会合作社为实行改革之方法。颇不认俄式——马克斯式——革命为正当，而倾向于无政府——蒲鲁东式——之新式革命，比较和而缓，虽缓然和"。李维汉的主张与萧子升相同。争论双方都向国内会友写信，以争取支持。毛泽东在 1920 年 12 月 1 日回信中说："我对子昇和笙两人的意见（用平和的手段，谋全体的幸福），在真理上是赞成的，但在事实上认为做不到。罗素在长沙演说，意与子昇及和笙同，主张共产主义，但反对劳农专政，谓宜用教育的方法使有产阶

---

① 李永春编《湖南新文化运动史料》（一），湖南人民出版社，2011，第 95～115 页。
② 李永春编《湖南新文化运动史料》（一），湖南人民出版社，2011，第 332～333 页。

级觉悟，可不至要妨碍自由、兴起战争、革命流血。但我于罗素讲演后，曾与荫柏（彭璜）、礼容（易礼容）等有极详之辩论，我对于罗素的主张，有两句评语：就是'理论上说得通，事实上做不到'。罗素和子昇、和笙主张的要点，是'用教育的方法'，但教育一要有钱，二要有人，三要有机关。现在世界，钱尽在资本家的手；主持教育的人尽是一些资本家，或资本家的奴隶；现在世界的学校及报馆两种最重要的教育机关，又尽在资本家掌握中。总言之，现在世界的教育，是一种资本主义的教育。以资本主义教儿童，这些儿童大了又转而用资本主义教第二代的儿童。教育所以落在资本家手里，则因为资本家有'议会'以制定保护资本家并防制无产阶级的法律。有'政府'执行这些法律，以积极的实行其所保护与所禁止。有'军队'与'警察'，以消极的保障资本家的安乐与禁止无产者的要求。有'银行'以为其财货流通的府库。有工厂以为其生产品垄断的机关。如此，共产党人非取政权，且不能安息其宇下，更安能握得其教育权？如此，资本家久握教育权，大鼓吹其资本主义，使共产党人的共产主义宣传，信者日见其微。所以我觉得教育的方法是不行的。我看俄国式的革命，是无可如何的山穷水尽诸路皆走不通了有一个变计。并不是有更好的方法弃而不采，单要采这个恐怖的方法。"①

往下，毛泽东还从心理、伦理等角度，进一步对这种教育改造论做了批评。他指出，"依心理上习惯性的原理，及人类历史上的观察，觉得要资本家信共产主义，是不可能的事。……用教育之力去改变他，既不能拿到学校与报馆两种教育机关之全部或一大部到手，虽有口舌印刷物或一二学校报馆为宣传之具，正如朱子所谓

---

① 中国革命博物馆、湖南省博物馆编《新民学会资料》，人民出版社，1980，第147~148页。

'教学如扶醉人，扶得东来西又倒'，直不足以动资本主义者心理的
毫末，那有回心向善之望？"从伦理的角度来说，"用和平方法去达
共产目的，要何日才能成功？假如要一百年，这一百年中宛转呻吟
的无产阶级，我们对之，如何处置（就是我们）？""再有一层，是
我对于无政府主义的怀疑。我的理由却不仅仅在无强权无组织的社
会状态之不可能，我只忧一到这种社会状态实现了之难以终其局。
因为这种社会状态是定要造成人类死率减少而生率加多的，其结局
必至于人满为患。"[①] 青年毛泽东的这些批评想象力十分丰富，表
明他在 1920 年夏天世界观转变的前后，对于改造中国与世界的方
法，进行了非常认真和深入的思考。

第四节　湖南第一师范与湖南自修大学

《毛泽东年谱》1921 年 8 月中旬条谈到毛泽东在参加了中国共
产党第一次全国代表大会之后，回到长沙，住在船山学社，与何叔
衡创办了湖南自修大学。自修大学是在船山学社董事会总理仇鳌和
社长贺民范支持下，利用船山学社社址和经费创办的。贺民范为首
任校长，毛泽东任指导主任，负实际领导责任。[②] 湖南自修大学的
学友，大部分是共产党员、社会主义青年团团员。自修大学学友人
数，在 1923 年 3 月有 24 名。同月，又公开招生，征求确实能自修
的新同学 10 名，前后合计 30 余名，计有毛泽东、何叔衡、李维汉、
贺民范、夏明翰、易礼容、罗学瓒、姜梦周、陈佑魁、毛泽民、陈
章甫、陈子传、陈子展、彭平之、曹典琦、廖锡瑞，刘春仁、戴晓

---

① 中国革命博物馆、湖南省博物馆编《新民学会资料》，人民出版社，1980，第
148~150 页。

② 中共中央文献研究室编《毛泽东年谱》，人民出版社、中央文献出版社，1993，
第 86 页。

云、刘大身、郭亮、夏曦、贺果、王梁、傅昌钰、黄衍仁、王会悟、杨开慧、许文煊等。附设补习学校学生，初办时有陈赓、贺尔康、毛泽覃、高文华、张琼等114人，结束时有补习班三个、初中班一个，共计200人①。其中毛泽东、何叔衡、李维汉、罗学瓒、陈章甫、陈子展、郭亮、夏曦、贺果、傅昌钰等均为第一师范师生。

一 湖南自修大学与船山学社

现在人们在谈论湖南自修大学时，往往都说它是中国共产党创办的最早的干部学校，其实湖南自修大学在酝酿和筹备时，只是为了创办一个理想的青年自学机构。早在湖南第一师范读书期间，毛泽东就对学校制度十分不满，他在1917年8月23日写给黎锦熙的信中，说自己在四年以前就想组织私塾，吸取古代书院讲学与现今学校二者之长，以三年为一期，目的是略通国学大要。② 1920年2月，他在写给陶毅的信中说，等驱张运动结束之后，回长沙和一些志同道合的同志，成立成一个"自由研究社"（或者直接叫自修大学）。③ 同年3月14日，他在写给周世钊的信中又说："我想我们在长沙要创造一种新的生活，可以邀集一些同志，办一个自修大学（这个名字是胡适之先生造的）。"这时虽然已经明确提出自修大学的名字，但是毛泽东还不是马克思主义者。直到1920年夏天，毛泽东才从理论上完成世界观的转变。此时，中国共产党尚未成立，创办自修大学当然不可能是为共产党培养干部。正是因为创办湖南自修大学的初衷是作为青年自学机构，所以才能得到自由主义者胡

---

① 唐振南：《船山学社与湖南自修大学》，《船山学报》1986年第2期，第83～87页。

② 中共中央文献研究室、中共湖南省委《毛泽东早期文稿》编辑组编《毛泽东早期文稿》，湖南人民出版社，2008，第76页。

③ 中共中央文献研究室、中共湖南省委《毛泽东早期文稿》编辑组编《毛泽东早期文稿》，湖南人民出版社，2008，第420页。

适的大力支持并为之取名。还必须指出，1921 年上半年，即中国共产党成立前夕，毛泽东和他的好友萧子升虽然在政治思想上已经开始分道扬镳，但在办自修大学上的意见却是十分一致的。萧氏说过，"毛泽东和我提了个建议，将'船山学社'改为'自修大学'。大家都同意这个建议，我成了主要策划人之一。"萧氏说，他向北京、上海的知识界、教育界询问意见，得到了蔡元培、章太炎、吴稚晖等名人的好评。[①] 萧子升的这段话是确实的。蔡元培的确为湖南自修大学写过题词。蔡氏在 1922 年 8 月写的一篇《湖南自修大学介绍与说明》中称："我近来读到《湖南自修大学组织大纲》，他的注意研究，注重图书馆、实验室，全与我的理想相合，我欢喜得了不得。他们要我题词，我曾经题了几句文言。"[②] 这说明，湖南自修大学即使到了正式开始筹备时，也还是以自学组织的名义相号召的。1921 年 8 月发布的《湖南自修大学创立宣言》开篇称："人是不能不求学的，求学是要有一块地方并且要有一种组织的。从前求学的地方在书院，书院废而为学校，世人便争毁书院，争誉学校。"[③] 这时毛泽东已经参加了中国共产党的成立大会，他心中要办的湖南自修大学已经是为党培养干部的学校，但是为了争取更多人的支持，包括像国民党的元老、船山学社董事会总理仇鳌这样人物的支持，他还是不得不把自修大学的性质泛化，把它说成是一个青年自学机构。要说这是一种策略也未尝不可。

毛泽东在湖南第一师范读书时最要好的同学之一萧子升，在谈到他 1921 年 3 月从北京回到长沙与毛泽东相会的情况时说："在长沙，有一幢叫'船山学社'的房子。是为纪念学者王船山（1619～

---

① 肖瑜：《我和毛泽东的一段曲折经历》，昆仑出版社，1989，第 161 页。
② 高平叔编《蔡元培全集》，中华书局，1984，第 246 页。
③ 《湖南自修大学创立宣言》，《东方杂志》第 20 卷第 6 号，1923 年 3 月 26 日出版。

1692）而命名的。现在有五十多个信仰共产主义的人接管了这幢房子，因为毛泽东是其中成员之一，所以我也受到邀请到那里去住。"[1] 罗章龙在《回忆新民学会（从湖南到北京）》一文中也说，后来，新民学会把船山学社接收过去，他们表面上宣传王船山的学说，实际上取其精华、去其糟粕，宣传爱国主义思想，教育青年。[2] 萧子升和罗章龙的"接管（接收）"之说，是有根据的，也基本上是符合事实的。说它基本上符合事实，是因为从 1920 年夏天起，何叔衡就出任船山学社社长。何叔衡 1919 年 11 月被选为新民学会委员长（总干事）。在驱逐北洋军阀张敬尧的运动中，何氏受毛泽东委派，参加驻衡驱张请愿代表团。驱张运动结束之后，公推何叔衡出任船山学社社长。从这个意义上说，新民学会"接管"船山学社是符合事实的。1920 年 9 月，湖南省教育委员会委任何叔衡为湖南通俗教育馆馆长，并要他接办由该馆发行的《湖南通俗报》。由于公务繁忙，何氏于 1920 年底辞去了船山学社社长的职务。继任的社长为贺民范，虽不是新民学会会员，却是长沙共产主义小组成员。他早年为秀才，1907 年留学日本法政大学，参加同盟会。辛亥革命后任临时省议会议员兼秘书长，安化、岳州知事，福建向安、宁德知事。1918 年弃官回湘，寄寓长沙。五四时期他任船山学校校长。金冲及主编的《刘少奇传》对这个时期的贺民范有一段介绍："他同陈独秀一直有联系，是湖南著名的进步人士。他受陈独秀的影响和委托，在湖南热心传播马克思主义，支持先进青年组建革命团体。毛泽东、何叔衡等组织长沙文化书社、俄罗斯研究会和社会主义青年团，都借用他的声望出面号召。所以，很多湖南青年想参加革命团体，都来找贺民范。刘少奇这时和毛泽东还

---

① 肖瑜：《我和毛泽东的一段曲折经历》，昆仑出版社，1989，第 160 页。

② 中国革命博物馆、湖南省博物馆编《新民学会资料》，人民出版社，1980，第 507 页。

互不相识，也不知道俄罗斯研究会、社会主义青年团是毛泽东、何
叔衡等实际负责的，所以同其他一些湖南青年一样，也到船山学校
去找贺民范，请他介绍加入社会主义青年团，帮助联系赴俄勤工俭
学。贺民范介绍刘少奇参加社会主义青年团，又要他先去上海外国
语学社学习俄语，学习后由那里统一组织赴俄勤工俭学。在这期
间，贺民范还陆续介绍任弼时、萧劲光、周兆秋、胡士廉等 14 个
湖南俄罗斯研究会会员和青年去上海外国语学社学习。"①

　　毛泽东等人在船山学社的基础上创办了湖南自修大学，从物质
方面说，固然是利用了船山学社的经费和社址，从精神方面来说，
则应该说是继承了船山学社的前身思贤讲舍这个由郭嵩焘创办的改
良式书院的优良传统。思贤讲舍是郭嵩焘于 1881 年所创办的一所
近代书院。郭氏在 19 世纪 70 年代出任中国驻英法首任公使以前，
就对中国书院沦为科举附庸这一状况十分不满；出使英法之后，亲
见西方学校比中国的先进，"大抵规模整肃，讨论精详，而一皆致
之实用，不为虚文"②。所以他回国后说："予谋别立书院，讲求征
实致用之学。"③ 郭嵩焘在创办思贤讲舍的过程中，还曾积极支持
恢复湘水校经堂，当时有一份《伪校经堂奇闻》的匿名帖，攻击郭
氏"不讲时文试帖，而讲天文算学，其计狡毒"④。而思贤讲舍也
开设了天文算学课。讲舍还利用屈原、周敦颐、王夫之、曾国藩的
生日举行祭祀讲会，议论时政，实际上是引导学生讲求征实致用之
学。青年毛泽东对郭嵩焘十分尊崇，对思贤讲舍的历史也比较熟
悉，所以他所写的《湖南自修大学创立宣言》中，对学校和书院各
自的利弊进行了深刻剖析："学校的第一坏处，是师生间没有感情。

---

① 　金冲及主编《刘少奇传》，中央文献出版社，1998，第 24～25 页。
② 　杨坚点校《郭嵩焘诗文集》，岳麓书社，1984，第 196 页。
③ 　《郭嵩焘日记》（第 3 卷），湖南人民出版社，1981，第 919 页。
④ 　《郭嵩焘日记》（第 3 卷），湖南人民出版社，1981，第 935 页。

先生抱一个金钱主义,学生抱一个文凭主义,'交易而退,各得其所',什么施教受教,不过是一种商行为罢了!学校的第二坏处,是用一种划一的机械的教授法和管理法,去戕贼人性。学校的第三坏处,是钟点过多,课程过繁。书院的好处在于:一来是师生的感情甚笃;二来没有教授管理,但为精神往来,自由研究;三来课程简而研讨周,可以优游暇豫,玩索而得。所以毛泽东在《湖南自修大学组织大纲》谈到学校的宗旨时指出,本大学鉴于现在教育制度之缺失,采取古代书院与现代学校二者之长,取自动的方法,研究各种学术,以期发明真理造就人才,使文化普及于平民,术学周流于社会,由湖南船山学社创设,定名"湖南自修大学。"①

二 湖南自修大学校刊《新时代》与湖南第一师范师生

1923 年 4 月湖南自修大学创办了校刊《新时代》,李达任主编,刊登学员的研究成果,现存 4 期,共选载学员文章 40 余篇。其中有第一师范师生毛泽东、李维汉、李达、罗学瓒、邹蕴真等人发表的文章。

毛泽东发表了《外力、军阀与革命》。他指出:

> 把国内各派势力分析起来,不外三派:革命的民主派,非革命的民主派,反动派。革命的民主派主体当然是国民党,新兴的共产派是和国民党合作的。非革命的民主派,以前是进步党,进步党散了,目前的嫡派只有研究系。胡适、黄炎培等新兴的知识阶级派和聂云台、穆藕初等新兴的商人派也属于这派。反动派的范围最广,包括直、奉、皖三派(目前奉、皖虽和国民党合作,但这是不能久的,他们终久是最反动的东西)。

---

① 1921 年 8 月 16 日至 20 日湖南《大公报》。

三派之中，前二派在稍后的一个期内是会要合作的，因为反动势力来得太大了，研究系、知识派和商人派都会暂放弃他们非革命的主张去和革命的国民党合作，如同共产党暂放弃他们最急进的主张，和较急进的国民党合作一样。所以以后中国政治的形势将成为下式：一方最急进的共产派和缓进的研究系、知识派、商人派都为了推倒共同敌人和国民党合作，成功一个大的民主派；一方就是反动的军阀派。中国政治的结局是民主派战胜军阀派，但目前及最近之将来一个期内，中国必仍然是军阀的天下：政治更发黑暗，财政更发紊乱，军队更增多，实业教育更发停滞，压迫人民的办法更发厉害。质言之：民主的脸面更发抓破，完全实施封建的反动政治，这样的期会要有十年八年都说不定。[①]

李维汉发表了《心理学上的两个基本知识》《观念史观批评》。在《观念史观批评》中，李维汉指出：历史哲学对人类历史的解释，划出唯神观、观念史观和唯物史观三大时期。

> 达尔文的进化论把自然哲学的迷关打破了，同时马克思把它应用到社会界的科学上来，为历史哲学、社会学开辟了一条新航路，将从前的神秘的、空想的历史观一扫而空。……从马克思的学说里可找出唯物史观的两个定理：
>
> 人的意识不能决定人的生活，人的生活倒可以决定人的意识。
>
> 物质生活的生产形式，能决定社会的、政治的和精神生活

---

① （民国）湖南学生联合会、新湖南社、湖南自修大学编辑《湘江评论 新湖南 新时代》，湖南师范大学出版社，2009，第149～150页。

的发展。

马克思的唯物史观，简言之，就是以某时代的生产方法解释某时代的社会历程。

观念史观，是抽象科学的演绎法对于历史学科的不幸的应用。在抽象科学中，牵强的命题常滚出些不可证明的公理。观念论者不屑穷究他们的观念的根源，因此不知其何自而来。他们单只肯定观念因观念而存在，观念是有完成性的，当观念自己完成的时候，便变化了在它的管理之下的人类社会现象。然则他们只从认识观念以求得历史定律。①

李达发表了《何谓帝国主义》《德国劳动党纲领栏外批评》《为收回旅大敬告国人》《马克思的学说与中国》《中国工商阶级应有的觉悟》《脱了牙的狼》。在《马克思的学说与中国》一文中他指出：

马克思学说之在中国，已是由介绍的时期而进到实行的时期了，我们研究经济学说的人，对于这样重大的事实，似有慎重研究和考校的必要，所以在这里提出"马克思学说与中国"的论题来讨论一番。本文范围内应该检讨的约分下列三项：

一、目前的中国可以应用马克思学说改造社会吗？

二、假使目前中国可以应用马克思学说改造社会，中国无产阶级应该怎样准备？怎样实行？

三、假使中国无产阶级能够掌握政权，应该采用何种政策？

---

① （民国）湖南学生联合会、新湖南社、湖南自修大学编辑《湘江评论 新湖南 新时代》，湖南师范大学出版社，2009，第285~288页。

李达指出，社会革命乃是由无产阶级实行政治革命，夺取政权来实现的。这是马克思的坚确信念。他自始至终都抱定这个信念，并没有丝毫改变。无产阶级社会革命的实现，第一步事业便是组织起来实行政治革命。按照马克思的说法，无产阶级要举行政治革命实现社会革命，务必等待一切生产力完全发展的时候方可实行。但俄国经验证明，政权移到无产阶级的时日，不是由经济力的资本主义的发达程度如何所能决定，乃是由阶级斗争的关系，由国际的地位以及种种主观要素所决定。因为这个理由，俄国共产党能够借无产阶级巩固的组织和决战的勇气，趁着欧战正酣，俄国帝国主义将要解体的时候，蹶然而起打倒本国组织薄弱的有产阶级，建立劳农专政的国家。

由以上所述看来，我们可以引出以下的结论：

（一）无产阶级为谋社会革命的实现，必须准备着政治革命。

（二）凡是资本主义的地方，共产党必须组织无产者成为一阶级，准备政治革命。

（三）无产阶级政治革命爆发的时机，完全由国际的地位和阶级决战的勇气决定。

中国无产阶级经济上受本国有产阶级的压迫，政治上封建阶级的压迫；有产阶级直接受封建阶级压迫；而两者同受帝国主义的压迫，前者是三重的，后者是二重的。中国无产阶级处在这样的经济的政治的情形之下，中国共产党乘机起来组织无产阶级，企图社会革命，在理论上在事实上并不是没有确实的根据的。[①]

---

① （民国）湖南学生联合会、新湖南社、湖南自修大学编辑《湘江评论 新湖南 新时代》，湖南师范大学出版社，2009，第 267～278 页。

罗学瓒发表了《环境与教育》、《共产主义与经济的进化》（译文）。他在《环境与教育》中说：

> 我希望教育家把注意教育的心情，去注意环境的改善：
>
> （一）环境与人类的发生。
>
> （二）环境与人类身体的构造。
>
> （三）环境与人类的智识思想。
>
> （四）环境与人类的性情。
>
> （五）环境与人类的行动。

他对每条又做了具体的论述。[①]

邹蕴真发表了《现代西洋哲学之概观》。在此文中他说：

> 我所欲叙述的现世哲学，是截至十九世纪中叶以至现在的各派哲学之大略。至于我把现世从十九世纪中叶截断的理由，是因西洋思想，自一千九百五十九年，达尔文刊布他的《物种原始》一书后，大形变动，人生观，和世界观，皆与前舛殊。哲学方面，亦甚形变化进步，多能超出旧来一切窠臼，而另辟新径。

邹氏将现世哲学分为以下几派：直觉主义、实验主义、新唯实论、唯心主义、自然主义。往下，邹氏逐个对这些主义进行了分析。[②]

[①] （民国）湖南学生联合会、新湖南社、湖南自修大学编辑《湘江评论 新湖南 新时代》，湖南师范大学出版社，2009，第 488 页。

[②] （民国）湖南学生联合会、新湖南社、湖南自修大学编辑《湘江评论 新湖南 新时代》，湖南师范大学出版社，2009，第 178～180 页。

　　在《新时代》上发表论文的一师师生中，当时李达的马克思主义水平是最高的，即使从全国范围内来看，也与李大钊和陈独秀不相上下。毛泽东和李维汉世界观转变的时间虽然不久，但其论文表明，他们对马克思主义的掌握比较熟练，并且能够运用自如。罗学瓒和邹蕴真的论文表明，其知识不仅比较扎实，而且能够与时俱进。

第七章

湖南第一师范与中国共产党
早期组织的建设

五四新文化运动的重大成果之一，是中国共产党的创立。湖南第一师范师生在中国共产党的创立初期作出了重要贡献，他们不仅参与创建湖南的共产党组织，而且参与创立了上海和法国的中国共产党早期组织。

第一节　湖南第一师范与中共
湖南早期组织的建设

湖南第一师范不仅有两位学生出席中国共产党第一次全国代表会议，即毛泽东与何叔衡，而且还有一批一师师生领导和参与了中国共产党湖南早期组织的建设。

一　毛泽东对马克思主义的接受

1918 年夏，作为新民学会重要领导人的毛泽东从湖南第一师范毕业，当时湖南混乱的政局使其决定向外发展，于是发动和组织新民学会会员赴法勤工俭学，到西方去接受新知识新思想，寻找救国救民的真理。为组织赴法勤工俭学，毛泽东于 1918 年 8 月 19 日第一次来到了北京。正是这次北京之行，毛泽东通过结识李大钊开始接触马克思主义。与此同时，赴法勤工俭学的蔡和森于 1919 年底抵达法国后，以"猛看猛译"的勤奋刻苦的精神，对法文的马克思主义文献进行了搜集、研读与翻译，很快接受了马克思主义，特别是接受了列宁的无产阶级革命和无产阶级专政思想，转变为马克思主义者。可以说，毛、蔡二人成为马克思主义在湖南传播的重要代表人物。

1919 年 12 月 18 日毛泽东率湖南驱张（敬尧）请愿代表团第二次到北京。其间他读了许多关于俄国和马克思主义的书。其中，"有三本书特别深地铭刻在我的心中，建立起我对马克思主义的信仰。我一旦接受了马克思主义是对历史的正确解释以后，我对马克思的信仰就没有动摇过。这三本书是：《共产党宣言》，陈望道译……《阶级斗争》，考茨基著；《社会主义史》，柯卡普著。到了一九二〇年夏天，在理论上，而且在某种程度的行动上，我已成为一个马克思主义者了，而且从此我也认为自己是一个马克思主义者了"①。国内学术界有人考证，发现陈望道译的《共产党宣言》出版于 1920 年 8 月，柯卡普著、李季译的《社会主义史》出版于 1920 年 10 月，考茨基著、恽代英译的《阶级斗争》出版于 1921年 1 月。② 这样，毛泽东本人的回忆便出现了前提（读三本书）与结论（世界观转变）之间的矛盾。在讨论这个矛盾时，有人相信前提，即确实是读了三本书之后才有世界观的转变，而不相信他的结论，即既然当时三本书还未出版，也就不可能读到，因此他不可能有 1920 年夏天的世界观转变。其实，柯卡普的《社会主义史》并不是一本马克思主义著作，而是站在费边主义的立场所写的书。考

---

① 〔美〕埃德加·斯诺：《西行漫记》，董乐山译，东方出版社，2005，第 131 页。
② 黄国秋：《关于毛泽东首次读〈共产党宣言〉等三本书的时间》，《求索》1982年第 3 期，第 52～53 页。

茨基的《阶级斗争》也有严重的缺点，如只字不提无产阶级专政，并极力鼓吹议会道路，否定暴力革命。这三本书中，真正有可能直接影响毛泽东世界观转变的，只有《共产党宣言》一书。就青年毛泽东 1919 年下半年至 1920 年上半年的思想情况来说，并不是不知道马克思主义的基本原理——无产阶级专政的问题，即读多少有关马克思主义原理的著作的问题，而是如何克服无政府主义影响的问题。毛泽东当时倾向于以克鲁泡特金为代表的无政府主义，认为它比较"温和"，不像马克思一派那么"激烈"，其"意思更广、更深远"。[1] 毛泽东第二次去北京期间，虽然不可能读到陈望道《共产党宣言》的全译本，但他读了 1919 年 11 月 1 日出版的《国民》杂志第 2 卷第 1 号上发表的李泽彰翻译的《马克思和昂格斯共产党宣言》第一章的全文，则是完全可能的。据黎锦熙回忆，他在北京看到毛泽东读《共产党宣言》是 1920 年 1 月 4 日。据罗章龙回忆，毛泽东第二次到北京以前，他们曾全文翻译《共产党宣言》，并自己誊写油印，没有铅印本。[2] 黎锦熙看到的《共产党宣言》应该就是这本书。必须指出，毛泽东这时读《共产党宣言》与他在五四运动时接触《晨报》及《新青年》杂志上有关《共产党宣言》的摘译或介绍文字时的环境和思想基础是不一样的。第一次到北京时，他主要还停留在理论上的探讨和文字上的鼓吹阶段，而第二次到北京是为了驱张运动。当时摆在他面前的不仅有一个同武装到牙齿的军阀张敬尧斗争的问题，还有一个驱张之后湖南如何建设的问题。面对这些严峻的现实问题，任何无政府主义的空谈都是无济于事的，所以他只好到马克思主义那里去找方法。这时他的思想状况，如他

---

① 中共中央文献研究室、中共湖南省委《毛泽东早期文稿》编辑组编《毛泽东早期文稿》，湖南人民出版社，2008，第 314 页。

② 中共中央文献研究室编《毛泽东年谱》，人民出版社、中央文献出版社，1993，第 57 页。

在 1920 年 3 月 14 日致周世钊信中所说:"于种种主义,种种学说,都还没有得到一个比较明了的概念。"如果将他在《湘江评论》时期对无政府主义持明确肯定态度相比,这一说法则表明他对无政府主义的信仰已经动摇了。这也是 1920 年 3 月 12 日他寄给黎锦熙的《湖南建设问题条件商榷》产生的思想背景。在《商榷》中,他不仅承认"省长""县知事"存在的必要性,而且承认"军队"和"警察"存在的必要性。这些都属于无政府主义"绝对不承认"的"法定之权力"的范畴。无政府主义是十分推崇托尔斯泰抗赋税、抗兵役的,毛泽东等人既然承认军队、警察的存在,就势必承认兵役。《商榷》还明确规定了"举办遗产税、所得税及营业税"。可见,《商榷》的形成,标志着毛泽东从反对强权、否定国家到赞成强权、肯定国家的重大转折。

1920 年 5 月 5 日,毛泽东从北京到达上海,后来他在和斯诺谈话时说:"我第二次到上海去的时候,曾经和陈独秀讨论我读过的马克思主义书籍。陈独秀谈他自己的信仰的那些话,在我一生中可能是关键性的这个时期,对我产生了深刻的印象。"[1] 毛泽东和陈独秀讨论他读过的马克思主义的书籍,当然不可能包括陈望道译的《共产党宣言》等三本书,但是他读过《国民》杂志上发表的《共产党宣言》第一章及李大钊在《新青年》第 6 卷第 5 号的"马克思主义专号"及第 6 号上发表的《我的马克思主义观》却是完全可能的。据考证,《新青年》第 6 卷第 5 号虽然印的出版时间是 1919 年 5 月,但实际出版时间却是当年 9 月,在《湘江评论》被查封之后。李大钊的这篇长达 2 万多字的论文,是中国人自己写的全面系统地介绍马克思主义三个组成部分,即唯物史观、科学社会

---

① 〔美〕埃德加·斯诺:《西行漫记》,董乐山译,东方出版社,2005,第 132～133 页。

主义、经济理论（剩余价值学说）的最早著作。值得注意的是，李大钊在介绍马克思的唯物史观时，还以一节的篇幅专门论述了马克思的阶级斗争学说。李大钊对阶级斗争学说如此强调，显然影响了毛泽东，所以他后来专门读了考茨基《阶级斗争》一书，并留下了深刻印象。还必须注意，陈独秀在 1920 年 9 月 1 日出版的《新青年》第 8 卷第 1 号上发表的《谈政治》一文，是当时从理论上对无政府主义进行系统批判的较好文章。尽管此文发表在他与毛泽东谈话之后，但文中一些基本观点在谈话时肯定已经形成，甚至他们还可能互相讨论过。因为当时的毛泽东恰好在实践中逐步认识到无政府主义否定一切国家观点的不对，他自己后来在回忆中把这个时期视为"在我一生中可能是关键性的"时期，是十分准确和恰当的。所以陈独秀对他谈自己的信仰的那些话，才能够对他"产生深刻的印象"，在他的世界观转变中，起了良好的酵母作用和巨大的推动作用。

当毛泽东在国内完成世界观转变之时，远在法国蒙达尼的蔡和森也同时完成了这种转变。但是，他们学习马克思主义的途径各有特色。毛泽东是在国内繁忙的实际政治斗争的间隙抓紧学习的，所以他虽然很快就掌握了马克思主义的精神实质，可是还未来得及系统化并上升到理论高度。蔡和森则不同。他于 1919 年 12 月 25 日到达法国，计划"在法大约顿五年，开首一年不活动，专把法文弄清，把各国社会党各国工团以及国际共产党，尽先弄个明白"①，翻译出了许多马克思主义文献。1920 年 7 月新民学会 13 名留法会员在蒙达尼集会表明蔡和森已经完成世界观的转变，接受了列宁的无产阶级革命和无产阶级专政思想，成为一名马克思主义者。蒙尼

---

① 中国革命博物馆、湖南省博物馆编《新民学会资料》，人民出版社，1980，第 125 页。

达会议后，蔡和森进一步厘清和深化了自己对马克思主义的认识，并将自己的思考所得写信告诉了毛泽东。1920 年 8 月 13 日，蔡和森致信毛泽东，在这封信中他第一次明确而系统地阐发了自己的马克思主义观点。首先，他通过对世界革命形势的分析，认为中国革命的性质与特点，在于由民族解放而导向无产阶级革命。进而，他又根据俄国革命的经验指出，无产阶级革命要取得胜利必须组织共产党，因为她是"发动者，领袖者，先锋队，作战部，为无产阶级运动的神经中枢。""我意中国于二年内须成立一主义明确方法的当和俄一致的党，这事关系不小，望你注意。"① 1920 年 9 月 16 日，蔡和森就共产党的建设问题再次致信毛泽东。蔡和森指出，共产党的建设必须解决好两个问题：一是共产党的哲学基础问题。"马克斯的惟物史观，显然为无产阶级的思想。……故我们今日研究学问，宜先把惟理观与惟物观分个清楚，才不至堕入迷阵。"② 二是共产党的组织原则与组织步骤问题。"我以为非组织与俄一致的（原理方法都一致）共产党，则民众运动劳动运动改造运动皆不会有力，不会彻底。"③

从蔡和森致毛泽东的这两封信可以发现，远在法国的蔡和森对马克思主义、无产阶级革命、无产阶级专政已经有了深刻的认识，尤其是他提出的运用马克思主义来建立中国共产党的建党学说，在当时可谓时间最早，论述也较为全面系统，水平颇高。由此可以说，蔡和森"是新民学会中第一个严格意义上的马克思主义者，也

---

① 中国革命博物馆、湖南省博物馆编《新民学会资料》，人民出版社，1980，第128~131 页。
② 中国革命博物馆、湖南省博物馆编《新民学会资料》，人民出版社，1980，第153 页。
③ 中国革命博物馆、湖南省博物馆编《新民学会资料》，人民出版社，1980，第159 页。

是湖南进步知识分子中第一个提出在中国建立共产党的人"①。毛
泽东在收到这两封信后,先后复信道:"唯物史观是吾党哲学的根
据,这是事实,不象惟理史观之不能证实而容易被人摇动""党一
层陈仲甫先生等已在进行组织""你这一封信见地极当,我没有一
个字不赞成"②。1921 年 1 月,毛泽东又将与蔡和森等赴法勤工俭
学新民学会会员的通信编成《新民学会会员通信集》第三集,并介
绍道:"这一集以讨论'共产主义'和'会务'为两个重要点。信
的封数不多,而颇有精义。"③ 同时,他还在一些信前加上了提示
性的小标题。在蔡和森 1920 年 8 月致其的信前,毛泽东所加标题
是"社会主义论讨"与"主张无产阶级专政"④;在蔡和森 1920 年
9 月致其信前,毛泽东所加标题是"共产党之重要讨论"⑤。因而,
蔡和森的建党学说得到清晰明了的介绍与宣传,更重要的是,为之
后的湖南建党活动提供了理论基础。

二 何叔衡对马克思主义的接受

何叔衡的思想转变历程与毛泽东相似,两人共同领导和见证了
湖南建团建党前夕的诸多重大事件。在建党过程中毛、何二位可以
说是砣不离秤秤不离砣,两人是早期革命活动的亲密战友,并肩奋
斗长达 20 余年。何叔衡虽比毛泽东年长 17 岁,但因两人相识后即
感觉志同道合,意气相投,很快结成"忘年之交"。新民学会会员

---

① 李维武:《中国哲学的古今之变》,人民出版社,2016,第 340 页。
② 中国革命博物馆、湖南省博物馆编《新民学会资料》,人民出版社,1980,第
  162~163 页。
③ 中国革命博物馆、湖南省博物馆编《新民学会资料》,人民出版社,1980,第
  123~124 页。
④ 中国革命博物馆、湖南省博物馆编《新民学会资料》,人民出版社,1980,第
  128 页。
⑤ 中国革命博物馆、湖南省博物馆编《新民学会资料》,人民出版社,1980,第
  153 页。

中流传他俩相知之深的一句话："毛润之所谋，何胡子所趋；何胡子所断，毛润之所赞！"① 这充分说明何叔衡受毛泽东影响很大，而毛泽东对何叔衡亦欣赏有加。由于学界对何叔衡的研究还不多，何叔衡留下的文稿、书信等亦十分有限，对于何叔衡如何成为坚定的马克思主义者以及他在湖南建党活动的具体作为等有必要作专门阐述。

何叔衡于 1876 年出生于湖南宁乡县沙田乡杓子村一个贫困农民家庭，虽然山区风气闭塞，兄弟姊妹众多，但他从小记忆出众，勤奋懂事，兼当地读书风气颇浓，父亲决定举全家之力送他入私塾。何叔衡十分珍惜读书时光，成绩优异，受到几位颇有名望的私塾先生称赞。26 岁时考中秀才，举族欢腾，原本县衙请他去当管钱粮的官，但他不满当时政治的黑暗、官场的腐朽，毅然拒绝了。对家人说明宁愿开馆授徒，当个教书先生。他对社会深刻的观察及与生俱来的不愿驯服的个性，使他不愿与暮气沉沉的官府同流合污，情愿在乡间过简朴勤劳的日子，继续积攒能量，相时而动。在此期间，他认识了谢觉哉、王凌波、姜梦周等志同道合的好友，结为盟兄弟，在乡间扶弱济贫，惩恶扬善，曾经为救一饥饿的老长工而冲进祠堂与族长乡绅等抗争，使当地一度流行"秀才带头造反"的故事。可见何叔衡年少时即有不畏强暴、同情苦难民众的正义感与博爱之心。②

1905 年，延续 1300 多年的科举制终于退出历史舞台，各地新式学堂兴起。1909 年春，何叔衡受聘于云山高等小学堂，任高年级国文、历史、地理教员，历时 4 年。其间，受辛亥革命影响，带

---

① 《永远的叔衡》编委会编《永远的叔衡》，湖南人民出版社，2006，第 56～58 页。
② 参阅易凤葵、姜福成、胡永阳：《何叔衡和他的女儿们》，党建读物出版社，1997。

头剪辫子，积极宣传同盟会纲领，实施新式教育教学方法。民国成立伊始，即在云山学堂开展教学改革，遭到保守校长的阻挠，最终愤然辞职，前往省城继续求学。

1913 年春，何叔衡以 37 岁的年纪且颇负名望的新式教师身份考入湖南第四师范学校，结识毛泽东，两人很快成为志同道合的忘年之交。第四师范翌年并入一师，何叔衡入读讲习科，毛泽东入读本科第 8 班，直到何叔衡于 1935 年壮烈牺牲，两人始终是肝胆相照、并肩作战的亲密战友。毛泽东评价何叔衡"是一头牛，是一堆感情"；何叔衡向人介绍毛泽东时常说："毛润之是个了不起的人物。"[①] 1914 年夏，何叔衡于一师毕业，受聘于楚怡学校。毛泽东等常去楚怡学校探望何叔衡，共同探讨天下大势，纵论国家民族未来，并商量现阶段的着手方法。1915 年《新青年》出刊后，受新文化运动的影响，他们更加热切关注时事，努力探寻真理。1917年 7 月，毛泽东、萧子升曾利用暑假游学宁乡、安化等县，去研读"社会"这本"无字之书"，中途即到何叔衡家拜访，相聚三日，在当地调研走访，了解农民佃户的生活情形，对底层老百姓的勤劳朴素与热情善良坚毅等品质有了更深入细致的认知。这次游学经历给毛泽东等人启示良多。这段时间，毛泽东与萧子升、蔡和森、何叔衡等经过一百多次反复讨论后，到 1917 年冬，得出了一个共同的结论，就是必须"集合同志，创造新环境，为共同的活动"。于是，1918 年 4 月新民学会应运而生。

何叔衡不仅是新民学会的第一批会员，同时因老成持重，做事任劳任怨，在学会内极负声望。后因不少会员赴法勤工俭学，骨干力量大大减弱，1919 年 11 月 6 日，新民学会在周南女校开会，何

---

① 易凤葵、姜福成、胡永阳：《何叔衡和他的女儿们》，党建读物出版社，1997，第 258～259 页。

叔衡即被推选为执行委员长，^① 主持学会工作。之后积极组织开展
抵制日货运动，投入轰轰烈烈的驱张运动中。他明言愿用己身为民
除害，以换驱张成功。12 月 4 日，他在楚怡学校组织召开长沙市
各校师生代表会议，商讨驱张事宜，决定于 12 月 6 日开始动员长
沙 73 所学校实施总罢课，并组织 6 个驱张代表团分赴北京、上海、
汉口、广州、衡阳、常德等地，做驱张宣传与借势工作。何叔衡负
责衡阳驱张代表团的总体工作，充分利用军阀之间的矛盾，顺利推
动这一运动取得重大进展，毛泽东称誉他"叔翁办事，可当大
局"^②。这一大事后来编入《蒸阳请愿录》，成为了解湖南建党前夕
斗争运动的珍贵史料。张敬尧在内外夹击与舆论声讨中，被迫于
1920 年 6 月 11 日逃离湖南。驱张运动大获全胜，何叔衡率衡阳驱
张代表团凯旋回长。6 月 15 日，他参加了健学会，这个学会的成
立被毛泽东誉为"东方的曙光，空谷的足音"，希望它可做"改造
湖南的张本"。^③ 7 月，同毛泽东、彭璜、易礼容等发起成立文化书
社。8 月，又同毛泽东、彭璜假长沙县知事公署组织成立俄罗斯研
究会，何叔衡在大会上宣读了该会简章，并被举为筹备人员之一。
同月，何叔衡出任船山学社社长兼船山中学校长。9 月即参与创办
文化书社。何叔衡先是在楚怡学校设立贩卖部，后又和姜梦周一起
创办宁乡分社，并介绍夏明翰入社工作，自此成为这位进步青年的
革命师友。

　　1920 年 9 月，因驱张运动中的卓越贡献，何叔衡被推选为湖
南省教育委员会委员，并被任命为湖南通俗书报编辑所（后改为湖

① 中国革命博物馆、湖南省博物馆编《新民学会资料》，人民出版社，1980，第8页。
② 《永远的叔衡》编委会编《永远的叔衡》，湖南人民出版社，2006，第 61 页。
③ 中共中央文献研究室、中共湖南省委《毛泽东早期文稿》编辑组编《毛泽东早期文稿》，湖南人民出版社，2008，第 362～369 页。

南通俗教育馆）所长，兼《湖南通俗报》社长、湖南通俗教育馆馆长。这些身份，为他着力宣传马克思列宁主义、开展早期共产主义运动提供了很多便利。何叔衡上任后即整顿《湖南通俗报》的办报风格，使其成为宣传进步思想的重要载体。他聘请谢觉哉担任主编，周世钊、熊瑾玎等为编辑，邀请毛泽东参加编辑会议，传授办报经验。在第一次编辑会议上，毛泽东即指出："报纸主张什么，反对什么，态度要明朗，不可含糊。……通俗日报是向一般群众进行教育的武器，文字必须浅显、生动，短小精悍，尤其要根据事实说话，不可专谈空洞的大道理。"① 他的观点为何叔衡、谢觉哉等人完全接受，成为此时期《湖南通俗报》的工作纲领，也使其面貌焕然一新，传播甚广。《湖南通俗报》实行改革后，主要宣传马克思主义，如实报道工农生活状况，深刻揭露军阀当局的专制横行，表现出敢言犀利、直指社会弊病的风貌，所载文字多涉及劳工神圣、妇女解放、文学革命、民众联合、反帝反封建等主题，使大多数读者感同身受，思想有了很大的觉悟与提升，一时销量大增，影响广泛。②

1920 年 10～11 月，毛泽东、何叔衡等 6 人发起成立了长沙共产主义小组。何叔衡在工作实践中，注意学习马克思主义理论。例如，1919 年 4 月 6 日，陈独秀、李大钊等人主编的《每周评论》第 16 期摘要刊登了《共产党宣言》摘译，何叔衡看了之后，寄给谢觉哉。③ 正是在理论学习与实践探索中基本确立共产主义信仰。1921 年 1 月 1 日至 3 日，新民学会长沙会员召开了一次至关重要

---

① 中共湖南省委党史研究室、新民学会成立会旧址管理处主编《风华正茂的岁月——新民学会纪实》，湖南人民出版社，2008，第 204 页。

② 湖南电子音像出版社湘湘旧报编辑部编《湘报 长沙日报 湖南通俗日报》，湖南电子音像出版社，2009，第 89 页。

③ 《谢觉哉日记》，1919 年 4 月 25 日。

的新年大会，集中讨论了有关学会如何发展及确立何种宗旨等问题，包括学会应以什么作共同目的、达到目的须采用什么方法、方法进行即刻如何着手等。会议由何叔衡担任主席，他首先请毛泽东报告开会理由及学会成立两年来的经过情形。接着，主席将要讨论的各问题提出。大会一致同意将学会共同目的定为"改造中国与世界"，至于具体改造方法，何叔衡首先表态："主张过激主义。一次的扰乱，抵得二十年的教育，我深信这些话。"在谈到"方法进行即刻如何着手"时，何叔衡说："一方面成就自己，多研究；一方面注重传播，从劳动者及兵士入手。将武人政客财阀之腐败专利情形，尽情宣布；鼓吹劳工神圣，促进冲突暴动。次则多与俄人联络。"① 何叔衡鲜明地表述了自己的马克思主义信仰以及目前为实现这种信仰的拟下手之处。

何叔衡是清代秀才，最终成为中共一大代表，从以上人生经历大致可以看出其思想转变的过程。湖南建党先驱、中共早期卓越领导人林伯渠曾言："旧学问一经与革命学问相结合，和最新的学问——马克思主义相结合，蔚然发出奇光。"② 何叔衡可以说正是这样闪耀着"奇光"的典范。关于何叔衡能够最早与封建制度决裂而成为早期共产主义者的具体原因，大致有以下几个方面。

一是社会坏到了极处，他对此有深刻体察，青少年时期即有抗争意识。1895 年，他在私塾受教于姜方谷时，曾写有一篇短文《旱》，曰："今日之天下，一酷烈之天下也。其百姓之如炎如焚者，岂不甚于旱魃之为虐哉！……何辜今日之人竟罹此酷烈之祸而不可

---

① 中国革命博物馆、湖南省博物馆编《新民学会资料》，人民出版社，1980，第 23～26 页。
② 易风葵：《何叔衡是这样成为党的"一大"代表的》，《长沙党史通讯》，1984 年第 2 期。

遏也!"① 字里行间流露出对社会强烈的不满和对老百姓的殷殷关切。为了营救贫困至极前往祠堂偷食的徐姓老长工,他毅然举起了"秀才造反"的大旗。说明青少年时期的何叔衡对社会已有着深刻的洞察力,且敢于冲破旧势力枷锁,努力探求救国救民之路。

二是对黑暗腐朽政权的愤恨,使他有强烈的忧患意识。列强瓜分中国,他在日记里愤然写下:"今俄租旅顺,英租威海,德强租胶东湾,勃海、黄海之防,蒙杳不知其下手也。"② 忧愤之情溢于言表。他所敬重的姜方谷看他卓然有志,临终前特意嘱咐他"天下兴亡,匹夫有责",希望他能立志报国图强。姜方谷的遗言始终激励着他,只是如何报国,还要经历漫长而艰难的探索过程。

三是辛亥革命的胜利及革命友人的影响,使他逐渐成为反抗旧社会旧制度的斗士。他的堂弟何梓林是同盟会会员,后来出任孙中山北伐军前支队司令,经常给他写信,介绍革命形势,商讨国家大势。何叔衡内心也慢慢产生了革命的火种。他在云山高等小学堂教书时听到辛亥革命胜利的消息,最早剪辫,并专门回家乡动员乡亲剪辫,妇女放脚。他在学校大力宣传革命思想和新文化,实行新式教育改革,使其成为富有生气的先进学堂,可惜后来受到保守校长的干预,他索性辞职,前往省城寻求更多进步力量。而他对旧社会旧制度的腐朽不堪更有了深刻体会,反抗斗争意识日益增强。

四是进入省城后结识诸多志同道合的革命挚友,学习理论知识,参与实践斗争,最终实现了思想的彻底转变,成为坚定的马克思主义者。何叔衡虽然是第一师范最年长的学生,也是新民学会最年长的会员,但他虚心学习,善于接受新知识、新思想、新文化,

---

① 易凤葵、姜福成、胡永阳:《何叔衡和他的女儿们》,党建读物出版社,1997,第17~18页。

② 易凤葵、姜福成、胡永阳:《何叔衡和他的女儿们》,党建读物出版社,1997,第36页。

很快与毛泽东、蔡和森等有志青年结为挚友。何叔衡在阅读《新青年》《每周评论》等进步刊物时，认真研读了《共产党宣言》《新潮》《共产主义ABC》《各国社会思潮》《解放与改造》《从无政府主义到共产主义的比较》等马列原著及诸多介绍马克思列宁主义的著作。据他女儿回忆，他当时将长沙能找到的一切有关介绍马克思主义和俄国革命情形的书刊都读了。[①] 在新年大会上他明确主张"过激主义"，这是在有充分理论准备的基础上得出的结论。当然，何叔衡领导驱张运动、组织湖南自治运动及出任湖南通俗教育馆馆长、负责《湖南通俗报》办刊等经历，是他积累的实践斗争经验，为其确立马克思主义信念打下了实践基础。

总之，毛泽东、何叔衡等人在接受新思想、参与实践斗争的长期奋斗过程中，为探求切实可行的救国救民之路，两人都选择成为坚定的马克思主义者，为湖南建党事业作出了不可磨灭的贡献。

三 中国共产党湖南早期组织的创建

经过毛泽东、何叔衡等人的组织，长沙共产主义小组于1920年底成立。关于长沙共产主义小组的成立，缺乏当时的文献记载，但有不少重要的回忆录说明，这个小组是确实成立并存在过的。首先是周佛海的回忆。1920年，他从日本回到上海，在环龙路渔阳里2号会见陈独秀，共产国际代表维经斯基也在座，共同商议建党问题。"经过几次会商之后，便决定组织起来，南方由仲甫（陈独秀）负责，北方由李守常（大钊）负责""预备在一年之中，于北平、汉口、长沙、广州等地先成立预备性质的组织，然后于第二年夏天，开各地代表大会，正式成立"。[②] 这段回忆说明，在1920年

---

① 《永远的叔衡》编委会编《永远的叔衡》，湖南人民出版社，2006，第75页。
② 中共中央党史资料征集委员会编《共产主义小组》，中共党史资料出版社，1987，第471页。

夏，长沙已列入陈独秀的建党计划。李达回忆："这个组织（共产党）发起后，由陈独秀、李汉俊找关系""在湖南由毛泽东同志负责"。①

彭述之在《被遗忘了的中共建党人物》一文中，记述他在1920年9月到长沙船山学社与贺民范交谈时得知，"贺民范同陈独秀建立起通信关系。那时上海共产主义小组已有端倪，而贺民范自己也多少接受了'共产主义'思想。他受陈独秀的嘱咐，便致力于创立一个长沙的社会主义团体，更确切地说，先建立一个湖南的共产主义小组，然后成立中国社会主义青年团的湖南支部，也正是应了陈独秀的特别请托，他于一九二〇年七月末开始在当地物色有文化又有社会主义政治理想的青年，帮助他们去苏俄二三年，以使在理论与实践方面加以造就。一九二〇年九月我抵长沙时，湖南共产主义小组是个什么模样呢？我在长沙逗留时间太短促，未能亲自了解它。根据贺民范的叙述，湖南共产主义小组同上海的大不相同，它当时在组织上还没有正式形成，而上海的共产主义小组已经成了中国拥护苏俄式革命分子的核心，并且是他们的先驱组织。然而湖南共产主义小组的存在是不可置疑的。它已拥有五位成员，他们都是精力充沛、相当活跃的教育界人士，在青年学生中有一定的影响。五人中无可争辩的首领是贺民范，第二位是船山中学教员李浑，第三位是何叔衡，当时他近四十五岁，以前长期担任文学史教师，此时在湖南省教育部任要职，第四位是毛泽东，才二十六岁，在湖南第一师范学校，也就是他的母校教书，第五位是易礼容，他正在毛泽东的协助下开办一所书店，专门销售传播马克思主义方面

---

① 中共中央党史资料征集委员会编《共产主义小组》，中共党史资料出版社，1987，第472页。

的书报，就是长沙的文化书店。"①

贺民范与陈独秀的关系，是中共中央文献研究室所编写的《刘少奇传》所肯定的："他（贺民范）同陈独秀一直有联系，是湖南著名的进步人士。他受陈独秀的影响和委托，在湖南热心传播马克思主义，支持先进青年组建革命团体。毛泽东、何叔衡等组织长沙文化书社、俄罗斯研究会和社会主义青年团，都借用他的声望出面号召。所以，很多湖南青年想参加革命团体，都来找贺民范。"②彭述之说贺民范是长沙共产主义小组的"首领"，实际上也是毛泽东、何叔衡"借用他的声望"。

萧子升也说："1920 年，新民学会出现了分裂，在毛泽东领导下，那些热中共产主义的人，形成了一个单独的秘密组织。"③

关于长沙共产主义小组成立的环境、情况、成员、时间等问题，小组的主要创始人毛泽东都曾有过回忆。1945 年 4 月 21 日，他在《七大工作方针》中说："苏联共产党是由小组到联邦的，就是说由马克思主义的小组发展到领导苏维埃联邦的党。我们也是由小组经根据地到全国""我们开始的时候，也是很小的小组。这次大会必给我一张表，其中一项要何人介绍入党。我说，我没有介绍人。我们那时候就是自己搞的，知道的事也并不多。"1956 年 9 月，毛泽东在八大代表证上亲笔写入党时间是 1920 年。1960 年 6 月 21 日，毛泽东接见日本文学代表团谈到自己的经历时说："后来是环境逼得我同周围的人组织共产主义小组，研究马列主义。"1969 年 4 月 1 日，毛泽东在九大开幕式上，再次谈到他和何叔衡

---

① 中共中央党史资料征集委员会编《共产主义小组》，中共党史资料出版社，1987，第 575 页。

② 金冲及主编《刘少奇传》，中央文献出版社，2011，第 22~23 页。

③ 中共中央党史资料征集委员会编《共产主义小组》，中共党史资料出版社，1987，第 575 页。

是长沙共产主义小组参加一大的代表。①

关于长沙共产主义小组的人数，中共湖南省委党史资料征集研究委员会所撰《长沙共产主义小组综述》说，"除毛泽东、何叔衡外，尚有彭璜、贺民范、萧铮、陈子博、夏羲、彭述之等。根据现在资料可以肯定的是毛泽东、何叔衡、彭璜"。②如果按8个人计，则一师师生有4个：毛泽东、何叔衡、陈子博、夏羲。

长沙共产主义小组成立之后所做的工作主要有：

> 1. 向湖南《大公报》、《劳工》月刊推荐上海共产主义小组《共产党》月刊、《中俄通讯社》的重要文稿。
>
> 2. 开办湖南第一师范民众夜校和失学青年补习班。支持黄爱、庞人铨创建湖南劳工会。
>
> 3. 帮助湖南劳工会开展"五一"纪念活动。
>
> 4. 筹备湖南自修大学。
>
> 5. 组织社会主义青年团。
>
> 6. 组织中韩互助社。③

1921年7月23日，中国共产党第一次全国代表大会在上海召开，毛泽东、何叔衡代表湖南共产主义小组赴上海参加了这具有重大历史意义的会议。党的一大闭幕后，毛泽东、何叔衡回到长沙积极开展活动。毛泽东创办了湖南自修大学、领导成立了中共湖南支部、建立了粤汉铁路工人俱乐部和安源路矿工人俱乐部、成立了长

---

① 中共中央党史资料征集委员会编《共产主义小组》，中共党史资料出版社，1987，第473页。

② 中共中央党史资料征集委员会编《共产主义小组》，中共党史资料出版社，1987，第474页。

③ 中共中央党史资料征集委员会编《共产主义小组》，中共党史资料出版社，1987，第476～478页。

沙泥木工会等 20 多个产业工会。总而言之，在毛泽东领导下的中共湘区委员会成为全党领导得力、组织严密、业绩卓著的地方党组织之一。陈独秀曾在党的三大报告中对其高度评价道："就地区来说，我们可以说，上海的同志为党做的工作太少了。北京的同志由于不了解党组织，造成了很多困难。湖北的同志没有及时防止冲突，因而工人的力量未能增加。只有湖南的同志可以说工作得很好。"① 可以说，以毛泽东为代表的湖南早期共产党人在党的创建史上写下了光彩夺目的动人篇章，其丰功伟绩为后人所景仰。

第二节　湖南第一师范与中共上海早期组织的建设

湖南第一师范师生对上海早期共产主义运动亦有大的贡献，主要以李中为代表。上海共产主义小组成立于 1920 年 8 月，是当时中国第一个共产党组织，由陈独秀任书记。成立之初，即起草了《中国共产党宣言》，创办了《共产党》月刊，旗帜鲜明地举起了共产主义思想大旗。小组成员积极宣传马克思主义，帮助各地建立共产党和社会主义青年团组织，指导和开展工人运动，联系北京、武汉、济南、长沙、广州等地共产主义小组和社会主义青年团。实际在当时起到了引领全国早期党组织的作用。

一　李中的《一个工人的宣言》

李中（1897～1951），原名声灄，字印霞，湖南双峰人。他自幼随父读书，爱好研读古文、诗词。1913 年秋，同蔡和森等人一

---

① 金冲及主编《毛泽东传（1893－1949）》，中央文献出版社，1996，第 89～90 页。

道考入湖南第一师范学校，编入第 7 班。开始，他两耳不闻窗外事，一心只读圣贤书。自第二学期起，在毛泽东、蔡和森的影响下，积极参加社会活动，成为学校的活跃分子之一。毛泽东发起的驱逐校长张干的活动，他是积极参与者。1915 年至 1918 年，他每个学期都被选为学友会文学部图书组组长。毛泽东主办工人夜学，李中也积极参加其工作。这个工人夜学始办于 1916 年 12 月，目的是促进平民教育，开始任事者为两部（师范及附小）教职员，后因事务繁多，未能坚持办学。1917 年下学期毛泽东倡议由学友会组织三、四年级学生主办，归教育研究部负责，遂将工人夜学办得风生水起。其时，一师工人夜学分甲、乙两班，李中担任乙班的管理员，并担任两个班的国文教学。每周二、四、六晚上，他都坚持到夜学组织工人学习。在与工人朋友的接触中，他深刻觉察到他们身处社会最底层的悲惨境遇，对他们深表同情，许多工友亲切地称他为"李先生"。① 通过这一经历，李中提高了阶级觉悟，和毛泽东一起取得了联系工人的最初经验，同工人阶级建立起了最初的感情。

1918 年李中在一师毕业后曾留在一师附小任教，深得老师们信任。后由于时局动荡，他于 1919 年初随同附小的一位数学老师来到上海谋生，进入一家古玩店帮工，常常去南京浦口等地收购古玩。不久还在浦口巧遇因组织赴法勤工俭学运动而陷入生活困顿的毛泽东，并慷慨解囊解了毛泽东的"燃眉之急"。若干年后，毛泽东仍记得此事，称他为"救命菩萨"。② 这也是一段奇特的历史机缘。李中到上海后，常常阅读《新青年》，对陈独秀十分崇拜，曾寻访陈独秀寓所拜访，受到陈独秀的激励与鼓舞。陈独秀建议他当

---

① 《"党史上的湖南之最"李中：中国历史上第一位工人党员》，《中国日报网》，2021 年 3 月 21 日，https://baijiahao.baidu.com/s? id=16948271268106 53729&wfr=spider&for=pc

② 〔美〕埃德加·斯诺：《西行漫记》，董乐山译，东方出版社，2005，第 144 页。

一个产业工人，争取实现从知识分子到工人的觉悟蜕变，再利用工人这个身份，广泛发动工人、组织工人，在工人中宣传马克思主义，真正实现自身角色的转化。他接受了陈独秀的意见，很快从古玩店辞职，前往当时上海最大的工厂——江南造船所，当了一名普通工人，并将名字依陈独秀之意改为李中。他从打铁工人做起，展现出湖南人"吃得苦霸得蛮"的拼搏精神，很快成长为一名技术过硬、工艺齐全、本领高强的优秀工人。因这个造船所是晚清曾国藩、李鸿章所创办，有不少湖南籍工人，李中利用老乡这一身份，兼娴熟的技能本领，很快与工人朋友们打成一片。他广泛联络工人群众，积极开展工人运动，得到陈独秀的高度肯定。后来，受陈独秀邀请直接入住陈独秀居所——老渔阳里2号。李中不是一般的工人，是从知识分子转化为工人的，这一身份转变非常有意义。陈独秀对李中格外看重，最终发展他为第一位产业工人党员。在陈独秀寓所，李中结识了上海早期党组织发起组的成员李达、陈望道、李汉俊、李启汉和俞秀松等人，并与毛泽东有几次直接交集，毛泽东对他从事的革命活动极为赞赏。李中向毛泽东介绍了他在江南造船厂筹建工会组织的经历，畅谈了当工人的体会，并劝毛泽东进入工厂。毛泽东听了深受感动，很想跟他一道入厂做工。1920年11月26日，毛泽东在致罗学瓒的信中说："我现在很想作工，在上海，李声澥君劝我入工厂，我颇心动。我现在颇感觉专门用口用脑的生活是苦极了的生活，我想我总要有一个时期专用体力去作工就好。李君声澥以一师范学生在江南造船厂打铁，居然一两个月后，打铁的工作样样如意。由没有工钱以渐得到每月工钱十二元。他现寓上海法界渔阳里二号，帮助陈仲甫先生等组织机器工会，你可以和他通信。"[1]

---

[1] 中共中央文献研究室、中共湖南省委《毛泽东早期文稿》编辑组编《毛泽东早期文稿》，湖南人民出版社，2008，第505页。

上海共产党发起组于 1920 年秋成立后，李中与任弼时、罗亦农等人首批加入社会主义青年团。不久，李中等即加入共产党，1921 年 7 月党的一大召开后，即转为正式党员。在此期间，他的政治理论水平大大提高，积极参与编撰进步刊物，为宣传马克思主义做了显著贡献。为了促进马克思主义与工人运动相结合，提高工人阶级的政治水平和马克思主义理论水平，1920 年 8 月，上海共产党发起组创办了工人刊物《劳动界》。李中积极为《劳动界》组稿、撰稿，通俗地向工人传播马克思主义基本知识，揭露资本家对工人的剥削，启发工人阶级的思想，呼吁所有工人群众组织起来，为争取自身的解放而斗争。1920 年 9 月 26 日，他以"海军造船所工人李中"的笔名，在《劳动界》第七册上发表了《一个工人的宣言》，深入浅出地宣扬马克思主义关于"全世界无产者，联合起来"的观点。

文章的开头就指出："我们少数同声同类的工人，再联络多数同声同类的工人，成一个大团体。由我们大团体，再联络他一大团体，以成中国一大团体。由中国的大团体，再联络他国的大团体，以成世界一大团体。世界团体呀！中国团体呀！我们团体呀！发端就在我们少数工人呢。"李中这种"大团体"的观念，很明显是吸收了毛泽东《民众的大联合》思想。在这篇文章中，李中从三个方面论证了联络的必然性和重要性。

首先，"要认定我们的地位"。就是从工人的历史任务进行论证。他说："工人的运动，就是比黄河水还厉害还迅速的一种潮流。将来的社会，要使它变个工人的社会；将来的中国，要使它变个工人的中国；将来的世界，要使它变个工人的世界。不是工人，就不能站在工人的社会里——工人的中国里——工人的世界里。我们会要赶他离开地面，到天上去讨生活。我可爱亲的工人呀！俄国已经是工人的俄国，意国将是工人的意国了，英国将是工人的英国了。这个潮流，快到中国来了。我们工人就是这个潮流的主人翁，这个潮流的主人翁，就要产生工人的中国。"

其次，"要贯彻我们的联络"。他说："我们要产生工人的中国，首先就要工人联络。有少数的联络，有团体的联络，有乡村的联络，有都市的联络，有本国的联络，有世界的联络，有同职业的联络，有同产业的联络。我们自己造的房子，自己住下罢！自己耕的谷米，自己吃下罢！自己织的丝，缝麻的衣裳，自己穿下罢！……我们是不是要大大的联络，去解决这个时间和工钱问题，再去解决那一些'自己住''自己吃''自己穿''自己管''自己驶''自己使''自己占'的问题。但是我们不贯彻联络，就会没有力量。"

最后，"要奋发我们的热心"。"吾们工人，最好一方面是做工，一方面是联络。做工是各人的天职，联络是成功的手段。终其身可以不变的——可以积极的。"[1]

李中的这篇宣言一直被学界作为工人阶级觉醒的先声而广为引用。

二 创立上海机器工会

李中组织筹建了中国共产党历史上第一个工会组织——上海机器工会，还发起组织成立了"沪滨工读互助团"，是早期工人组织和工人运动的杰出领导者。

1920 年 10 月 3 日，受中共上海发起组委托，李中和杨树浦发电厂工人陈文焕联名发起筹建上海机器工会，筹备发起会在新渔阳里 6 号外国语学社召开。李中任筹备会书记，主持并担任了大会临时主席。当时《劳动界》报道了这次会议："各工厂到会的发起人，约有七八十名，外有参观者六人。"李中在报告发起本会宗旨时说："谋本会会员底利益，除本会会员底痛苦。但是要达到这个宗旨，第一

---

① 中共中央党史资料征集委员会编《共产主义小组》，中共党史资料出版社，1987，第 104～105 页。

不要变为资本家利用的工会；第二不要变为同乡观念的工会；第三不要变为政客和流氓把弄的工会；第四不要变为不纯粹的工会；第五不要变为只挂招牌的工会。这五种工会，都是妨碍我们工人底组织，我们很该留心注意。我希望我们这个工会，不和资本家握手，不和政客流氓握手，不分同乡不同乡，只叫限制绝对的机器工人。我们对于这个会，都要负了极大的责任，去大大地联络，建设一个强有力的工会。我们这个会里底会员，都要看作会就是我，我就是会。我是爱护我的，那我就该爱护我们这个上海机器工会。"陈独秀、杨明斋、李汉俊、俞秀松、李启汉等出席了这次会议，并被聘为名誉会员，还被邀请演说。陈独秀说："现在世界的工会，只有三个团体很有势力。第一就是矿工，第二就是铁道工，第三就是机器工。这三个团体，要是彻底联络了，那就社会上一切物件，都要受他底支配，就是政府也不得不受其支配。我听说有七八十个机器工人，发起这个上海机器工会，算得是一个很好的事。我希望这个工会到了明年今天，就有几千或几万的会员，建设一个大力量的工会。但我有一句，请诸位牢牢记着：我说这个工会，将来万一有办到不如意的时候，我希望大家努力，要把他糟的处所改造，把坏的分子驱出，尽力负责去干。万万不要见得他糟了，大家就让他去糟，个个不管了！"①

发起会还讨论了陈独秀指导草拟的《上海机器工会简章》。简章第二条宣称该会的目的有三个：

> 一、以公共的理想，训练德性，发展智识，促起阶级的互助观念。
>
> 二、以公共的力量，着实的方法，改良地位，增高生活，减轻痛苦。

---

① 中共中央党史资料征集委员会编《共产主义小组》，中共党史资料出版社，1987，第116～117页。

三、谋相互的亲睦，相互的扶助事业。

简章第六条说，为达到第二条的目的，准备实行下列事业：

一、设立职业介绍所及失业工人住宿所。

二、会员娱乐机关——球房、浴堂、茶食店、音乐室。

三、教育机关——学校、书报室。

四、救恤会员——遇会员中有疾病、死亡、残废、衰老、生产、家族死亡者，本会以相当经费救恤之。

五、出版。以机关报为主。

六、法律顾问。

七、奖励消费组合。

八、帮助别种职业工人组织团体。

九、帮助别种职业工会的运动。

十、研究工人生活状态。

十一、研究经济状况。

十二、研究劳动市场状况。

十三、其他关于增进本会会员福利的各种事业。①

这说明，此工会对于工人各方面的福利是十分关注的。

1920年11月21日，上海机器工会成立大会在凤阳里正式召开。李中为大会主席，报告了机器工会从筹备到成立的经过，孙中山、陈独秀、胡汉民、戴季陶、杨明斋等社会知名人士到会祝贺，纷纷发表热情洋溢的演说。孙中山的演讲长达2小时，"首述机器与资本关系，末以三民主义作结，号召向官僚夺回民权。略

---

① 中共中央党史资料征集委员会编《共产主义小组》，中共党史资料出版社，1987，第111~112页。

谓：'我人欲贯彻民生主义，非在官僚中夺回民权不可。否则，我国徒拥专制变相之民主国号耳。'"① 说明他晚年对工人阶级及工人运动十分看重。当天与会者近千人，显示工人力量的团结与强大。以李中为代表的中国先进分子走向工厂，转变为工人，领导和组织工会，这就是马克思主义和中国工人运动相结合在最初阶段的尝试。李中直接参与组织创建的中国共产党领导下的第一个工会，具有划时代的历史意义，其本人的引领和示范作用应该被后人铭记。

上海机器工会成立后，在社会各界特别是在上海工人中引起很大反响，甚至受到国外工会组织的关注。除了上海机器工会，李中还组织成立了"沪滨工读互助团"，地址设在西门路泰康里41号，即李中当时的通讯处。② 这时，他还引领了一场影响较大的工人斗争运动。1920年秋，杨树浦日本资本家开设的第一、第二、第三纱厂的工人，抗议工资低廉而劳动强度大，要求资方增加工资，举行罢工运动。李中和一些党员同志抓住这个机会，积极向工人演讲，鼓励和推动工人为争取自由解放而斗争，同时向同情工人的知识界和市民开展募捐活动，以声援纱厂工人的罢工，最终使这次罢工斗争取得胜利。③

李中作为中国共产党内第一位产业工人党员，是由知识分子转变为工人的典范，在组建工人工会、开展早期工人运动中作出很大贡献。由于他深得陈独秀信任，曾一度寓居陈宅，见证或与闻了上海共产党组织的成立过程，并协助陈独秀推动其他各地早期党组织

① 《申报》1920年11月22日"本埠新闻"，《孙中山史事编年》第7册，第3737页。

② 罗绍志：《"李中"确是李声澥》，《党史研究》1982年第5期，第5页。

③ 中国中共党史人物研究会编《中共党史人物传》（第12卷），中国人民大学出版社，2017，第291页。

的成立。特别是对毛泽东等创建长沙早期共产党组织，有直接联络和引领之功。从某种意义上说，湖南第一师范师生不仅是湖南建党及早期革命活动的中坚力量，亦在全国早期共产主义运动及全国建党伟业中留下了浓墨重彩的一笔。

第三节　湖南第一师范与中共海外组织的建设

赴法勤工俭学学生自"二八运动"和争回里昂中法大学斗争后，其中许多人开始认识到在当时中国社会实行工学主义是行不通的，他们先后抛弃了不切实际的幻想，开始为振兴中华，实现民族独立自主而寻求新的道路。一部分人开始了解和接受马克思主义，积极投身于革命实践，实现共产主义目标下的大联合。其中以蔡和森和李维汉为代表的湖南第一师范学子经过认真的理论学习和艰苦的勤工俭学实践，在筹建、开展旅欧党团组织活动中作出卓越的贡献。

一　蔡和森对推进工学世界社成员思想转变的贡献

1920 年 2 月 27 日，李维汉和张昆弟等湖南留法学生在巴黎西郊的华侨协社成立"勤工俭学励进会"（以下简称工学励进会）。李维汉、李富春、张昆弟、任理、李林和贺果等人是工学励进会的创立者或早期会员。1920 年 1 月 15 日发布的《旅法勤工俭学励进会约章》规定："本会以励进勤工俭学，谋人生正当之生活，促人类真实改造为宗旨。"其进行方法为"以研究为实行之准备，以调查为研究之材料"。实行方面，包括实行勤工俭学生活、提倡勤工俭学主义；研究方面，包括勤工俭学实行之方法、勤工俭学与世界、勤工俭学与现在的女子问题；调查方面，包括勤工俭学界、劳动界、社会生活、教育、实业等状况。① 同年 8 月 19 日，工学世界社在蒙达尼召开成立大会。蔡和森、向警予、李维汉、罗学瓒、张昆弟和李富春等都在会上发了言，蔡和森说的时间最长、次数也最多，他还作了中国革命走什么道路的演讲，极力驳斥无政府主义者的谬论。社员郭春涛回忆："工学社开成立大会的时候，有的主张采用无政府主义来改造中国，有的主张用马克思主义来改造中国。当时主张走后一路线的就是〔王〕若飞与〔蔡〕和森。若飞以滔滔雄辩，舌战群雄；和森则以洋洋数万言《论马克思主义与中国》之文字，贴着会场壁上作宣传。主张前一路线者，亦不少有力分子。当时两条路线的争论，互不相下，几至停会，中间由蔡和森夫人向警予出来调停，两种主张暂不作决定，保留待下次大会讨论解决，始得圆满成会。"②

《论马克思主义与中国》应该是蔡和森写给陈独秀的一封信的初稿，此信发表于 1921 年 8 月 1 日《新青年》第 9 卷第 4 号，信的落款是"蔡和森 1921 年 2 月 11 日在法国蒙达尼"，发表时标题为《马克思学说与中国无产阶级》。1920 年 8 月，工学世界社召开成立会时此信初稿应该已经写出。此信表明，蔡和森在开始接触马克思主义时，就不仅十分注意把握它的精神实质和核心要义，而且十分重视其在中国的运用。

此信开篇，就旗帜鲜明地亮出了蔡和森的基本观点：

　　和森为极端马克思派，极端主张：

　　惟物史观

　　阶级战争

---

① 《旅法勤工俭学励进会约章（1920 年 1 月 15 日）》，《时事新报》副刊《学灯》1920 年 3 月 15 日。

② 郭春涛：《哀忆若飞老友》，《解放日报》1946 年 4 月 23 日。

无产阶级专政，

所以对于初期的社会主义，乌托邦的共产主义，不识时务穿着理想的绣花衣裳的无政府主义，专主经济行动的工团主义，调和劳资以延长资本政治的吉尔特社会主义，以及修正派的社会主义，一律排斥批评，不留余地。以为这些东西都是阻碍世界革命的障碍物（其说甚长兹不能尽），而尤其深恶痛绝参杂中产阶级思潮的修正派，专恃议院行动的改良派，动言特别情形特别背影以及专恃经济变化说的投机派，以为叛逆社会党、爱国社会党、都是这些东西的产物。

这段话是非分明，将自己主张什么，反对什么，讲得清清楚楚。往下，蔡和森从以下几个方面进行了分析论证：

第一，说明马克思的精神实质和精髓所在。"窃以为马克思主义的骨髓在综合革命说与进化说。专恃革命说则必流为感情的革命主义，专恃进化说则必流为经济的或地域的投机主义。马克思主义所以立于不败之地者，全在综合此两点耳。马克思的学理由三点出发：在历史上发明他的惟物史观，在经济上发明他资本论，在政治上发明他阶级战争说。三者一以贯之，逐成为革命的马克思主义。"

第二，社会革命首先在落后的农业国发生。"西方大工业国的无产阶级常常受其资本家的贿买笼络而不自觉，社会党劳动党中改良主义投机主义盛行，而与资本主义狼狈相倚，此所以社会革命不发生于资本集中、工业极盛、殖民地极富之英、美、法，而发于殖民地极少、工业落后之农业国俄罗斯也。"

第三，中国社会革命必然爆发。"现在中国四万万人有三万万五千万不能生活了。到了这个地步，三万万五千万人惟有两条路走：（一）流为盗贼、土匪、流氓、痞子以至饿死、乱死、战死、争夺扰攘面死……（二）三万万五千万人公然自行提出其生死问题于中国社会，及为中国经济的主人翁五大强之前，请其依我命的意见解决。如其不能，我们恐怕免不了社会革命的运命。到了这个时候，革命之爆发乃是必然的趋势，也如自然力的雷电之爆发一样，行所必然，什么成败利钝都不会顾，什么改造的理想家、大学问家都也把持不下地。"

第四，革命虽然是必然的，但还是有觉悟者唤醒同阶级的必要。"革命既是必然的，然而我们无产阶级觉悟者何以要去唤醒同阶级的觉悟呢？（一）因为我们自身既已觉得痛苦之所由来（不由命运而完全由于私有财产制），便谦然不能终日。（二）对于同阶级的人有同病相怜的同情。（三）任其自然实现，时间延长，牺牲数量太大，无产阶级每日直接间接死于穷困者不知若干，直接间接死于战争者不知若干。……具此三个理由，所以我们无产阶级早已痛不堪痛，忍不堪忍了，还论甚么革命的经济条件具足不具不足？"

第五，要为中国社会革命创造经济条件。"不过我们无产阶级革命，在计划上进起来，殊有于未革命以前，做一个大大的经济变化运动之必要。这个运动怎样做呢？就是我们无产阶级社会党，应亟于各大都会组织同阶级之失业者、最下层的贫困无告者，第一步公然起来向政府论南北要求'生存权'和'劳动权'，迫令政府即向五国银团大借实业外债。第二步要求监督实业借款的用途。第三步要求产业及政治管理权。……我深以上列三个具体步骤，为中国社会运动、社会改造的不二法门。"

第六，中国的阶级战争是国际的阶级战争。"劳动解放绝不是一个地方一个国家一个民族的问题，乃是一个世界的社会的问题，马克思社会主义乃是国际的社会主义，我们绝不要带地域的民族色彩。中国的阶级战争，就是国际的阶级战争。说中国没有大中产阶级，阶级战争用不着的，固然是忘记了中国在国际上的经济地位，忘记了外国资本家早已（成）为了中国无产阶级的主人，而说中国的阶级战争就是最大多数的劳动者对于本国几个可怜的资本家的战争，也同是忘了中国在国际上的经济地位，也同是忘记了外国资本家早已（成）为了中国无产阶级的主人。故我认定中国的阶级战争乃是国际的阶级战争。"

第七，不要害怕说无产阶级专政是专制。"我是极端主张无产阶级专政的，我的主张不是主观的，乃是客观的，必然的。因为阶级战争是阶级社会必然的结果，阶级专政又是阶级战争必然的结果。不过无产阶级专政与中产阶级专政有大不同的两点：（一）中产阶级专政是永久的目的，无产阶级专政是暂时必然的手段，其目的在取消阶级。无产阶级不专政，则不能使中产阶级夷而与无产阶级为伍，同为一个权利义务平等的阶级，即不能取消阶级；不能取消阶级，世界永不能和平大同。（二）中产阶级专政假名为'德莫克拉西'，而无产阶级专政公然叫做'狄克推多'，因此便惹起一般残（浅？）人的误会和反对。其实这是事有必至，理有固然的，任你如何反抗，历史的过程定要如此经过的。"[①]

蔡和森的这封信表明，他在到达法国短短几个月之后，就实现了世界观的转变，并且从理论上比较系统地掌握了马克思主义理论，能够将它深入浅出表达出来，还能够将它运用于中国实际，这是十分令人敬佩的。正因如此，所以他的长篇发言才能够在工学世界社的成立会引起强烈的反响。李维汉在回忆这段历史时说："鉴于'工学主义'是工学世界社社员中带普遍性的倾向，我同和森商定召集全体社员到蒙达尼开会，请他出席并参加讨论。约在九、十月间，工学世界社开了三天会，住蒙达尼的新民学会会员也大都参加。经过热烈辩论，大多数社员赞成以信仰马克思主义和实行俄国式的社会革命为工学世界社的宗旨。记得出席会议的社员有：张昆

---

① 《蔡和森文集》，人民出版社，2013，第51～56页。

弟、李富春、罗学瓒、李维汉、贺果、李林、颜昌颐、张增益、任理、萧子暲、唐灵运、陈绍常、傅烈、王人达、侯昌国、郭春涛、欧阳钦、刘明俨、汪泽楷、尹宽、萧拔、薛世伦、郑延谷、成湘等三十多人。此外，李慰农、余增生等个别社友因事未能参加，后来对于会议决议也都表示赞成。至此，工学世界社和新民学会的宗旨已趋一致。它和新民学会一道很快成为勤工俭学学生的领导力量之一。和森没有参加工学世界社，他对于工学世界社宗旨的改变起着相当作用。"①

李维汉在谈到他自己是如何转变成马克思主义者时说："约在（1920 年）八月至九月的时间内，我有机会集中阅读了和森以'霸蛮'精神从法文翻译过来的《共产党宣言》、《社会主义从空想到科学的发展》和《国家与革命》、《无产阶级革命与叛徒考茨基》、《共产主义运动中的'左派'幼稚病》和若干关于宣传十月革命的小册子。此外，我同和森做了多次长谈，内容涉及范围很广，包括欧洲革命斗争形势、俄国十月革命经验、布尔什维克与孟什维克的区别、共产国际的性质与任务、第三国际与第二国际的决裂等等内容。通过阅读和与和谈话，使我深知只有走十月革命的道路才能达到'改造中国与世界'的目的。"②

蔡畅也曾回忆蔡和森在蒙达尼传播马克思主义的影响："和森在掌握了马列主义的基本原理以后，立刻与在法的新民学会会友展开讨论（蒙达尼会议），随后又在工学世界社进行多次广泛的辩论，宣传组织共产党的主张。""通过蔡和森、向警予等的说理斗争，马

① 李维汉：《新民学会与蔡和森同志》，载中共湖南省委宣传部、党史研究室编《中国人民永远记着他——蔡和森 110 周年诞辰纪念集》，湖南人民出版社，2005，第 179 页。
② 李维汉：《新民学会与蔡和森同志》，载中共湖南省委宣传部、党史研究室编《中国人民永远记着他——蔡和森 110 周年诞辰纪念集》，湖南人民出版社，2005，第 179 页。

列主义在新民学会留法会友和工学世界社中获得了普遍的承认，成了他们活动的公开宗旨。李维汉、李富春、罗学瓒、萧三等同志都是在这个时候彻底摆脱无政府主义而转为共产主义战士的。"[①] 蔡和森和工学世界社还向蒙达尼地区之外的留法学生宣传马克思主义。皖籍学生尹宽在蒙达尼派的影响下接受马克思主义，他回忆道，新民学会的欧阳泽受蔡和森等人委派，特地从蒙达尼到墨兰来说服他，向他宣传蔡和森的革命思想，宣传蔡和森如何有能力领导革命。最后拉他去见蔡和森，并加入工学世界社。[②]

二 李维汉与中共旅欧党团组织的建立与发展

在 1920 年 7 月初召开的新民学会赴法会员的蒙达尼会议上，蔡和森提出了创建共产党的任务，只是当时与会的多数会员不赞成，此议未能通过。1921 年 2 月 28 日，工学世界社领导留法勤工俭学学生向驻法使馆请愿，要求"求学权"和"生存权"（史称"二八运动"），由于勤工俭学互助社和工学世界社的意见不一致而失败。这次运动以后，由李维汉等人领导的工学世界社与赵世炎、李立三等领导的劳动学会由对抗开始走向联合。李维汉回忆说："'二八运动'教育了我们，迫切希望勤工俭学学生内部加强团结。我们请劳动学会派代表到蒙达尼出席工学世界社的会议，相互加强联系和了解。世炎、立三都到过蒙达尼交换意见不只一次。……通过交谈，我们双方的观点和认识迅速取得一致，并且共同行动起来。"[③]"二八运动"是工学世界社领导的四百多名勤工俭学学生为争取

---

① 中国革命博物馆、湖南省博物馆编《新民学会资料》，人民出版社，1980，第570～571 页。

② 《尹宽回忆赴法勤工俭学和到莫斯科东方劳动大学学习的经过》，《芜湖党史资料》1983 年第 4 期，第 12～23 页。

③ 李维汉：《回忆与研究》（上），中共党史出版社，1986，第 120～121 页。

"吃饭权、工作权、求学权"于 1921 年 2 月 28 日到中国驻法大使馆请愿的行动。当时以蔡和森和李维汉为代表的工学世界社认为，勤工俭学已经面临绝境，要求政府资助留法勤工俭学的学生。而以李立三等人为代表的学生则继续坚持工学主义，反对向政府求资助。这次斗争由于勤工俭学学生内部的分歧，最后失败。后来，随着勤工俭学形势的不断恶化，以李立三等人为代表的劳动学会的人思想有了变化。李立三在《自述》中分析说："因为我们认为'工学世界社'成员是留法勤工俭学学生的精英""又考虑到'工学世界社'内部此时也进行着马克思主义与无政府主义两种倾向之间的斗争，若是我们两个组织和解，会有助于马克思主义倾向战胜无政府主义倾向""我们和解成功，为后来联合斗争、共同成立少年共产党和旅法中共支部打下了基础。"①

1922 年 6 月初，在赵世炎组织下，以工学世界社和劳动学会一些骨干为基础，联合了在德国、比利时等国的周恩来、聂荣臻、刘伯坚，以及陈延年、陈乔年等，一共 18 名志同道合的勤工俭学生，在巴黎连续开了 3 天秘密会议，一致同意建立一个共产主义组织。1922 年 6 月，在巴黎的布洛涅森林里，旅欧共产主义青年组织——旅欧中国少年共产党正式成立。大会选举赵世炎、周恩来、李维汉 3 人组成执行委员会，赵世炎为书记，周恩来负责宣传工作，李维汉负责组织工作。当时党员有 51 人。

旅欧中国少年共产党的成立与工学世界社改组成立的少年共产党有着密切联系。先后参加这两个组织成立会的尹宽回忆说："在里昂斗争失败后，在蒙达尼的'工学世界社'确实是一时瓦解了。许多积极分子都在百多人中被遣送回国了。特别是它的创始人，蔡

---

① 李立三：《李立三自述（1940 年）》，载中共中央党史研究室第一研究部编《李立三百年诞辰纪念集》，中共党史出版社，1999，第 530~531 页。

和森也在这次被强力遣回了。然而，原来那些反对'工学世界社'为'不务正业'的泛劳动主义者，却想乘此机会来接收它的基础。在里昂斗争失败后不久，贵州人熊季南就在巴黎近郊圣克曾召集各方面的人来开一个会议，商量成立新组织的问题。应邀赴会的有赵世炎、王若飞、吴明、汪颂鲁、郑超麟、李慰农、尹宽等十多人。在这次聚会后不久，就有旅欧中国共产主义青年团的组织。"①

1922 年 10 月，旅欧中国少年共产党经过投票决定加入国内的社会主义青年团，并派李维汉于 11 月携带公函回国向团中央汇报工作，要求将"少共"附属为国内社会主义青年团的"旅欧之部"。是年 12 月，当时在莫斯科的陈独秀复函"旅欧少共"："答'少共'加入国内青年团的事宜，提议'旅欧少年共产党'改名为'中国共产主义青年团旅欧支部'，'中央执行委员会'应改名'执行委员会'。"② 1923 年 2 月 17 日至 20 日，旅欧中国少年共产党在巴黎召开会议，会议决定将组织改名为"旅欧中国共产主义青年团"并规定"中国社会主义青年团中央执行委员会为本团上级机关""遵守其纲领并章程上重要原则"。随着旅欧中国共产主义青年团不断地发展壮大，旅欧的中国共产党人不断增多，1922 年冬，旅居法国、德国、比利时的共产党员根据党中央指示正式组成"中共旅欧支部"。与此同时，许多够党员条件的"少共"成员正式转为中共党员，党团组织合在一起。

旅欧党团组织成立后，成为广大旅法华人开展各项政治活动的中心，他们积极参与反帝反封建斗争，李维汉在其中起着重要的作用。一方面，大力宣传马克思主义思想，传播科学社会主义原理。1922 年 8 月 1 日，旅欧中国少年共产党编辑出版了机关刊物《少

① 《尹宽回忆赴法勤工俭学和到莫斯科东方劳动大学学习的经过》，《芜湖党史资料》1983 年第 4 期，第 12～23 页。
② 唐宝林、林茂生：《陈独秀年谱》，上海人民出版社，1988，第 180 页。

年》，1924 年 2 月 1 日，成立了半月刊《赤光》，重点宣传马克思主义基本思想，并且开展与"中国青年党""工余社"等宣传无政府主义、国家主义的团体作斗争。在《赤光》杂志上，李维汉、蔡畅等人撰写了许多的文章，深刻地揭露了帝国主义对中国的侵略和反动军阀的黑暗统治，阐述了建立以马克思主义思想为指导的无产阶级政党的重要性。另一方面，建立广泛的革命统一战线，进一步开展反帝反封建斗争，在组织建立旅欧党团组织后，李维汉组织成员积极响应中国共产党成立后关于建立革命统一战线的号召，把旅法华人反帝反封建斗争推向了新阶段。1922 年，受旅欧中国少年共产党的委托，李维汉回国申请加入中国社会主义青年团，1922 年底，由毛泽东、蔡和森介绍加入中国共产党，为中国的独立和解放贡献了一生。①

①　这一节所论，实际上是讲的旅欧共产主义青年团的组织和活动。据《党的文献》1996 年第 6 期发表的赵云云的《中国共产党旅欧组织的建立、称谓与作用》一文所说，中国共产党旅欧组织经历了由旅法共产主义小组（巴黎小组）、中共留法组、中共留德组、中共留法组到中共旅欧支部的发展过程。1920 年至 1924 年 2 月以前均称共产主义小组，1924 年 3 月以后改称中国共产党旅欧支部。到 1926 年夏，中国共产党旅欧支部停止活动。小组和支部的活动方式是秘密的，小组或支部的成员往往具有党员和团员双重身份，其活动也大多通过共青团进行。

参考文献

（民国）湖南学生联合会、新湖南社、湖南自修大学编辑《湘江评论 新湖南 新时代》，湖南师范大学出版社，2009。

（清）余正焕、左辅、张亨嘉等：《城南书院志·校经书院志略》，邓洪波、梁洋、马友斌等校点，岳麓书社，2012。

《蔡和森文集》，人民出版社，2013。

《蔡元培选集》，中华书局，1959。

《陈独秀文集》，人民出版社，2013。

《陈独秀文章选编》，生活·读书·新知三联书店，1984。

《邓中夏全集》，人民出版社，2014。

《湖南第一师范校史》编写组编《湖南第一师范校史（1903—1949）》，上海教育出版社，1983。

《湖南历史资料》编辑室：《湖南历史资料》，湖南人民出版社，1959。

《湖南省立第一师范学校志》，湖南省立第一师范学校，1918。

《毛泽东书信选集》，中央文献出版社，2003。

《毛泽东选集》，人民出版社，1991。

《五四运动在湖南 回忆录》，湖南人民出版社，1979。

《谢觉哉日记》，人民出版社，1984。

《永远的叔衡》编委会编《永远的叔衡》，湖南人民出版社，2006。

〔美〕阿里夫·德里克：《中国革命中的无政府主义》，孙宜学译，广西师范大学出版社，2006。

〔美〕埃德加·斯诺等：《早年毛泽东》，刘统编注，生活·读书·新知三联书店，2011。

〔美〕埃德加·斯诺：《西行漫记》，董乐山译，东方出版社，2010。

〔美〕罗斯·特里尔：《毛泽东传》，胡为雄、郑玉臣译，中国人民大学出版社，2006。

〔美〕莫里斯·迈斯纳：《李大钊与中国马克思主义的起源》，中共北京市委党史研究室编译组译，中共党史资料出版社，1989。

〔美〕舒衡哲：《中国启蒙运动：知识分子与五四遗产》，刘京建译，新星出版社，2007。

〔美〕斯图尔特·施拉姆：《毛泽东》，中共中央文献研究室《国外研究毛泽东思想资料选辑》编辑组编译，红旗出版社，1987。

〔美〕周策纵：《五四运动：现代中国的思想革命》，周子平等译，江苏人民出版社，1996。

〔日〕石川祯浩：《中国共产党成立史》，袁广泉译，中国社会科学出版社，2006。

〔日〕丸山松幸：《五四运动思想史》，纪伊国屋书店，1968。

曾业英编《蔡锷集》，湖南人民出版社，2008。

陈先初编《易白沙集》，湖南人民出版社，2008。

高菊村、陈峰、唐振南等著《青年毛泽东》，中共党史资料出版社，1990。

郭德宏主编《中国共产党的历程》，河南人民出版社，2001。

何文辉：《历史拐点处的记忆》，湖南人民出版社，2008。

贺培真：《留法勤工俭学日记》，湖南人民出版社，1985。

湖南省博物馆历史部校编《新民学会文献汇编》，湖南人民出版社，1980。

湖南省博物馆校编《蒸阳请愿录》，湖南人民出版社，1979。

湖南省书院研究会、衡阳市博物馆编《书院研究》，湖南大学出版社，1988。

湖南省哲学社会科学研究所现代史研究室：《五四时期湖南人民革命斗争史料选编》，湖南人民出版社，1979。

湖南省志编纂编委会：《湖南近百年大事纪述》，湖南人民出版社，1959。

金冲及主编《刘少奇传》，中央文献出版社，2011。

金冲及主编《毛泽东传（1893－1949）》，中央文献出版社，2004。

黎锦熙：《在峥嵘岁月中的伟大革命实践》，上海人民出版社，1978。

黎永泰：《毛泽东与大革命》，四川人民出版社，1991。

黎泽渝编《黎锦熙著述目录》，书目文献出版社，1996。

李锐：《毛泽东：峥嵘岁月（1893－1923）》，北京联合出版公司，2013。

李锐：《毛泽东的早年与晚年》，贵州人民出版社，1998。

李锐：《毛泽东的早期革命活动》，湖南人民出版社，1980。

李锐：《毛泽东同志的初期革命活动》，湖南人民出版社，1983。

李维武：《中国哲学的古今之变》，人民出版社，2016。

李永春编《湖南新文化运动史料》，湖南人民出版社，2011。

梁怡、李向前主编《国外中共党史研究述评》，中共党史出版社，2005。

林增平、范忠程主编《湖南近现代史》，湖南师范大学出版社，1991。

刘海藩、万福义主编《毛泽东思想综论》，中央文献出版社，2006。

刘建强：《湖南自治运动史论》，湘潭大学出版社，2008。

刘万能编著《张昆弟年谱（1894—1932）》，湖南人民出版社，2015。

彭大成：《湖湘文化与毛泽东》，湖南人民出版社，2003。

彭明：《五四运动史》，人民出版社，1998。

清华大学中共党史教研组编《赴法勤工俭学运动史料》，北京出版社，1981。

施和金点校《方舆胜览》，中华书局，2003。

王贵正、夏井才、曲培洛等编《世界现代史》，辽宁人民出版社，1984。

王桧林主编《中国现代史》，高等教育出版社，2015。

王栻主编《严复集》，中华书局，1986。

王兴国编《杨昌济文集》，湖南教育出版社，1983。

王兴国编注《杨昌济集》，湖南教育出版社，2008。

魏宏运主编《中国现代史资料选编》，黑龙江人民出版社，1981。

伍新福、刘泱泱、宋斐夫主编《湖南通史》，湖南出版社，1994。

萧三：《毛泽东同志的青少年时代和初期革命活动》，中国青年出版社，1980。

萧延中：《巨人的诞生》，国际文化出版公司，1988。

肖瑜：《我和毛泽东的一段曲折经历》，昆仑出版社，1989。

易凤葵、姜福成、胡永阳：《何叔衡和他的女儿们》，党建读物出版社，1997。

张允侯、殷叙彝、洪清祥等：《五四时期的社团》，生活·读书·新知三联书店，1979。

张允侯、殷叙彝、李峻晨：《留法勤工俭学运动》（一），上海人民出版社，1980。

中共湖南省党史委编《湖南人民革命史》，湖南出版社，1991。

中共湖南省委党史研究室、新民学会成立会旧址管理处主编《风华正茂的岁月——新民学会纪实》，湖南人民出版社，2008。

中共湖南省委宣传部、党史研究室编《中国人民永远记着他——蔡和森110周年诞辰纪念集》，湖南人民出版社，2005。

中共中央党史研究室第一研究部编《李立三百年诞辰纪念集》，中共党史出版社，1999。

中共中央党史资料征集委员会编《共产主义小组》，中共党史资料出版社，1987。

中共中央文献研究室、中共湖南省委《毛泽东早期文稿》编辑组编《毛泽东早期文稿》，湖南人民出版社，2008。

中共中央文献研究室、中央档案馆编《建党以来重要文献选编》，中央文献出版社，2011。

中共中央文献研究室编《毛泽东年谱》，人民出版社、中央文献出版社，1993。

中共中央组织部、中共中央党史研究室、中央档案馆：《中国共产党组织史资料》，中共党史出版社，2000。

中国革命博物馆、湖南省博物馆编《新民学会资料》，人民出版社，1980。

中国人民政治协商会议湖南省委会文史资料研究委员会编《湖南文史资料选辑》，湖南人民出版社，1982。

中国社会科学院近代史研究所、中国第二历史档案馆史料编辑部编《五四爱国运动档案资料》，中国社会科学院出版社，1980。

中国社会科学院近代史研究所编《五四运动回忆录（续）》，中国社会科学出版社，1979。

中国社会科学院近代史研究所编《五四运动回忆录》，中国社会科学出版社，1979。

中国社会科学院近代史研究所近代史资料编辑组编《五四爱国运动》，中国社会科学出版社，1979。

中国社会科学院现代史研究室、中国革命博物馆党史研究室选编《"一大"前后 中国共产党第一次代表大会前后资料选编》，人民出版社，1980。

中国中共党史人物研究会编《中共党史人物传》，中国人民大学出版社，2017。

周世钊著，周彦瑜、吴美潮、王金昌整理《毛泽东青少年时代的故事》，长江文艺出版社，2019。

朱汉民、邓洪波：《岳麓书院史》，湖南大学出版社，2017。

图书在版编目（CIP）数据

觉醒与燎原：湖南第一师范与五四新文化运动 / 陈
攀文，王兴国著 . －－北京：社会科学文献出版社，
2023.12
（湖南第一师范学院红色学术文库）
ISBN 978－7－5228－2939－5

Ⅰ.①觉…　Ⅱ.①陈…②王…　Ⅲ.①五四运动－文
集　Ⅳ.①K261.107－53

中国国家版本馆 CIP 数据核字（2023）第 232442 号

湖南第一师范学院红色学术文库
觉醒与燎原
湖南第一师范与五四新文化运动

著　　者 / 陈攀文　王兴国

出 版 人 / 冀祥德
组稿编辑 / 邓泳红
责任编辑 / 侯曦轩　陈　颖
责任印制 / 王京美

出　　版 / 社会科学文献出版社·皮书出版分社（010）59367127
　　　　　　地址：北京市北三环中路甲 29 号院华龙大厦　邮编：100029
　　　　　　网址：www. ssap. com. cn
发　　行 / 社会科学文献出版社（010）59367028
印　　装 / 北京虎彩文化传播有限公司

规　　格 / 开　本：787mm×1092mm　1/16
　　　　　　印　张：16　字　数：207 千字
版　　次 / 2023 年 12 月第 1 版　2023 年 12 月第 1 次印刷
书　　号 / ISBN 978－7－5228－2939－5
定　　价 / 98.00 元

读者服务电话：4008918866